사회복지실천

-이론과 모델-

김 경 호

청목출판사

머리말

사회복지실천이 전문성을 갖기 위해서는 이론적 지식과 기술이 뒷받침되어야 한다. 사회복지실천의 근거가 되는 이론과 모델은 클라이언트의 문제에 효과적으로 개입할 수 있도록 기본관점을 제공해주므로 사회복지실천을 위해 이론과 모델을 숙지하는 것은 아무리 강조해도 지나치지 않을 것이다. 그러나 사회복지실천 관련 이론과 모델을 소개한 기존의 책들은 학부 학생들이 쉽게 읽고 이해하기에는 어려운 문제가 있었다.

이러한 이유로 이 책은 무엇보다 먼저 사회복지학을 공부하는 학부 학생들이 사회복지실천 이론과 모델에 손쉽게 접근하고 이해할 수 있도록 가능한 한 쉽게 쓰려고 노력했다. 다음으로, 사회복지실천현장에서 활용되는 이론이나 모델을 역사적 발달, 개관, 실천과정과 실천기술, 유용성과 한계의 순서로 서술하여 학생들이 각 이론과 모델의 공통점과 차이점을 비교하면서 이해할 수 있게 도왔다. 마지막으로, 사회복지실천현장에서 이론이나 모델을 실제로 용이하게 활용할 수 있도록 실천과정과 실천기술을 구체적으로 설명하려고 노력했다.

이 책은 사회복지실천 이론과 모델, 그리고 실천기술을 쉽게 이해할 수 있게 돕는 입문서라고 할 수 있다. 그러므로 이 책을 통해 채워지지 않는 지적 갈망은 독자들 스스로 찾아가며 공부해서 채워나가길 바란다. 끝으로 부족한 책의 출판을 도와주신 청목출판사의 유성열 사장님과 직원 여러분들에게 감사드린다.

2010년 2월

김경호

차 례

제 1 장

사회복지실천의 학문적 기반

우리나라의 사회복지학은 주로 서구에서 발달한 다양한 학문분야의 지식기반에 의존하는 특성을 지니며, 사회과학으로서 심리학, 정신의학, 인류학, 생태학, 사회학, 경제학, 정치학, 행정학 등의 이론에 토대를 두고 있다. 사회복지실천은 개인과 환경에 동시에 초점을 두고 이론적 발달을 이루어 오고 있으나, 독자적인 학문영역을 구축하는 데는 아직까지 많은 한계가 있는 실정이다. 사회복지실천은 다양한 욕구를 지닌 사회적 상황 속의 클라이언트체계에 사회복지사가 의도적으로 개입하여 클라이언트체계와 클라이언트를 둘러싼 상황을 변화시킴으로써 클라이언트체계의 욕구를 충족시켜 주는 사회복지의 한 방법이다. 그러므로 사회복지실천이 전문성을 갖기 위해서는 고도의 지식과 기술을 활용할 수 있어야 하며 이를 뒷받침할 수 있는 이론이 확고해야 한다.

사회복지실천이 어떤 지식이나 이론에 의해 체계적으로 이루어지는가 아니면 당면하는 상황이나 문제에 따라 직관과 이성에 의해 이루어지는가에 대해서는 과거부터 논란의 여지가 많았다. 사회복지실천에서 이론적 근거는 문제를 명료화하고 사회복지사들이 클라이언트체계의 문제를 효과적으로 해결할 수 있는 기본관점을 제공해 준다. 그러나 사회복지에 관한 연구는 초기부터 사회문제의 원인에 대한 서술이 아니라 처방에 초점을 두고 일련의 행동전략을 권고하거나 사회에 개선방안을 제공하는 데 주안점을 두었다. 따라서 사회복지학 고유의 질서정연한 이론의 정립이나 체계적인 지식의 수립이 늦어졌다. 사회복지실천에서도 그러한 경향은 예외가 아니다. 아직까지 사회복지의 본질이나 클라이언트체계의 문제해결에 대해 독자적이거나 체계적인 이론체계를 구축하지 못한 채 주로 다른 분야의 이론을 차용하고 있는데 이러한 이론들에 대해서도 체계적인 정리나 합의를 도출해 내지 못한 상태이다.

근래에 와서 사회복지실천에서 지식의 활용이 불가피하고 실천을 위한 이론도 필요하다는 의견이 두각을 나타내면서 사회복지실천을 뒷받침할 수 있는 이론적인 체계를 구축하려는 노력도 꾸준히 시도되어 오고 있다. 인간을 이해하기 위해 지식이 필요하며, 사회복지사는 어떠한 행동을 취하기 전에 그 상황을 분석하고 이해해야 한다는 것이다. 사회복지실천의 본질은 다양한 지식을 토대로 클라이언트의 상황에 대한 최초의 분석과 이해를 시간이 흐름에 따라 변경, 수정하고 환류시킬 수 있어야 한다.

한편, 사회복지실천에서 지식이나 이론의 수립과 활용을 반대하는 사람들의 주장도 만만치 않다. 이들에 의하면, 사회복지실천에 사용되는 지식은 인간의 전 영역에 걸친 광범위한 것이며 사회복지 관련분야로부터 온 것이다. 이러한 지식은 급속하게 변화, 증대되고 있으며 사회복지실천은 다양한 영역에서 사용되기 때문에 고유의 전문영역을 찾기가 어렵게 되었다는 것이다. 즉, 실천이 이론적 바탕보다 앞서 발전해 왔다는 것이다. 사회복지실천은 의도적인 활동이기 때문에 사회복지사는 자신의 기능, 업무, 그리고 자신이 활동하는 사람과 문제의 견지에서 지식을 선택하고 통합하며 이용한다. 그러므로 이러한 과정에서 사회복지사가 자의적인 방식으로 지식을 활용할 가능성이 있다.

사회복지실천에서 이론이 없으면 실천이 혼란되고 분리되며 개별적인 사례의 종합에 지나지 않는다. 이론은 사례에 의미를 부여해주고 명확하게 해주는 반면, 실천이 없으면 이론은 사변적인 것이 된다. 이러한 입장을 반영하여 사회복지실천에서 이론보다는 다소 느슨한 모델을 채택하기도 한다. 모델은 어떠한 현상에 대해 연구자가 갖는 인식의 범위와 필요에 따른 인위적인 단순화이며, 일정 분야의 이론적 정립과정에서 사용되는 이론의 형식적 구조를 말한다. 그러므로 이론처럼 일반화의 기능을 갖는 설명의 도구는 못되지만 간접적으로 설명에 기여할 수 있다. 사회복지학을 이해하기 위해서는 그 이론적 배경을 제공하고 있는 사회, 문화, 역사, 예술, 철학, 과학 등에 대한 이해가 필요하며 이처럼 다양한 분야의 실천지식은 패러다임, 관점, 이론, 모델 등의 형태로 구분된다.

패러다임(paradigm)은 개념적 틀로서 세계관을 지배하고 현실에 대한 인식의 방향을 결정하는 데 영향을 미친다. 패러다임은 물리학자로서 과학사를 연구한 Kuhn(1962)에 의해 널리 사용되고 있는 용어이다. Kuhn에 의하면 패러다임은 특정한 과학 공동체(scientific community)의 성원들이 공유하는 신념, 가치관, 기법 등의 전체적 구성체를 의미하는 것으로 세계관, 신념체계라고 할 수 있다. 패러다임은 이론과 실천적 경향을 포함하는 추상적인 수준의 인식론으로 사회적 분위기, 사상적 조류, 정치적 사건 등과 밀접한 관련이 있다. 실증주의 인식론은 사회현상도 자연현상처럼 개인의 의지와 무관하게 작용하는 일반법칙들에 의해 지배되므로 자연과학적 사고를 사회과학에 적용시켜야 한다는 믿음을 말한다. 그러므로 실증주의 인식론을 갖고 있는 사회과학자들은 일반화시킬 수 있는 객관적인 지식을 찾고자 하며 자신들이 연구하는 것은 무엇이든 측정할 수 있다고 생각한다. 경험이나 관찰을 통해 증거를 제시할 수 있는 내용만을 지식으로 수용하기 때문에 클라이언트의 문제를 경험적으로 측정할 수 없다면 문제가 존재하지 않는 것으로 보고 개입이나 치료도 불가능하다고 본다. 반면 구성주의 인식론은 사회적 실재

(reality)는 개인과는 무관하게 밖에 존재하는 것이 아니라 사회적으로 구성되어진다는 믿음을 말한다. 즉 사회현실은 주관적, 사회적, 역사적으로 구성되는 것이므로 '진실(truth)'은 특정 시대와 장소에서 진실이라고 동의한 어떤 것이라는 것이다. 직관적으로 파악되는 사실을 중심으로 보편적인 본질에 접근하고자 하며 해석과 지각의 차이, 맥락에 따라 달리 이해될 수 있는 개인적, 사회적 경험의 다양성을 인정하며 불확실성의 의미를 탐색하고자 한다. 1920년대부터 1960년대까지 사회복지학은 개인의 문제에 초점을 둔 의료 패러다임이 많은 영향을 주었다. 의료 패러다임은 인간의 심리 내적 갈등에 관한 정신 치료적 상담기법이나 대인관계에 초점을 두어 개인의 심리적 문제의 해소나 완화에 관심을 두어왔다. 그러나 이러한 의료 패러다임은 사회복지실천의 기본가치와 상충되는 문제가 있다. 사회문제의 원인을 개인의 결함에 두고 개인의 심리사회적 적응에 초점을 두는 제한된 시각이라는 문제가 제기된다. 1960년대 이후에는 개인을 둘러싼 환경적 요인들에 관심을 기울이면서 인간과 환경 사이의 관계에 초점을 둔 생태체계 패러다임이 사회복지실천에 많은 영향을 미쳤다. 생태체계 패러다임은 개인과 환경을 하나의 총체로 간주하면서 개인과 환경 간의 상호교류라는 순환적 개념을 강조한다.

관점(perspective)은 패러다임의 하위수준 개념으로 가치기준을 규정하는 사고체계이다. 관점은 사물을 관찰할 때 그 사람이 보는 입장으로 상황을 생각하고 조망해주는 한 방법이다. 관점은 사실만을 수용할 뿐이고 이론과는 달리 현상을 설명하지는 못한다. 사회복지실천에서 관점은 현상을 조망해주는 분석틀로 다양한 상황의 분석에 사용된다. 사회복지실천의 관점은 다양한 이데올로기를 반영하면서 보수주의 관점부터 급진주의 관점까지 다양하게 구성된다. 급진주의 관점은 갈등주의 시각에서 사회변화에 관심을 갖는다. 사회적 정의나 계급적 관계와 관련된 이데올로기의 측면이 강조되는 급진주의 사회복지실천은 실천현장에서 구체적이지 않다는 비판을 받아왔다. 그러나 최근에는 이러한 관점을 반영한 이론과 모델이 구체화되고 있다. 여성주의(feminist) 이론, 임파워먼트(empowerment) 모델 등은 사회구조의 영향력에 대한 개인의 의식화와 집합적 행동에 관련된 실천지식과 기술을 제공한다.

이론(theory)은 특정 현상을 설명하기 위한 가설이나 개념, 의미의 집합체로 관점의 추상성을 구체화한 것이다. 사회과학에서 이론은 어떠한 현상을 논리적이고 보편타당하게 설명, 예측하기 위해 사실과 관찰에 기초하여 관련된 개념, 가설, 명제들이 유의미하게 모인 것으로 정의할 수 있다. 이론의 조건은 논리적 일관성, 논리적 조직, 간결성, 예측의 능력과 예측의 정확성, 검증가능성, 설명의 능력, 판별력 등이다. 이론은 관점을 객관적으로 검증하여 일반화한 것으로 정신분석이론, 인지행동이론 등이 그 예이다. 효과적이고 책임 있는 개입을 하고자 하는 사회복지실천에서 이론은 개입의 결과를 예측하고 설명할 수 있는 능력을 제공해준다. 그러므로 사회복지실천에서 이론은 현상을 설명하는 보편성, 논리적 일관성, 예측의 능력, 검증가능성, 설명 능력, 판별력이 있어야 한다. 그러나 이론은 여전히 추상적인 수준에 머무는 경향이 있어 구체적인 실천방법을 설명하는 데는 한계가 있을 수 있다.

모델(model)은 문제와 상황을 분석하고 개입방법을 제시함으로써 실천의 원칙과 방법을 구조화하는 데 도움이 된다. 모델은 어떤 실체와 비슷하게 모방하거나 추상화시켜 놓은 것이지만 이론에 비해 설명력과 실증정도가 미약한 특성이 있다. 사회복지실천에서 모델은 이론에서 다루지 않는 문제해결의 구체적 과정과 기법을 논리적으로 모순 없이 다룬다.

사회복지실천을 위해서는 개인과 사회에 대한 이해가 필요하다. 특히 인간의 행동이 형성되는 데 사회 환경이 어떻게 영향을 미치는지에 대한 지식이 필요하다. 사회복지실천의 범위는 개인을 대상으로 하는 미시적인(micro) 수준뿐 아니라 정책과 법 차원의 거시적인(macro) 수준까지를 포함한다. 그러므로 사회복지실천에서는 사회복지정책과 서비스의 영역에 대한 이해가 중요하며 이와 관련된 패러다임, 관점, 이론, 모델 등에 대한 이해가 필수적이다. 사회복지실천을 위해서는 개인뿐 아니라 정책에 이르기까지 폭넓게 연구함으로써 사회복지실천의 이론적 지식기반을 수립하기 위해 노력해야 한다.

참고문헌

김동배 · 이희연. (2003). 사회복지실천의 생태체계 패러다임과 연구방법론에 대한 고찰(I). 『연세사회복지연구』, 9, 27-58.

김성천. (1995). 한국에 적용된 사회사업 실천이론의 연구동향에 관한 비판적 분석. 『한국사회복지학』, 27, 35-65.

천혜정. (1998). 대안적 가족학 연구를 위한 인식론적 고찰. 『한국가족관계학회지』, 3(2), 67-80.

현외성. (1984). 노인복지사업에 있어서 지역사회조직의 실천에 관한 연구: 문제해결 모델을 중심으로. 『한국노년학』, 4, 20-32.

홍선미. (2004) 사회복지 실천의 지식기반과 학문적 특성에 관한 연구. 『한국사회복지학』, 56(4), 195-214.

Coady, N. & Lehmann, P. (2001). An overview of and rationale for a generalist-eclectic approach to direct social work practice. In P. Lehmann & N. Coady (Eds.), *Theoretical perspectives for direct social work practice: A generalist-eclectic approach*(pp. 3-26). New York: Springer Publishing Company, Inc..

Coady, N. (2001). An overview of theory for direct practice and an artistic, intuitive-inductive approach to practice. In P. Lehmann & N. Coady (Eds.), *Theoretical perspectives for direct social work practice: A generalist-eclectic approach*(pp. 27-45). New York: Springer Publishing Company, Inc..

Kuhn, T. S. (1962). *The structure of scientific revolutions.* Chicago, IL: University of Chicago Press.

제 2 장

생태체계이론

제 1 절 생태체계이론의 역사적 발달

생태체계(eco-system)라는 개념은 일반체계이론(Bertalanffy, 1967)에 생태학적 관점을 결합한 것이다. Bronfenbrenner(1979)가 인간발달을 분석하고 설명하는 가운데 체계론적 관점을 확대하여 새로이 '생태학적 체계이론(ecological systems theory)'라는 용어를 사용했고 Germain과 Gitterman(1980)이 생활모델이라는 사회복지실천 모델을 제시하면서 생태체계관점을 도입해 사회복지실천에서 사용하게 되었다. 하나의 개체는 그 개체와 연결된 다양한 여러 요소들과 서로 체계적으로 상호작용 한다고 보는 것이 생태체계이론의 주요 관점이며, 생태학(ecology)과 일반체계이론(general system theory)이 주요개념이다. 생태학은 적극적으로 성장해 가고 있는 인간과 인간이 살고 있는 즉각적인 장면의 변화하는 속성이 발전적으로 상호조절하는 과정을 과학적으로 연구하는 학문이다(Bronfenbrenner, 1979). 발전적 상호조절과정은 즉각적인 장면과 장면 사이의 관계에 의해 영향을 받으며, 그 장면들은 더 큰 맥락에 의해 영향을 받는 것으로 개인은 단순히 환경의 영향을 받는 백지상태가 아니라 역동적 총체이다. 즉, 개인은 점차적으로 자기가 살고 있는 환경 속으로 이동해 들어와서 그 환경을 재구성하는 존재이며, 개인과 환경 간의 상호작용은 상호호혜성의 특징을 가진 것으로 간주한다. 이러한 생태학이론은 분석의 단위로서 개인과 환경의 상호작용을 지지하며 사회현상에 대한 맥락적인 분석을 도입한다.

제 2 절 생태체계이론의 개관

1. 일반체계이론에 대한 이해

1) 인간관

생태체계이론의 주요 개념을 구성하는 일반체계이론은 1940년대에 Bertalanffy에 의해 처음으로 제시된 후 1960년대부터 주목을 받게 되었다. 체계 요소들 간의 상호작용을 강조하는 일반체계이론의 영향으로 사회복지실천에서도 개인행동에 초점을 두던 데서 나아가 체계 성원들 간의 역동적 상호작용에 초점을 두게 되었다. 구체적으로 클라이언트에만 국한되지 않고 관련 체계의 영향력을 사정에 포함시키게 되었으며 문제나 욕구를 상황적이고 환경적인 맥락에서 이해하려는 경향을 강화하게 되었다. 그러므로 부적응을 나타내는 한 개인의 문제의 원인은 개인을 둘러싸고 있는 사회체계와의 역기능적인 상호작용에 있다고 본다. 즉, 인간 행동의 문제에 대해 전체적인 시각을 제시함으로써 문제를 개인, 사회, 환경이 상호 작용하는 총체로 보게 하여 문제의 사정과 개입 체계를 명확하게 해준다. 일반체계이론에 의하면 인간은 하나의 통합된 체계로 외부체계와 끊임없이 상호작용하며 상호 의존하는 존재이다. 인간은 자신의 욕구에 맞게 환경을 수정하고 나아가 환경의 요구에 맞게 자신의 행동을 수정할 수 있는 능력을 지니고 있다. 그러므로 인간의 행동은 집단, 가족 등 전체적인 사회적 상황의 결과이다.

2) 기본가정

일반체계이론의 기본가정은 다음과 같다. 첫째, 사회체계는 하나의 단위 또는 전체를 형성하는 상호 관련된 성원들로 구성되어 있다. 둘째, 경계는 사회 체계에 하나의 체계로서 정체감과 초점을 부여한다. 셋째, 성원들 사이에는 상호의존성이 높으며 내적 조직이 있다. 넷째, 모든 체계는 다른 체계의 하위체계이자 상위체계일 수 있다. 다섯째, 한 성원의 변화는 전체 사회체계의 속성에 영향을 미친다. 여섯째, 체계의 구조적 불균형이 야기될 경우에 체계는 균형상태를 회복하기 위한 시도를 한다.

3) 주요개념

주요개념은 구조, 조직, 개방체계, 폐쇄체계, 대상체계, 상위체계, 하위체계, 경계, 항상성, 안정상태, 동등결과성, 다중결과성, 평형상태, 엔트로피, 역엔트로피이다. 구조(structure)는 체계 성원들 사이에서 지속적으로 나타나는 안정된 관계유형을 의미한다. 모든 체계는 독특한 구조를 가지며, '전체는 부분의 총합 그 이상이다'. 조직(organization)은 에너지 교환을 촉진하는 체계 성원들의 집합이다. 개방체계는 경계의 투과성을 지닌 체계로 정보나 에너지의 투입 또는 산출이 자유롭게 일어난다. 폐쇄체계는 다른 체계와 상호작용을 하지 않아 고립되어 있는 체계이다. 대상체계란 분석의 대상이 되는 체계이다. 상위체계는 대상체계 외부에 있으면서 그 체계에 기능적으로 영향을 미치는 사회 단위이다. 하위체계는 종속적인 체계로 큰 체계 속에 있는 더 작은 체계를 말한다. 경계(boundary)는 체계의 외부와 내부 또는 체계들을 서로 구분하는 선 또는 테두리를 의미한다. 항상성은 안정적이며 지속적인 균형상태를 유지하기 위한 체계들의 경향이다. 즉, 체계가 균형을 위협받았을 때 이를 회복하려는 경향이다. 안정상태는 부분들 간의 관계를 유지하고 붕괴하지 않도록 에너지를 계속 사용하는 상태이다. 동등결과성(equifinality)이란 초기의 조건이나 수단이 어떠하든 투입이나 전환에 관계없이 산출은 동일하다는 것이다. 다중결과성(multifinality)은 처음의 조건과 수단이 비슷하다 할지라도 다른 결과가 야기된다는 것이다. 평형상태(equilibrium)는 폐쇄체계에서 고정된 균형상태, 환경과의 상호작용과 장애에 대한 회피가 거의 없는 것이 특징이다. 엔트로피(entropy)는 체계가 해체하는 방향으로 진행하는 경향이다. 어떤 것도 영원히 존재할 수 없으며 시간이 흐르면 오래된 기관이나 체계들은 결국 새로운 것으로 대체한다. 역엔트로피는 체계가 성장하고 발달하는 방향으로 진행하는 과정이다. 인간도 신체적, 지적, 정서적으로 발달하고 사회적 서비스기관도 발전하며 새로운 프로그램과 서비스 대상을 확대한다.

4) 체계의 행동적 특성

체계의 행동적 특성은 투입(input), 전환(through-put), 산출(output), 환류(feedback)의 과정을 거친다. 투입은 체계가 외부로부터 정보나 에너지를 받아들이는 과정이며, 전환은 투입된 에너지를 자신에게 적절하게 변형시키는 재조직과정이다. 산출은 체계 내에서 변형된 에너지를 환경으로 방출하는 것이다. 산출은 환류를 통하여 다시 체계 내부로 투입되며 환류는 체계의 평형을 유지시키거나 변화를 촉진함으로써 체계를 혼란시키는 작용을 하기도 한다. 부정적 환류는 실수를 수정하여 항상성 상태로 돌아가는 것이고 긍정적 환류는 적합하게 실행했다는 정보를 얻는 것이다.

5) 사회복지실천 관련함의

일반체계이론이 사회복지실천과 관련하여 갖는 함의는 다음과 같다. 일반체계이론에서는 개인과 개인의 정신 내적 갈등에서 문제의 원인을 찾기보다는 체계 내부 또는 체계와 환경 사이의 상호작용적 현상을 분석함으로써 문제의 원인을 찾으려고 한다. 문제는 역기능적인 것이지만 체계의 유지를 위해서는 필연적, 필수적인 것이다. 즉, 문제는 체계의 역기능적 산물이긴 하지만 이러한 문제로 인해 역기능적 상호작용유형을 지속적으로 유지하고 안정상태를 유지할 수 있게 됨으로써 역기능적 상호작용의 결과로 나타날 수 있는 체계의 파괴나 소멸을 방지할 수 있게 된다. 개입에서는 체계 성원들 사이의 상호의존성과 상호 관련성을 파악하여 문제를 일으키는 역기능적 상호작용유형을 제거함으로써 문제를 제거하고 개인의 기능을 증진시키는 데 목적을 둔다. 과거보다는 현재의 체계 내의 역기능적 상호작용 유형에 초점을 두며 개입의 단위는 개인뿐 아니라 그 개인이 관계를 맺고 있는 체계 모두를 포함한다.

2. 생태체계이론의 특징과 기본가정

생태체계이론은 인간행동에 대한 다양한 이론 중 특별히 생태학과 일반체계이론으로부터 도출된 개념들을 통합하여 인간이 어떻게 상호작용 상태를 이루고 어떻게 상호작용하는가에 초점을 둔다. 생태체계이론은 환경의 변화과정과 인간발달영역, 인간의 다양성, 그리고 사회체계이론을 포함하고 있으며 활동적이고 성장하는 인간과 환경 간의 진보적이고 상호적인 적응과정을 연구한다. 환경에 속해 있는 개인에게 긍정적 영향을 미치는 힘과 사회적 기능을 방해하는 빈곤, 실업, 환경오염 등의 부정적 생활환경을 감소시키는 데 관심을 갖는다. 클라이언트의 정신내적 생활과 환경적 조건의 개선을 목적으로 한 직접적 서비스와 간접적 서비스를 통합하고자 한다.

생태체계이론의 기본 가정은 다음과 같다. 첫째, 인간과 환경은 분리될 수 없으며 동시에 고려해야 한다. 둘째, 인간과 환경이 서로를 형성하는 단일체계를 구성한다. 셋째, 인간과 환경 사이의 상호적 관계 또는 상호작용에 관심을 둔다. 넷째, 환경을 이해하지 못하고 개인의 미래를 예측할 수 없으며 개인을 이해하지 못하고 환경의 미래를 예측할 수 없다. 다섯째, 서로 다른 개인은 동일한 환경에 대해 다르게 반응하며 동일한 환경이라도 시간에 따라 동일한 사람과 다른 방식으로 상호작용한다.

3. 생태체계이론의 주요개념

생태체계이론은 생태학으로부터 개인과 환경 사이에 존재하는 상호적응(mutual adaptation)의 개념을 빌려왔으며 일반체계이론으로부터 체계와 관련된 다양한 개념들을 빌려왔다. 그러므로 생태체계이론에서는 인간의 행동은 인간이 살고 있는 사회체계에 대한 설명없이는 이해할 수 없다. 즉, 인간의 행동을 이해하기 위해서는 전체체계와 전체 체계의 영향을 함께 이해해야 한다는 것이다. 인간은 환경과 끊임없는 상호작용 속에서 진화하고 적응하는 존재이며 적응, 적합성, 상호교환, 적합한 장소 등이 중요한 실천적 개념이다.

생태체계이론의 주요개념은 체계, 개방체계, 폐쇄체계, 항상성, 경계, 피드백, 적응, 평형성, 순환성, 적합성, 스트레스와 대처 등이다. 구체적인 내용은 다음과 같다.

체계(system)란 대상과 그 대상의 속성 사이의 관계를 통합하는 대상체들이다. 그 대상체들은 체계의 구성요소가 되고 그것의 속성은 대상의 특성이고 관계는 그 체계를 함께 묶는 역할을 한다. 체계는 또한 자신의 하위체계를 갖고 있으며, 하위체계 사이의 규칙은 위계질서이다. 하위체계에서 개인은 다양한 영향력을 행사하며 개인들의 역할을 위해서 요구되는 적절한 기술을 개발한다. 하위체계 내에서 그리고 하위체계 사이에서의 관계는 가족의 구조를 규정한다.

개방체계(open system)는 환경 속에서 물질, 에너지, 정보가 교환

될 수 있는 체계이며 그렇지 못할 때 폐쇄체계(closed system)로 간주된다. 항상성(homeostasis)은 체계가 현상유지상태로 돌아갈 수 있도록 회복시키는 기능을 말한다. 즉, 체계 내에서의 경향은 현재 상태를 유지하거나 변화에 저항함으로써 균형상태를 유지하려고 한다. 실제로 안정성과 변화, 개방과 폐쇄 사이에는 항상 미묘한 균형이 존재한다.

경계(boundary)는 보이지 않지만 개인과 하위체계에 대한 윤곽을 나타내고 가족구성원 사이에 허용될 수 있는 교류의 종류와 정도를 규정한다. 하위체계 사이의 상호 개인적인 경계의 형태는 명확한(clear) 경계, 경직된(rigid) 경계, 산만한(diffuse) 경계로 구분하여 설명할 수 있다. 명확한 경계는 확고하면서도 융통성이 있다. 경계가 존재할 때 가족 구성원은 서로 지지하고 발전할 수 있으며 일정한 정도의 자율성이 있다. 경직된 경계는 체계 사이와 체계 내에서 분리된 상태를 의미한다. 산만한 경계에서는 모든 사람들이 다른 사람들의 사적인 영역에 대해서까지 간섭하며 이로 인해 극단적인 혐오와 불필요한 지지가 발생한다.

피드백(feedback)은 활동을 조절하기 위해 그 이전 단계에서 실제로 성취한 것에 대한 정보를 교환하는 것이다. 피드백의 성격이나 정도는 체계의 안정성이나 불안정성에 영향을 미친다. 피드백은 긍정적일 수도 있고 부정적일 수도 있다. 부정적인 피드백에서 조절은 실제적인 것과 바람직한 성취 사이의 차이를 줄임으로써 안정성을 확보하는 반면, 긍정적인 피드백 과정은 성취에서 조절을 강화함으로써 불안정성을 유도하는 것이다. 피드백은 유지와 적응능력 사이에서 어떻게 체계가 역동적인 균형을 유지하는가를 이해하는 데 중요한 개념이다.

적응(adaptation)은 인간의 내적 영향력과 생태적 환경의 영향력에 의해 이루어지는 상호의존적인 과정이다. 인간은 자신의 욕구에 적합하도록 환경을 변화시키고 동시에 환경의 변화에 적응할 수 있어야 한다. 그러므로 적응은 현상유지와 변화 사이의 균형을 요구한다. 이처럼 대조적인 기능들의 상호교환은 불안정성에 의한 성장과 변화의 기회를 가지고 일시적인 균형상태에서 체계를 유지한다. 평형성(equilibrium)은 자연적인 체계가 환경의 도전에 반응하여 스스로를 창조하는 것을 의미한다. 순환성(circularity)은 유기체와 환경 사이의 상호적인 관계를 강조한다. 그러므로 행동을 인과적으로 보는 것이 아니라 현재의 상황으로부터 발생되어지는 것으로 이해한다.

적합성(goodness of fit)은 인간과 환경 사이의 상호교류를 통해 일생동안 성취되는 것이다. 개인과 환경 사이의 상호작용이 성공적이고 적응적일 때 적합성이 이루어지며 양자간의 갈등과 함께 불균형이 야기될 때 양자의 생존과 발달을 저해하는 부적합성이 야기된다.

스트레스는 개인이 지각한 요구와 이러한 요구를 충족시킬 수 있는 자원을 활용할 수 있는 능력 사이의 불균형에 의해 야기된 생리, 심리, 사회적 현상이다. 스트레스가 반드시 문제가 되는 것은 아니며 성장과 발전을 도모하는 동기로 작용할 수도 있다. 다만 개인의 대처능력의 균형이 심하게 손상되었을 때 문제가 발생한다. 스트레스를 경험할 때 정서적 고통을 피하기 위해 개인이 수행하는 행동이 대처기술이며, 자존감, 문제해결기술, 가족, 사회적 관계망, 조직의 지원, 유능감 등을 말한다.

4. 생태체계이론의 인간관

생태체계이론은 개인의 적응능력과 환경의 양육특성에 동시에 관심을 기울이면서 '환경속의 인간'이라는 총체적인 인간관을 제시한다. 인간과 환경은 분리될 수 없으며 지속적인 상호작용, 상호교환, 상호 적응하는 호혜적 관계이다. 인간은 환경적 요구에 적응하고 때로는 환경을 자신의 요구에 맞게 수정하거나 변화시키며 발달하는 존재이다. 즉, 인간은 환경적 자원과 사회적 지지를 자율적으로 이용할 수 있으며 효과적으로 기능할 수 있는 능력을 지닌다고 보는 낙관적인 견해이다. 인간은 내면세계와 외부 세계의 요구로부터 자유로운 존재로서 환경과의 상호교류에서 경험을 획득하고 자율성과 자기규제능력, 유능함을 확보할 수 있는 능력이 있다는 것이다. 아울러, 인간은 생활환경 속에서 타인과 가치 있는 사회적 관계를 맺음으로써 자아를 발달시키고 사회적 역할기대를 적절히 이행한다. 타인과의 상호의존성 유지로 생존을 보장받고 삶의 적절성을 확보하는 것이다.

생태체계이론에서 인간의 속성은 유능함, 관계성, 역할로 표현된다. 유능함은 개인이 환경과 효과적으로 상호작용할 수 있는 능력을 말한다. 이것은 개인과 환경의 상호작용을 통하여 형성된다. 타인과 관계를 맺고 긍정적인 자아정체감과 자존감을 형성할 수 있는 인간의 능력은 초기관계와 애착의 질에 의해 형성되기 시작하여 일생에 걸쳐 확대된다. 관계성은 인간관계를 형성하거나 타인과 연결될 수 있는 능력이다. 관계를 맺고자 하는 욕망과 능력은 초기의 양육과정에서 시작되고 일생을 통하여 유형을 결정하게 된다. 역할은 특정 사회적 지위를 갖고 있는 개인이 타인에게 어떻게 행동해야 하는지에 대한 기대뿐 아니라 타인이 그 사람에게 어떻게 행동해야 하는지에 대한 기대를 포함하는 상호적 욕구와 의미의 유형이다.

5. 생태체계이론의 환경관

생태체계이론에서는 환경을 사회적 환경과 물리적 환경으로 개념화한다. 사회적 환경은 관료제조직과 사회적 관계망으로 구성된다. 관료제 조직은 인간의 욕구를 효과적으로 충족시키기 위해 만들어진 보건, 교육, 사회서비스조직 등을 말한다. 이러한 조직은 체계유지에 더 많은 관심을 기울이게 되어 생활문제를 야기하는 사회적 환경이 되는 경우가 많다. 사회적 관계망(social network)은 가족, 친척, 친구, 이웃, 직장동료 등을 포함한 주요 타인 간의 관계체계로 개인의 욕구 충족뿐 아니라 자원의 교환, 정보제공, 정서적 지지를 제공하는 표현적 기능을 담당한다. 물리적 환경은 자연적 환경과 인위적 환경으로 구성된다. 자연적 환경은 기후와 지리적 조건 등을 말한다. 기압, 습도, 온도, 계절적 변화와 같은 기후적 특성은 인간의 감정과 행동에 영향을 미치고 긴장의 원인이 되며, 밤과 낮, 하루, 계절 등 자연적 환경의 변화는 인간의 모든 생활이 반영된다. 인위적 환경은 건축물, 대중매체, 교통체계 등 인간이 배치한 구조나 대상물 등을 말하며 인간의 생활에 영향을 미친다.

제 3 절 생태체계이론의 실천과정과 실천기술

생태체계이론에서는 클라이언트가 환경과 상호 교류하는 과정에서 어느 정도의 적합성을 성취하는가에 초점을 둔다. 개인의 욕구, 능력과 환경적 자원 간의 불일치로 인해 스트레스가 발생한다고 본다.

생태체계이론을 사회복지실천에 적용하는 절차와 기법은 다음과 같다. 생태체계이론은 개인과 물리적, 사회적 환경 사이의 역기능적인 교환을 강조함으로써 치료와 변화를 통합한다. 내적, 외적 요소들 모두에 관심을 가지며 인간은 환경에 대해 수동적인 반응자가 아니라 환경에 대해 역동적이고 상호작용적으로 개입하고 있다고 본다. 그러므로 개인의 대처방식(coping patterns)을 향상시킴으로써 인간의 욕구와 환경 사이에 조화가 이루어질 수 있다고 본다. 생태체계이론에서 초점을 두는 영역은 다음과 같다. 첫째, 인간에 초점을 두고 인간이 자신의 문제해결, 대처, 발달 능력을 개발하도록 한다. 둘째, 인간과 인간이 상호작용하는 체계 사이의 관계에 초점을 두고 인간을 필요한 자원, 서비스, 기회와 연결시킨다. 셋째, 체계에 초점을 두면서 그 체계가 개인의 욕구를 효과적으로 충족시키도록 변화를 추구한다.

생태체계이론에서 개입의 대상은 환경과 상호 작용하는 개인, 가족, 지역사회, 전체 사회일 수 있다. 개입의 목표는 개인차원에서는 개인의 대처능력, 즉 성장, 독립성, 자존감, 문제해결능력 등을 강화하는 것이다. 환경차원에서는 환경을 개선하기 위한 지역자원 활성화, 지역사회 조직화, 입법활동, 옹호활동 등을 하여 개인과 환경 사이에 높은 적합성이 이루어지게 하는 것이다. 즉, 생태체계이론은 클라이언트의 행동, 자율성, 자존감, 유능성의 증진을 통하여 적응능력을 고양하고 환경적 속성을 변화시키는 것을 목적으로 한다.

생태체계이론에서는 환경에 대한 탐색과 클라이언트에게 영향을 미치는 외부적인 요소들에 대한 파악을 강조한다. 일단 탐색이 이루어지면 사회복지사는 개인과 환경에 초점을 두는 개입방법을 사용한다. 환경의 변화는 클라이언트에 의해서 행해지거나 욕구가 있을 때 클라이언트가 취할 수 있는 치료의 수단이다. 개입의 많은 부분들이 전체적인 사정을 중시하므로 사회복지사의 역할이 중요하다. 또한 사회복지사가 실제 서비스를 시작하기 전에 모든 측면에 대한 관심을 갖게 하므로 사회복지사가 사정하는 영역을 확대시킨다. 생태체계이론은 모든 실천모델들을 수용할 수 있기 때문에 사회복지사는 상황을 특정한 실천모델에 끼워 맞추기보다 상황에 적합한 관점, 모델, 방법, 기법을 사용하여 사정할 수 있다. 그러므로 생태체계이론은 사회복지실천에서 유용한 사정도구로 사용될 수 있다. 생태도(eco-map)는 사회복지사가 관찰한 정보를 조직하는 한 방법이다. 생태도는 사회복지사가 이용할 수 있는 자원을 포함하며, 생활공간 속에서 개인 또는 가족이 차지하는 위치를 도면으로 표시하여 가족생활과 가족관계를 파악할 수 있게 한다(그림 1). 가계도(genogram)는 3세대 이상의 가족 성원과 그들의 관계와 관련된 정보를 기록하는 도표로 가족구조 및 관계와 기능적 측면을 수직적, 수평적으로 평가할 수 있게 한다(그림 2).

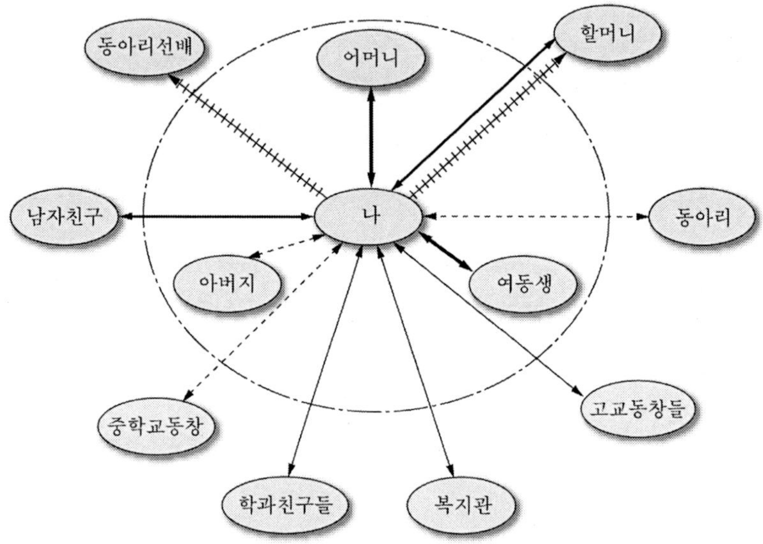

〈그림 1〉 생태도

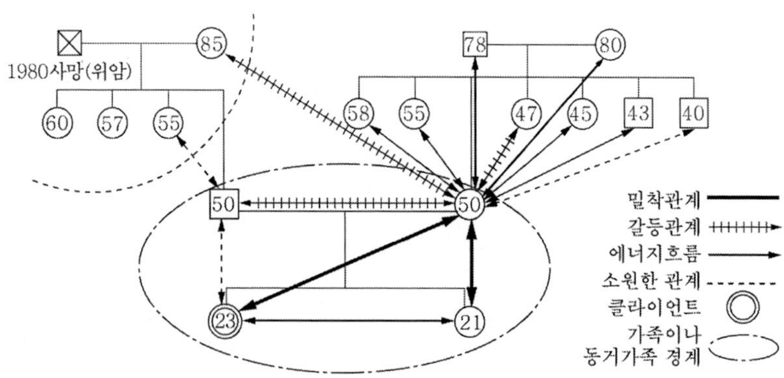

〈그림 2〉 가계도

제 4 절 생태체계이론의 유용성과 한계

생태체계이론은 다음과 같은 점에서 사회복지실천에서 유용한 것으로 보인다. 사회복지는 인간과 환경의 특성과 상황에 대한 관심에 초점을 두므로 사회복지실천에서는 인간과 환경 간의 상호관계와 이들을 둘러싸고 있는 전체 단위에 대한 관심을 강조한다. 사회복지실천은 인간과 사회의 발전을 도울 뿐만 아니라 인간과 환경의 변화, 그리고 최적의 교환이 일어나도록 관계의 변화를 추구한다. 그러므로 생태체계이론은 인간과 환경 사이의 관계를 강조하는 사회복지실천을 위한 중요한 이론적인 기초가 된다. 생태체계이론은 인간과 사회적, 문화적, 물리적인 환경에 대해 전체적이고 역동적인 이해를 갖도록 통일되고 종합적인 관점을 제공한다.

생태체계이론에서 인간은 다양한 환경 속에서 고려된다. 이러한 선제론적인 관점은 사회복지실천에서 문제해결을 위한 유용한 수단으로 사용될 수 있다. 그러나 사회복지실천에서 생태체계이론은 다음과 같은 비판을 받고 있다. 첫째, 개인과 환경 사이의 연결성에 대한 명백한 논리를 갖지 못하고 추상적이고 모호하며 공허한 설명뿐이다. 둘째, 인과관계에 대한 실제적인 논리를 갖고 있지 못하므로 사정도구로 적합하지 않다. 셋째, 다양한 기법들을 통합하지 못하고 기법들을 취사선택하도록 유도한다. 넷째, 모든 이론들을 허용하고 어떠한 이론적인 주장에도 직접적으로 도전하지 않기 때문에 이론들에 내재한 편견을 수정하지 못한다.

생태체계이론은 특정 개입방법이나 기술을 제시해 주는 실천모델이라기보다 가치에 기초를 둔 이론으로 클라이언트의 상황을 보는 시야를 확장시켜 주어 문제현상을 사정, 평가하기 위한 이론적 준거틀을 제시해 주었다. 그러므로 사회복지실천에서 넓은 시야를 갖고 문제를 사정하고 이해할 수 있게 함으로써 개인 내적 심리이론과 달리 개인 외적 환경요인을 보고 인간의 문제를 통합적인 관점에서 분석해야 한다는 관점을 제시했다는 점에서 긍정적으로 평가할 수 있다.

생태체계이론은 인간과 환경 사이의 관계를 강조함으로써 문제에 대한 광범위한 접근을 제공할 뿐 아니라 종합이론으로서 관계에 초점을 두는 사회복지실천에서 유용한 도구로 사용될 수 있다. 그러나 체계에 대한 분석과 통합을 위한 적절한 방법이 부족하다는 한계를 갖고 있다. 생태체계이론에 대한 많은 비판들은 생태체계이론의 개념적인 한계에서 비롯되고 있다. 그러므로 개념적인 한계를 극복할 만한 일반적인 개념적 분석틀이 마련될 때 생태체계이론의 정체성을 확보하고 사회복지실천을 위한 효과적인 이론으로 자리 잡을 수 있을 것이다.

참고문헌

권중돈 · 김동배. (2006). 『인간행동과 사회환경』. 서울: 학지사.

김경호. (2005). 『사회복지실천기술론』. 서울: 청목출판사.

김동배 · 이희연. (2003). 사회복지실천의 생태체계 패러다임과 연구방법론에 대한 고찰(I). 『연세사회복지연구』, 9, 27-58.

류종훈. (2006). 『사회복지실천론』. 서울: 청목출판사.

박명숙. (1999). 생태체계이론(Ecosystem theory)에 대한 이해와 사회사업에의 적용에 관한 연구. 『사회복지리뷰』, 4(1), 127-137.

Bertanffy, V. (1968). *General system theory*. New York: Braziller.

Bronfenbrenner, U. (1979). *The ecology of human development*. Cambridge, MA: Harvard University Press.

Germain, E. B. & Gitterman, A. (1980). T*he life model of social work practice*. New York: Columbia University Press.

Grief, G. (1986). The ecosystems perspective meets the press. *Social Work*, 31, 225-226.

Rothery, M. (2001). Ecological systems theory. In P. Lehmann & N. Coady (Eds.), *Theoretical perspectives for direct social work practice: A generalist-eclectic approach*(pp. 65-82). New York: Springer Publishing Company, Inc..

Siporin, M. (1980). Ecological systems theory in social work. *Journal of Sociology & Social Welfare*, 7, 507-532.

Wakefield, J. C. (1996). Does social work need the eco-systems perspective? Part 1. Is the perspective clinically useful?. *Social Service Review*, 70(1), 1-32.

Wakefield, J. C. (1996). Does social work need the eco-systems perspective? Part 2. Does the perspective save social work from incoherence?. *Social Service Review*, 70(2), 183-213.

Zastrow, C. (1993). I*ntroduction to social work and social welfare*. Pacific Grove, CA: Brooks/Cole Publishing Co..

제 3 장

심리사회모델

제 1 절 심리사회모델의 역사적 발달

심리사회모델은 1920년대와 1930년대의 사회경제적 상황, 정신분석이론, 사회화이론 등의 영향과 함께 Richmond의 연구에 의해 발전되었다. 심리사회모델은 정신분석이론에 기반을 두고 진단주의의 옹호자였던 Hamilton에 의해 사회복지실천에 학문적으로 정착하게 되었다. 특별히 19세기 우애방문단과 자선조직협회의 활동에서 영향을 받았고 Richmond는 자선조직협회에 의한 우호방문만으로는 충분한 원조를 제공할 수 없으며 개인에 대한 초점뿐 아니라 그를 둘러싼 가족과 집단 등의 환경 속에서 개인을 이해해야 한다고 보았다. 심리사회모델은 사회복지실천에서 진단주의와 기능주의의 논쟁에서 진단주의의 실천양식에 뿌리를 둔 모델이기 때문에 클라이언트를 이해하기 위해 클라이언트의 현재 및 과거를 중시한 Richmond의 영향을 받았고 현재와 관련이 있는 과거에 대한 개인력 조사를 강조한 Freud의 관점도 반영한다. 그러므로 이 모델에서는 개인, 가족, 외부환경 등을 철저히 조사하는 진단(diagnosis)과 사정(assessment)이 강조된다.

심리사회모델에 영향을 미친 Richmond의 업적은 다음과 같다. 첫째, Richmond는 선의의 우호방문만으로는 충분한 원조를 제공할 수 없으며 개인의 속성이나 의지가 빈곤, 그 외의 열악한 상황을 설명하는 데도 한계가 있음을 인식했다. 즉, 개인과 환경 간의 적응을 장려하기 위해서는 외부체계의 영향력도 함께 다루어야 한다고 강조했다. 이러한 개인과 환경에 대한 이중적 초점은 사회복지실천에서 강조하는 '상황 속의 개인'의 개념으로 발전되었다. 둘째, Richmond는 사회복지사들의 실제 경험은 반드시 정확한 분석으로 이어져 사례에 대한 체계적, 세부적 검토가 필요하다고 보았다. 이것은 우호나 자비에 의한 자원봉사자들의 선행수준에서 벗어나 훈련과 감독을 받는 유급의 사회복지사들의 활동을 독려하게 되었고 사회조사, 진단, 계획과 같은 전문적 원조과정의 발전에 기여했다. 셋째, Richmond는 모든 사회복지실천은 개별화되어야 한다고 강조했다. 개인의 특정 문제를 해결하기 위해서는 증상뿐 아니라 개인을 둘러싼 전체를 보는 자세가 필요하며 선입견이나 고정관념을 경계해야 한다는 것이다. 넷째, Richmond는 많은 사례로부터 얻은 광범위한 실증적 기반 위에서 치료전략을 확인하고 평가했다. Richmond의 치료전략은 클라이언트의 환경에 개입하고 자원을 탐색하며 사회복지사와 클라이언트 간의 신뢰와 교류를 강조하는 것이었다.

심리사회모델은 정신요법이나 심리상담의 심리적 관점과는 달리 심리사회적 관점을 갖는다. 인간은 주체성을 지닌 자주적 존재이며 동시에 환경의 영향을 받아 상황의 영향 아래 생활하게 되므로 생리적, 심리적, 사회적 존재로 보아야 한다는 것이다. 이것은 인간을 생리적, 심리적, 사회적, 경제적 상황을 포함한 포괄적, 전체적 시각으로 본다는 것을 의미한다. 그러므로 심리사회모델은 클라이언트를 정신 내부적, 대인 관계적, 환경적 측면들을 완전하게 이해하기 위해 사회복지학뿐 아니라 정신의학, 심리학, 사회학, 인류학 등을 포함하는 다양한 지식체계들로부터 클라이언트 상황에 대한 더 나은 이해를 도모한다. 그리고 개인, 집단, 가족, 클라이언트를 둘러싼 다양한 체계라는 다양한 수준에서 원조를 제공함으로써 복합적인 사안들에 효과적으로 대처하고자 한다.

제 2 절 심리사회모델의 개관

1. 심리사회모델의 특징

심리사회모델은 생리 심리적 발달, 개인 상호 간의 영향, 중요한 타인의 영향, 환경과 체계의 영향 등을 이해하는 데서 출발한다. 심리사회모델은 실천에 근거한 지식, 정신분석이론의 퍼스낼리티이론, 사회과학적 지식, 체계이론 등 4가지 이론적 기반 위에서 이론과 지식을 구축했다(Hollis, 1970). 심리사회모델에 의하면 사회복지실천과정은 예술(art)인 동시에 과학(science)이다. 직관적인 통찰력과 자발성은 지식을 발전하게 하고 체계화하여 인간과 인간의 사회적 관계 및 조직에 대한 객관적 이해를 높이기 위한 노력과 연계된다. 인간은 자신의 외적 현실에 순응하거나 그것을 변화하게 함으로써 자신의 운명을 조정할 수 있으며 사회복지실천은 이러한 면에서 도움을 줄 수 있다. 물론 변화의 과정에서 클라이언트의 적극적 참여가 크면 클수록 상호적응과정은 더 쉬워질 수 있을 것이다.

심리사회모델은 사회복지실천에 대한 체계론적 접근을 의미한다. 실천과정에서 대상이 되는 주된 체계는 상황 속의 개인(person-in-situation)이다. 도움을 받는 개인을 그 개인과 친밀한 상호작용을 하고 있는 외부체계와의 상호작용, 상호교류의 맥락 속에서 보아야 한다는 것이다. 이것은 개인의 가족, 사회집단, 교육환경,

노동환경, 다양한 사회체계를 포함한다. 아울러, 심리사회모델에서 실천과정은 클라이언트의 욕구에 따라 개별적으로 이루어져야 하므로 사회복지사는 클라이언트의 욕구에 대한 이해를 바탕으로 클라이언트에게 개별적으로 개입해야 한다. 심리사회모델에 의하면 클라이언트의 문제는 개인의 부적응 또는 결함이 있는 사회적 상황에 의해 발생한다. 사회복지사는 이러한 요인들을 파악한 후 클라이언트의 개별화된 욕구에 부합된 가장 적절한 방법으로 클라이언트에게 대응하는 것이 필요하다. 그러므로 사회복지실천의 목적은 개인, 환경, 그리고 양자 간에 변화를 초래하는 것이다. 심리사회모델에서 강조되는 주요가치들은 다음과 같다(Hollis, 1970). 첫째, 사회복지사는 클라이언트의 복지에 관심을 갖고 보살피며 클라이언트를 존경하고 수용해야 한다. 둘째, 사회복지사는 클라이언트의 욕구에 우선권을 두어야 한다. 셋째, 사회복지사는 개인적인 선입관을 배제하고 과학적인 객관성을 갖고 클라이언트를 이해해야 한다. 넷째, 사회복지사는 클라이언트가 자기 자신의 결정을 내릴 수 있는 권리와 자기 지향성을 격려해야 한다.

2. 심리사회모델의 주요가정

심리사회모델은 개인내적영역과 사회환경영역, 개인과 환경의 상호작용에 초점을 둔다. 기본적으로 정신분석이론에 뿌리를 두고 있으며 자기심리학과 체계이론 등의 영향을 받아 다음과 같은 가정을 기반으로 한다. 첫째, 모든 개인은 가치 또는 존엄성을 갖고 있다고 전제한다. 사회복지사는 클라이언트의 존엄성을 존중하기 위해 클라이언트를 현재 상황에서 있는 그대로 받아들인다. 둘째, 모든 인간은 성장능력, 학습능력, 적응력, 그리고 사회 또는 물리적 환경을 변화시킬 수 있는 능력을 가진 존재로 간주된다. 셋째, 개인이 어떻게 기능하는가에 대한 이해를 위해 성격체계의 구조나 발달에 관한

Freud의 관점이 활용된다. 넷째, 심리체계는 독립적으로 존재하는 것이 아니라 생물학적 체계, 사회적 체계와 끊임없이 상호 작용한다고 전제한다. 따라서 사회복지사는 클라이언트의 현재의 문제 상황에 영향을 주는 생물학적, 심리적, 사회적 체계 등 모든 관련 체계에 관여해야 한다. 다섯째, 문제 상황을 다룰 때 개별성이 강조된다. 동일한 유형의 문제 상황이라고 하더라도 그 상황이 발생한 배경들이 다를 수 있기 때문에 클라이언트의 문화, 사회경제적 배경, 계층, 주변 환경 등이 차별적으로 다루어져야 한다.

제 3 절 심리사회모델의 실천과정

심리사회모델의 실천과정은 초기단계, 사정평가단계, 개입단계로 나누어 살펴볼 수 있다. 각 단계의 구체적인 내용은 다음과 같다.

1단계는 초기단계이다. 이 단계에서는 사회복지사와 클라이언트 간의 접촉의 이유를 이해시키는 것, 클라이언트가 사회복지사의 원조를 활용할 수 있도록 관계를 형성하는 것, 클라이언트를 원조과정에 참여시키는 것, 치료를 시작하는 것, 심리사회적 진단과 치료에 필요한 정보를 수집하는 것 등이 필요하다.

첫째, 사회복지사와 클라이언트 간의 접촉의 이유를 이해시키기 위해서는 클라이언트가 자신의 문제를 어떻게 보고 있는가에 대해 면접을 통해 질문하여 클라이언트가 탐색하게 하는 것이 바람직하다. 클라이언트가 기관의 기능을 이해하지 못하고 있는 경우에는 사회복지사가 클라이언트에게 기관이 제공하는 서비스를 설명할 필요가 있다. 클라이언트가 의뢰된 경우에는 의뢰한 사람과 클라이언트 모두에게 면접을 진행하는 것이 바람직하다. 이 과정에서 사회복지사는 기관의 기능, 서비스와 클라이언트의 문제가 합치하는가의 여부를 확인해야 한다. 클라이언트가 서비스의 필요를 인정하지 않지만 사회복지사가 그 필요성을 인정하는 경우에는 사회복지사가 어느 정도의 기간 동안은 클라이언트와 접촉을 지속하려고 노력하는 것이 필요하다. 물론 접촉에 대한 결정은 기관의 기능, 클라이언트의 문제의 성질 등에 따라 달라질 것이다.

둘째, 사회복지사는 클라이언트와 관계를 수립하는 데 노력을 기울여야 한다. 사회복지사의 능력이나 호의에 대한 클라이언트의 신뢰가 사회복지사의 원조를 활용하도록 하는 데 결정적인 역할을 할 수 있다. 신뢰 형성에는 사회복지사의 성실한 관심, 객관성, 온화함, 수용, 존중, 인사법, 음성, 얼굴표정, 자세 등과 같은 요인이 중요하게 작용할 것이다. 사회복지사는 클라이언트의 욕구와 감정을 이해하고 전달하는 기술, 클라이언트가 사회복지사에게 대화할 수 있게 하는 기술, 클라이언트와 관련된 사회자원에 대한 지식 등을 클라이언트에게 실제로 제시할 수 있어야 한다. 원조를 받아야 하는 의존적 상황에서 인간은 경계심을 가지게 되고 감정전이가 일어날 수 있다. 그러므로 사회복지사는 말과 행위로서 클라이언트의 권리를 존중하고 있음을 보여주고 클라이언트의 문제에 대해 마음을 열고 정중하게 대화할 수 있어야 한다.

셋째, 클라이언트를 원조과정에 참여시키는 데는 동기부여와 저항이 중요하다. 동기부여는 클라이언트가 변화과정에 스스로 관여하고자 하는 정도, 그리고 변화의 가능성을 낙관하고 있는 정도와 관계가 있다. 따라서 초기단계에서는 클라이언트에게 어느 정도의 불안이나 고통을 주어서 동기를 부여하고 바람직한 희망을 갖도록 돕는 것이 필요할 수 있을 것이다. 클라이언트에게 동기부여를 하기 위해서는 클라이언트가 불안을 노출시키도록 격려하는 것도 고려할 만하다. 변화의 희망이 현실적인 것으로 판단되면 그러한 사실을 클라이언트에게 분명하게 전달해야 한다. 동기부여를 방해하는 것이 저항이다. 저항은 대부분 원조를 받는 것과 변화에 따르는 불안에서 생긴다. 클라이언트 스스로 기관을 찾은 경우가 아니라면 저항은 더욱 강할 것이다. 저항은 문제 그 자체의 본질과도 관련이 있다. 클라이언트의 문제가 죄책감, 수치심, 비판받는 것에 대한 두려움, 사회로부터의 비난에 대한 두려움과 불안을 수반한다면 저항은 더 강하게 작용할 것이다. 클라이언트의 낮은 자존감, 강한 초자아, 만성적 불안 등도 초기의 저항과 관련이 있다. 초기 저항을 완화하기 위해서는 원조를 구하거나 받는 것에 대한 클라이언트의 부정적, 양가적 감정에 대해 이야기하게 하는 것이 도움이 될 수 있다. 또한 사회복지사가 저항은 누구든지 가지고 있는 자연적이며 건전한 반응으로 수용하는 것이 필요하다.

넷째, 치료는 최초의 면접에서부터 시작된다는 것이 진단주의나 심리사회모델의 관점이다. 초기단계에서 지지나 환기를 제공함으로써 클라이언트가 자기 자신과 자신의 상황에 대해 생각해볼 수 있도록 격려하는 것이 바람직하다.

다섯째, 심리사회적 조사를 위해서 사회복지사는 클라이언트가 자신의 문제를 어떻게 보는가, 자신의 문제에 대해 무엇이 가능하다고 생각하는가, 문제를 어떻게 해결하고자 하는가, 무엇이 현재의 문제의 원인이라고 생각하는가 등에 대해 알아야 한다. 또한 클라이언트가 무엇 때문에 곤란을 겪고 있는가, 곤란을 야기한 요인은 무엇인가, 어떠한 요인들이 클라이언트 자신의 상황을 개선할 수 있는가, 사회복지사가 어떻게 사회복지실천과정을 통해 상황을 개선할 수 있는가 등에 대해 이해하는 것도 필요하다. 이러한 이해를 위해서는 많은 정보가 필요하다. 사회복지사는 우선적으로 클라이언트가 자신의 문제를 어떻게 생각하는가에서 시작해야 한다. 그런 다음 클라이언트 자신의 개인적 측면과 관련 체계, 클라이언트와 관련 체계 간의 상호작용에 관해 조사해야 한다. 심리사회적 조사에서 클라이언트의 과거 생활사에 관한 정보는 클라이언트의 퍼스낼리티나 유년기의 개인적 경험이 클라이언트의 문제와 관련이 있다고 생각되는 경우에 조사할 필요가 있다. 특별히 클라이언트의 행위나 반응이 부적절한 경우 클라이언트의 과거사에 대해 탐색하는 것이 클라이언트의 부적절함을 이해하고 클라이언트를 돕는 방법을 구체화하는데 도움이 될 수 있을 것이다. 개인의 적응 문제를 이해하기 위해서는 가족관계, 잠복기와 사춘기의 경험, 민족이나 계급과 관련된 요인들의 영향에 대해서 조사하는 것도 필요하다. 클라이언트의 가치관과 역할기대는 가족이나 친구와 같은 준거집단의 문화적 배경 요인에 의해 영향을 받으므로 아동기에 대한 탐색이 중요하다.

2단계인 사정평가는 상황 속의 클라이언트에 대한 사정평가를 의미한다. 사정평가는 개별화에 의해 개인과 상황 양자의 상호작용을 폭넓은 지식에 기초하여 개별적으로 보는 것이다. 이것은 인간행동과 사회 환경에 대한 지식 하에 클라이언트가 어떠한 문제를 경험하고 있고 문제의 심각성과 원인, 문제 해결을 위해 필요한 변화, 문제 해결을 위해 사회복지사와 클라이언트가 해야 할 노력 등에 관한 자료수집과 추론을 통해 가능해진다. 사정평가는 클라이언트와 상황, 문제에 대해 비판적으로 검토하는 것이다. 사정평가단계에서는 클라이언트의 퍼스낼리티의 제 측면이 어떻게 상호작용하고 클라이언트와 타인이 어떻게 상호작용하는가를 검토해야 한다. 그리고 한 체계 내의 일부분의 변화가 어떻게 다른 부분에 영향을 미치고 한 체계가 어떻게 다른 체계에 영향을 미치는가를 이해하기 위해 체계 내의 상호작용을 살핀다. 이 경우 가족의 상호작용에서 나타나는 역동성이 특히 중요하다. 종교적, 지역적 배경과 문화적 요인은 자아나 초자아이 발달에 깊은 영향을 미칠 수 있으며 타인의 반응이 개인의 생활양식에 깊은 영향을 미칠 수 있다. 그러므로 클라이언트의 정신 내적 요인과 신체적 요인에 부가하여 다양한 외적 요인들을 검토해야 한다. 즉, 심리사회모델은 사정평가에서 클라이언트의 부적응의 측면뿐 아니라 상황의 영향에도 관심을 갖고 역동적인 사정평가를 중시한다. 그리고 개인과 상황의 약점뿐 아니라 강점에 대한 평가도 중요하다.

3단계인 개입단계는 목표와 개입계획, 개입의 목표와 계획, 개입과정으로 구성된다. 구체적인 내용은 다음과 같다.

목표는 클라이언트가 스스로 이해하며 바라고 있는 것과 사회복지사가 가능하며 클라이언트에게 도움이 된다고 생각하는 것들로부터 성립된다. 사회복지사가 클라이언트를 위해 할애할 수 있는 시간, 기관의 기능, 사회복지사의 능력 등이 사회복지사가 실행 가능한 것을 찾아내는 데 결정적이다. 목표달성이 곤란하거나 클라이언트 또한 타인에게 좋지 않다고 판단되는 경우에 클라이언트가 바라는 목표달성을 위해 사회복지사가 참여하는 것은 무책임한 것이다. 클라이언트가 바라지 않고 불가능하다고 생각하는데 사회복지사가 달성 가능하다고 생각하는 목표를 달성하고자 하는 것도 무책임한 것이다. 교정 분야의 사회복지실천이 아닌 경우 사회복지사는 클라이언트에게 목표를 강요할 수 없다. 목표 설정 시 사회복지사는 클라이언트의 반응이나 요구를 민감하게 지각하고 반응해야 하며 사회복지사와 클라이언트 간의 의사소통은 개방적이어야 한다.

심리사회모델에서 사회복지실천은 클라이언트의 어려움을 경감시키고 개인과 상황 간의 기능 부적응을 감소시키며 클라이언트의 만족과 자기실현을 고양시키는 것이다. 이를 위해 자아의 적응기술과 개인과 상황의 기능을 향상시켜야 하며 개인과 상황, 그리고 양자의 변화가 필요하다. 목표는 클라이언트가 원조를 필요로 하는 시점, 클라이언트의 동기부여와 능력, 상황의 수정 가능성, 기관의 기능, 이용가능성, 사회복지사 개인의 역량 등에 의해 좌우된다. 사회복지실천의 일반적인 목표는 문제의 원인, 문제의 역동성, 수정 가능하다고 생각되는 개인과 상황의 상태 등의 측면에 따라 개별적으로 구체화되는 것이다. 개인과 상황의 기능적 부적응이 대인관계에 있을 때는 사회복지실천의 목적이 더 나은 대인관계의 순응을 지향하게 될 것이며, 문제와 관련이 있는 둘 이상의 사람들에 관계되기도 한다. 부부, 부모, 자녀, 가족 간의 대인관계 체계에 관심을 두고 이들 간의 상호작용을 변화시키기 위해서는 대인관계 체계에서 개인과 개인의 의사소통의 질에 변화가 일어나야 한다. 의사소통의 변화를 위해서는 개인의 퍼스낼리티 체계의 변화가 요구된다. 사회복지사는 클라이언트의 퍼스낼리티 기능의 어느 측면이 대인관계에서 원만하지 못한가를 파악한 다음에 이 영역에서 변화의 가능성을 평가한다. 이 평가에 기초하여 클라이언트와 사회복지사가 특정한 목표를 만든다. 목표는 타인이나 자기 지각의 수정, 자기존중과 자기 신뢰를 높이는 것, 확고한 자기 동일성의 형성, 잘못된 방어기제의 사용을 수정하는 것, 현실적인 판단, 불안의 경감, 행동하려는 능력의 증대, 충동을 억제하는 것, 현실적인 초자아의 형성, 적의를 없애는 것, 성숙한 사랑의 능력을 증대시키는 것 등일 수 있다.

개입과정에서 사회복지사는 클라이언트의 생활경험을 다루며 유아기의 무의식의 경험을 표면으로 의식화하는 기술을 사용하지 않는다. 그러므로 사회복지사는 자유연상을 활용하지 않으며 감정전이를 조장하려고 하지 않는다. 무의식을 이해하려고 하기도 하지만 개입의 초점은 의식과 전의식이다. 치료의 목표와 방법은 상황에 의해 변화한다. 목표나 방법은 클라이언트의 욕구에 대해 새로운 것을 알게 되면 가설을 수정하고 수정된 가설에 의해 개입이 진행된다. 클라이언트에게 이익이 된다면 이 과정이 여러 번 반복될 수 있다.

개입과정은 직접적 개입과 간접적 개입을 포함한다. 사회복지사는 환경에 대처할 때 상이한 역할을 할 수 있다. 필요한 자원을 제공하는 자원제공자, 클라이언트 욕구의 해석자, 기관과 클라이언트 사이의 조정자, 클라이언트를 대변하는 대변자로 활동할 수 있다. 가정이나 대인관계의 문제에 대한 접근으로는 직접적인 방법을 사용할 수 있다. 개입은 개인면접만으로 수행할 수도 있고 경우에 따라 두 사람 이상의 사람들이 사회복지사와 면접을 할 수도 있다. 개입과정에서 사회복지사는 지지, 지시, 탐색과 정화, 개인과 상황에 대한 성찰, 퍼스낼리티에 대한 성찰, 발달과정에 대한 성찰 등의 실천기술을 활용한다.

제 4 절 심리사회모델의 실천기술

심리사회모델의 실천기술은 7가지로 유형화할 수 있다. 이중 6가지는 클라이언트와 직접적 상호작용 시에 활용할 수 있으며 1가지는 간접적으로 환경에 관련된 사람과의 관계를 조정하는 기술이다. 직접적 기술은 지지, 지시, 정화, 개인과 상황의 상호작용에 대한 성찰, 퍼스낼리티에 대한 성찰, 발달과정에 대한 성찰이며, 간접적 기술은 환경 조정이다.

첫째, 지지는 사회복지사가 클라이언트에게 공감적 이해, 원조에 대한 희망, 클라이언트의 신뢰와 수용, 관심을 표명하는 것으로 불안을 감소시키고 변화 동기를 촉진하여 관계를 수립하는 데 중요하다. 사회복지사에 대한 클라이언트의 신뢰가 있을수록 지지는 효과가 있고 불신이 심한 클라이언트에게는 효과가 없는 편이다. 지지의 종류는 경청, 수용, 재확신, 신뢰감의 표현 등이 있다.

둘째, 지시는 사회생활 기능의 장애가 되는 요인을 제거하기 위해 필요하다. 사회복지사에 대한 신뢰나 클라이언트의 욕구를 명확히 하여 클라이언트의 필요에 따라 사용될 수 있으며 클라이언트의 의존성을 감소시킬 수 있다. 또한 클라이언트의 충동적 행동을 억제하는 데도 도움이 된다. 사회복지사가 가능한 행동을 시사하는 것, 직접적인 조언을 하는 것 등이 지시의 예이다. 직접적 제언은 클라이언트와 강한 유대가 수립되었거나 클라이언트에 대해 충분히 잘 알고 있는 경우에 사용하는 것이 바람직하다.

셋째, 정화는 감정의 표출 및 언어화를 말한다. 감정표출에 의한 긴장완화를 시도하기 위해 유용하다. 적절한 시점에서 초점을 잘 잡아 활용하면 효과적이다. 기법은 초점 잡기, 부분화, 화제의 전환 등이다. 단, 자학적인 사람, 정신장애인, 감정이 격하거나 불안감이 높아질 가능성이 있는 사람에 대해서는 신중하게 적용해야 한다.

넷째, 개인과 상황의 상호작용에 대한 성찰은 심리사회모델의 핵심적 실천기술이다. 문제에 대한 이해를 돕거나 행동에 변화를 초래하기 위해 클라이언트가 잘못 받아들이고 있는 제반 사항들을 현실적으로 파악하게 하는 것이다. 클라이언트의 준비된 정도나 능력에 비추어 활용해야 하며, 주요 기법은 논리적 토의 및 추론, 설명, 옹호, 행동의 시연, 역할극, 정보제공, 강화, 대결, 교육, 요약, 명확화, 설명 등이다.

다섯째, 퍼스낼리티에 대한 성찰은 변화의 동기를 촉진시키면서 클라이언트 자신의 퍼스낼리티의 패턴, 특징 및 역동적인 면을 이해하도록 돕기 위해 필요하다. 다양한 방어나 초자아의 요구를 해결하기 위해서는 적절한 시점에 활용해야 한다. 주요 기법은 해석, 통찰의 개발 등이다.

여섯째, 발달과정에 대한 성찰은 변화를 위해 유년기의 문제와 현재의 행동 간의 인과관계의 연계를 클라이언트가 자각하도록 도울 수 있다. 이때 클라이언트의 전이현상에 유의하고 사회복지사가 역전이에 빠지지 않도록 주의해야 한다.

일곱째, 환경조정은 간접적 실천기법이다. 클라이언트를 둘러싼 인적, 물적 환경에 관계하여 문제를 해결하고자 하는 것이다. 클라이언트의 문제가 심리적인 것보다는 환경과의 상호작용에서 균형을 상실한 데서 기인하는 경우 유용할 수 있다.

제 5 절 심리사회모델의 유용성과 한계

심리사회모델은 개인의 심리 내적인 면과 환경의 상호작용을 강조하는 모델이기 때문에 개인, 집단, 가족, 환경 등에 폭넓게 적용될 수 있다. 의사소통을 통해 클라이언트에게 도움이 될 만한 사람들과 관계형성을 하고 다양한 자원을 활용하도록 한다. 사회복지사가 클라이언트를 위해 행동하는 역할을 함으로써 자원을 창조하고 발견하며 제공하는 역할을 한다는 것이 주요 장점이다. 개인과 환경의 상호작용에 초점을 두었다는 점에서 정신분석이론이 개인의 외부환경을 무시하고 내면적 갈등만을 강조한 점을 넘어선 모델로 평가받을 수 있다. 그러나 실질적인 개입방법에서는 환경에 대한 개입기술이나 전략이 미흡하여 인간과 환경 간의 상호작용을 강조하면서도 여전히 개인의 심리 내적인 요인에 더 많은 초점을 두고 있다. 이것은 결국 문제의 원인을 사회적 요인보다는 개인이나 가족에서 찾으려는 면이 강하다는 것을 보여준다. 즉, 개인의 변화나 적응을 촉구하고 강조하는 면이 강하므로 사회적 약자나 사회구조적 측면에서 개입해야 하는 클라이언트의 문제에는 심리사회모델이 한계가 있다고 할 수 있다.

참고문헌

김기태 · 김수환 · 김영호 · 박지영. (2007). 『사회복지실천론』. 서울: 공동체.

엄명용 · 노충래 · 김용석. (2005). 『사회복지실천기술의 이해』. 서울: 학지사.

장인협. (1989). 『사회사업실천방법론(하)』. 서울: 서울대학교출판부.

Hollis, F. (1970). The psychosocial approach to the practice of casework. In R. Roberts & R. Nee (Eds), *Theories of social casework*(pp. 33-75). Chicago, ILL: University of Chicago Press.

Hollis, F., & Woods, M. E. (1981). *Casework : A Psychosocial therapy* (3rd ed). New York : Random House.

제 4 장

문제해결모델

제 1 절 문제해결모델의 역사적 발달

문제해결모델의 시초는 1933년 Dewey의 저서 '*How we think*'에서 나타난다. Dewey는 사람들이 어떤 문제에 직면했을 때의 사고과정을 서술하면서 특별히 인간이 합리적인 사고, 목표지향적인 사고 또는 문제해결로의 사고를 하는 점에 흥미를 가졌다. 그러면서 효과적인 문제해결을 위해서는 질서정연한 순서에 따른 일련의 단계를 밟아야 함을 주장했다. Dewey는 이 단계를 '반영적 사고(reflective thinking)의 5단계'라고 했다. 1단계는 문제나 어려움의 인식, 2단계는 문제에 대한 정의와 구체화, 3단계는 가능한 해결책의 제안과 그에 대한 합리적인 검토와 자료수집, 4단계는 여러 가지 제안 중 최적의 해결책 선택, 5단계는 해결책의 실행이다.

사회복지실천에서 문제해결모델은 Perlman이 발전시켰다. Perlman은 1957년 저서 '*Social casework: A problem-solving process*'에서 문제해결모델을 사회복지실천방법으로 응용했다. Perlman에 의하면 하나의 과정으로서의 문제해결은 사회복지실천이나 일상생활에서 여러 활동으로 이루어져 왔다. 이러한 활동은 질서정연하게 평면적으로 일어나기보다 때로는 동시에 때로는 비논리적으로 일어나게 되지만 특정의 문제해결을 위해서는 어떤 의식적인 노력이 내외적으로 기울여져야 한다고 주장했다. 그리고 이러한 노력은 다음과 같은 과정으로 이루어진다고 보았다. 첫째, 문제가 사람에 의해 밝혀져야 한다. 둘째, 그 문제에 대해 그 사람의 주관적인 경험이 밝혀져야 한다. 셋째, 그 문제의 원인과 결과, 그리고 그 문제가 그 사람에게 미치는 영향이 밝혀지고 조사되어야 한다. 넷째, 해결을 위한 수단과 방법이 취해지고 고려되어야 한다. 다섯째, 그 문제 해결에 가장 적합하고 영향력 있는 행위와 수단이 무엇인지 고려한 후 몇 가지의 선택과 결정이 이루어져야 한다. 여섯째, 이와 같은 검토를 통하여 취해진 행동이 타당하고 실행 가능한 것이어야 한다.

Perlman이 개인 대상의 문제해결모델을 제시한 데 이어 1979년 Compton과 Galaway는 문제해결모델을 개인뿐 아니라 집단, 가족, 지역사회 등을 대상으로 한 모든 사회복지실천 영역에서 응용할 수 있는 종합적 방법으로 발전시켰다. 그리고 인간과 환경 사이의 상호작용에 초점을 두고 개입하는 문제해결모델을 제시했다. 문제해결모델은 어떤 사람이나 사회체계든 의도적인 변화가 가능하며 변화시킬 수 있다는 점, 그리고 합리적인 목표지향적 사고와 능력에 대한 믿음을 바탕으로 한다.

Perlman의 문제해결모델과 Compton과 Galaway의 문제해결모델의 차이는 다음과 같다. 첫째, Perlman의 문제해결모델은 자아심리학에 지식 기반을 두고 있으며 대상이 개인에 한정되었던 반면, Compton과 Galaway의 문제해결모델은 자아심리학과 함께 체계이론(system theory)에 기반을 두고 있어서 대상을 집단이나 조직, 지역사회까지 확대할 수 있다. 둘째, Perlman의 문제해결모델은 문제에 대해 진단하고 계획하는 데 사회복지사가 우선적으로 책임지며 중요한 위치를 차지하는 반면, Compton과 Galaway의 문제해결모델은 문제해결의 각 단계에서 클라이언트의 참여도 중요시한다.

제 2 절 문제해결모델의 개관

1. 문제해결모델의 특징

문제해결모델은 Perlman이 Freud를 중심으로 한 진단주의학파와 Rank를 중심으로 한 기능주의학파의 실천 내용을 통합하여 사회복지 고유의 실천모델로 제시한 것이다. 문제해결모델에서는 '지금-여기(here and now)'에 초점을 둔다.

문제해결모델의 특징은 사회복지사와 클라이언트 간의 협력, 강점(strengths)의 강조, 문제의 정상화이다. 첫째, 사회복지사는 클라이언트의 문제해결과정을 도와주는 역할을 할 뿐 문제해결의 주체는 클라이언트이다. 그러므로 사회복지사와 클라이언트는 상호 협력해야 한다. 둘째, 문제해결모델에서는 문제를 사정할 때 클라이언트의 문제, 약점만이 아니라 문제를 해결할 수 있는 능력, 강점도 강조한다. 셋째, 문제해결모델에서는 문제를 일상적인 것으로 보아 정상화한다. 문제란 인간의 삶에서 정상적인 한 부분이라는 것이다. 즉, 문제는 인간이 생애 동안 해결해야 할 과제와 같은 것으로 인간은 누구나 일상적으로 문제에 직면할 수밖에 없으므로 병리적이거나 비정상적인 것이 아니라 정상적인 삶의 한 부분이라고 본다.

2. 문제해결모델의 구성요소

문제해결모델에서는 사회복지실천을 구성하는 요소로 문제(problem), 사람(person), 장소(place), 과정(process)의 4P론을 제시한다. 첫째, 문제는 개인이 해결하고자 하는 요구를 말한다. 둘째, 사람은 문제를 갖고 도움을 구하는 사람을 이른다. 사회복지실천현장에서는 이러한 사람을 클라이언트라고 부른다. 셋째, 사회복지실천은 공식적인 장소에서 이루어진다. 오늘날 대부분의 사회복지실천은 사회복지기관에서 발생한다. 넷째, 사회복지실천은 구체적인 과정을 통해 클라이언트의 문제해결을 돕는다. 1986년 이후에는 2P가 추가되어 사회복지실천은 6P론으로 설명된다. 추가된 2P는 전문가(professional)와 제공물(provision)이다. 먼저, 전문가는 사회복지실천 활동을 하도록 사회적 재가를 받은 전문가를 말한다. 우리나라에서는 1급사회복지사나 2급사회복지사를 일컫는다. 다음으로, 제공물은 클라이언트의 요구를 충족시키기 위해 제공되는 유형과 무형의 서비스를 말한다. 클라이언트의 필요에 따라 현물이나 현금 같은 유형의 서비스가 제공되기도 하고 상담과 같은 무형의 서비스가 제공될 수 있다.

제 3 절 문제해결모델의 실천과정과 실천기술

Compton과 Galaway에 의하면 문제해결모델은 크게 접촉국면, 계약국면, 행동국면의 3단계로 이루어진다. 문제해결모델에서 말하는 개입은 주로 지지, 실천(실습), 자원과 기회를 제공하는 원조가 중심 내용이다.

1단계인 접촉국면에서는 문제를 파악하고 정의하는 활동, 목표를 파악하는 활동, 예비계약을 위한 협의활동, 조사 및 자료수집 활동 등이 이루어진다. 구체적으로는 다음과 같은 8가지의 필수적인 과업을 수행한다. 첫째, 최초의 접촉이 이루어진다. 둘째, 해결할 문제를 결정한다. 셋째, 목표를 명확화한다. 넷째, 서비스의 한계를 밝힌다. 다섯째, 클라이언트 체계에 대해 조사해야 할 내용을 명확화한다.

여섯째, 적절한 관계를 개발한다. 일곱째, 문제해결을 위한 공동의 노력을 시작한다. 여덟째, 자료를 수집한다.

2단계인 계약국면에서는 행동계획을 수립하고 진단을 한다. 사회복지사와 클라이언트 사이의 협상에 의해 계획을 수립하고 해결할 문제를 정의하며 목적을 구체화하고 개입계획을 세운다. 이 단계에서는 다음의 4가지 원칙이 중요하다. 첫째, 서비스 계약의 공동협상을 위해서는 사회복지사와 클라이언트의 적극적인 참여가 필수적이다. 둘째, 사회복지사는 계약을 성취시키는 과정에서 광범위한 지식기반을 제공해야 한다. 셋째, 서비스 계약과 개입계획의 초점은 사회적 기능의 향상을 도모하는 것이어야 한다. 넷째, 서비스 계약을 발전시키는 것은 사고 및 이성적 과정에 의해 이루어진다.

3단계인 행동국면은 계획을 실행하고 종결하여 평가하는 활동을 포함한다. 계획을 실행하는 것은 사회복지사가 서비스 계약상의 목적을 수행하기 위해 개입하는 것을 의미한다. 사회복지사의 개입의 역할은 중개자(broker), 가능하게 하는 사람(enabler), 교사(teacher), 매개자(mediator), 옹호자(advocate)의 5가지이다. 종결 후 평가는 피드백과정을 통해 사회복지사와 클라이언트가 문제와 관련하여 새로운 협상을 하는 데 도움이 된다.

제 4 절 문제해결모델의 유용성과 한계

문제해결모델의 유용성은 다음과 같다. 첫째, 모든 사람은 성장가능성을 지닌다는 신념에 기초하고 있으며 이것은 사회복지실천의 신념과 일치한다. 둘째, 실천과정이 고정화된 것이 아니므로 문제와 상황에 따라 다르게 적용될 수 있다. 셋째, 클라이언트의 목적과 사회의 목적을 공히 고려할 수 있게 한다. 넷째, 문제가 정의되고 목적이 설정되는 방식에 따라 관련 자료, 질문의 초점과 방향을 결정하게 되므로 개별화된 자료 수집이 가능하다. 다섯째, 클라이언트의 권리를 지지해주며 사회복지사와 클라이언트의 견해가 다른 경우 상호 협력하여 새롭게 문제를 정의할 수 있게 한다. 이것은 사회복지실천의 특성에 부합된다. 여섯째, 다양한 상황과 장(setting), 여러 형태와 규모의 다양한 체계에 사회복지실천이 가능하게 해준다.

참고문헌

현외성. (1984). 노인복지사업에 있어서 지역사회조직의 실천에 관한 연구: 문제해결 모델을 중심으로. 『한국노년학』, 4, 20-32.

Coady, N., & Lehmann, P. (2001). The problem-solving model: An integrative framework for the deductive, eclectic use of theory and artistic, intuitive inductive practice. In P. Lehmann & N. Coady (Eds.), *Theoretical perspectives for direct social work practice: A generalist-eclectic approach*(pp. 46-61). New York: Springer Publishing Company, Inc..

Compton, B. R., & Galaway, B. (1979). *Social work processes*. Illinois: The Dorsey Press.

Perlman, H. H. (1957). *Social casework: A problem-solving process*. Chicago, IL: The University of Chicago.

제 5 장

정신분석이론

제 1 절 정신분석이론의 역사적 발달

정신분석이론의 역사는 19세기 후반 Freud의 연구에서 시작되었다. Freud는 신경학을 전공한 의사로 히스테리문제에 대한 관심을 토대로 정신분석이론의 개발에 기여했다. 19세기의 최면술은 계획적, 정서적으로 책임 있게 훈련되고 사회적으로 인가받은 치료자와 환자 간의 신뢰감 있는 상호작용, 상징적 의사소통, 접촉을 통해 환자를 불행에서 해방시키는 데 초점을 두었다. 그러나 Freud는 최면적 혼수상태에서 암시를 통해 증상을 사라지게 하는 대신 환자에게 이전에 잊어버렸던 생각을 기억하게 유도하는 혼수상태를 이용했다. 즉, 환자가 증상의 출현에 원인이 되었던 어린 시절의 충격적 사건의 기억을 자유롭게 이야기하고 잃어버린 생각의 정서적 영향을 다시 살아나게 하는 것이 치료의 도구였다. Freud는 정서와 생각의 재연상을 억압된 감정의 정화로 생각했다. 이러한 초기치료를 토대로 환자의 성장발달을 방해했던 실제 충격사건의 재생에 대해 이론화하고 영아기의 소망과 공포에 대해 이론화했다. 이러한 초기 이후

Freud는 무의식적 정신 현상에 대한 관심에서 의식으로 방향을 전환하여 자아심리학의 토대에 영향을 미쳤다.

제 2 절 정신분석이론의 개관

1. 정신분석이론의 특징

Freud의 정신분석이론은 대상(object)에 대한 성적, 공격적 욕구를 강조한다. 인간은 육체적 쾌락을 추구하고 다른 대상에 대해 힘을 과시하려는 본능(id)을 나타내는 경향이 있는데 본능적 욕구들, 특히 성적인 욕구나 공격적인 욕구들은 다른 사람들이나 사회의 요구와 상반되는 경향이 있다. 본능적 욕구들은 본질적으로 이기적이기 때문에 모든 사람들이 자신의 본능적 욕구들을 있는 그대로 충족시키고자 한다면 사회는 혼돈과 무질서의 사회가 될 것이다. 그러므로 사회는 질서유지를 위해 인간의 내면에 도덕적 제어장치인 초자아(superego)를 발달시키도록 요구하는데 이것이 본능과 갈등을 유발한다. Freud에 의하면 신경증은 도덕적 제어장치인 초자아가 너무 강해서 본능적 충동의 출구가 막힐 때 생겨나는 것이다. 그러므로 치료법은 본능의 역동에 대한 이해를 높여서 적절하게 그 갈등을 줄여나가는 것이다. 자아(ego)는 이러한 갈등을 중재하는 역할을 하며, 자아가 본능적 속성에 대한 통찰력을 갖게 되면 신경증은 서서히 치유된다고 본다. 즉, 인간의 질병은 마음에서 시작되며, 그 마음에는 쾌락과 파괴의 충동이 들어있다. 이러한 본능적 습성이 도덕적 가치인 초자아와 갈등을 일으키는 것이므로 치료의 핵심은 이 갈등을 해결하는 것이다.

2. 정신분석이론의 주요개념

Freud는 인간의 내면, 성격 구조, 심리 성적 발달단계, 방어기제 등에 관해 논했다. 인간의 내면은 무의식, 전의식, 의식의 3가지 요소로 구성된다. 무의식은 인간의 정신 구조 대부분을 구성하는 것으로 충동, 공포, 억압 등의 저장소이자 생명의 원천이다. 언어화되기 어렵고 논리성이 떨어지는 부분으로 꿈이나 최면 상태에서 나오는 말이나 행동 등이 그 예이다. 전의식은 현재 의식하지 못하나 전에 의식했던 것이 저장된 것을 말한다. 주의를 집중할 경우 의식 세계로 끌어낼 수 있는 것으로 어릴 때의 경험 등이 그 예이다. 의식은 현재 느끼고 이해하고 알 수 있는 모든 경험과 지각을 말한다. 의식도 시간이 지나면 전의식, 무의식에 잠재된다.

인간의 성격 구조는 원초아(id), 자아(ego), 초자아(superego)로 구성된다. 원초아는 충동과 관련된 부분이다. 성욕, 공격성을 포함하며, 완전한 무의식으로 본능이나 충동의 원천이다. 자아는 원초아의 충동이 좌절됨에 따라 발달되는 부분이다. 원초아의 기본적인 충동을 통제하고 개인과 환경의 상호작용에 관계하는 기능으로, 원초아의 충동과 초자아의 도덕적 규제 사이에서 균형을 유지하고 현실을 적절히 평가하는 부분이다. 초자아는 자아로부터 발달하며, 양심이나 도덕의 차원을 말한다. 원초아와 자아를 모두 조정하며, 부모나 양육자의 특징들을 모방하고 부모나 양육자로부터 도덕, 규범, 가치, 이념들을 내면화하면서 형성되는 부분이다.

심리 성적 발달단계는 구강기, 항문기, 남근기, 잠복기, 생식기로 나뉜다. 이는 인간의 성격이 발달하는 과정을 심리적, 성적인 측면에서 단계화한 것으로, 프로이드는 성격 발달이 다음의 세 가지 기본 원칙에 의한다고 보았다. 첫째, 인간의 정신적 활동은 이전의 행동이나 사건에 의해 결정된다는 정신적 결정론이다. 둘째, 인간의 행동은 과정이라기보다 인식할 수 없는 무의식에 의한다는 무의식의 중요성이다. 셋째, 본능적, 성적 에너지가 행동, 사고의 동기라는 리비도(libido, 욕구 또는 성적 에너지)의 원칙이다. 프로이드는 심리 성적 발달단계 중 구강기, 항문기, 남근기의 3단계가 인간의 성격 발달에 결정적인 역할을 한다고 보았다. 프로이드의 심리 성적 발달 단계는 구체적으로 다음과 같다.

구강기는 출생 후부터 1세까지를 말한다. 이 단계에서는 입에서 쾌락을 얻으며 입이 성적, 공격적 욕구를 충족시키는 신체 부위이다. 어머니나 양육자의 보살핌을 받는 의존적인 존재이지만 구강기 후반부터는 어머니에 대한 애정이 적대적, 파괴적인 것으로 변하면서 양가적인 모습을 나타내기도 한다. 구강기에 문제가 있는 경우 의존적이거나 논쟁적인 성격이 형성될 수 있다고 본다.

항문기는 1세부터 3세까지를 이르며, 부모의 배변 훈련과 함께 자신의 욕구를 조절하면서 초자아 발달의 시초가 된다. 항문기에 문제가 있는 경우 완고하거나 냉정한 사람, 고집이 센 사람, 지나치게 청결에 집착하거나 불결한 사람, 파괴적이거나 난폭한 사람이 될 가능성이 있는 것으로 본다.

남근기는 3세부터 6세에 아동이 성기를 만지고 자극하는 데서 쾌감을 느끼는 시기를 말한다. 이 시기에 아동은 부모에게 성적 관심을 갖고 동성의 부모에게 성적 동일시를 하게 된다. 남근기에 문제가 있는 경우 남아는 경솔하고 과장적이거나 야심이 지나친 사람으로, 여아는 난잡하고 유혹적이거나 경박한 사람으로 성장하기 쉽다고 본다.

잠복기는 6세부터 12세까지를 말하며 성적인 힘이 잠재되어 원초아는 약해지고 자아나 초자아가 성숙하며, 동성의 친구에게 관심이 향하고 동성의 친구와 동일시하면서 우정에 관심을 갖는 시기이다. 이 단계에 발달 과업을 제대로 수행하지 못하는 경우 수치심을 잘 느끼거나 동성애 관계에 빠질 수 있다고 본다.

생식기는 사춘기부터 성인기 이전의 시기를 이른다. 이 시기에는 생리적 변화가 두드러지고 성적, 공격적 충동이 강해지며 이성 친구에게 성적 관심이 집중된다.

개인은 욕구가 좌절되고, 갈등과 불안이 심할 때 그 상황에 적응하기 위해 방어기제를 활용한다. 방어기제를 적절히 사용하는 것은 정신적 건강을 유지하는 데 도움이 될 수 있다. 주요 방어기제는 억압, 동일시, 전이, 반동 형성, 보상, 합리화, 대치, 전치, 투사, 고착, 퇴행, 해리, 부인, 승화, 전환 등이다(김경호, 2005).

억압(repression)은 갈등을 처리하기 위해 사용하는 가장 흔한 방어기제이다. 서로 모순되는 욕구나 대립적인 충동이 있는 경우에 무의식적으로 이를 억누르는 것을 말한다. 수치심이나 죄책감을 일으키는 경험들이 억압되어 무의식에 남는 것이 그 예이다.

동일시(identification)는 인간의 자아 성장을 돕는 중요한 방어기제이다. 자신이 갖고 있는 충동이 용납될 수 없는 것일 때, 충동 자체는 부정되지만 그러한 충동을 가진 다른 사람을 동경하고 숭배하면서 그 사람의 태도나 행동을 본떠서 행동하는 것을 말한다.

전이(transference)는 과거에 알았던 사람에 대한 감정과 태도를 근래에 알게 된 사람에게 옮기는 것이다. 예를 들어, 어린 시절 권위적이고 폭력적이었던 자신의 아버지에 대해 분노의 감정을 가졌던 사람이 근래에 알게 된 권위적인 성향의 남성에게 아버지에 대해 가졌던 분노 등의 감정을 표출하는 것을 말한다.

반동 형성(reaction-formation)은 개인이 받아들일 수 없는 충동을 억압하고 부정하며 숨기기 위해 본래의 경향과 정반대로 표현하는 것이다. 금지된 욕망이나 충동이 강한 사람이 자신의 욕망이나 충동을 숨기기 위해 냉정하고 이성적인 태도와 행동 방식을 추구하는 것, 누군가를 미워하면서 미워하는 감정을 감추기 위해 순종적, 헌신적 태도를 나타내는 것 등이 그 예이다.

보상(compensation)은 자신의 결함이나 부족에 대한 극도의 불안을 보완하려는 시도이다. 예를 들어, 신체가 빈약한 남성이 공격적, 권위적 성향을 나타내며 자신의 힘과 권력을 과시하려는 것을 말한다.

합리화(rationalization)는 자신의 자존심을 유지하고 죄책감을 없애는 가장 흔한 방어기제이다. 예를 들어, 자신이 성취하고자 한 것을 이룰 수 없을 때 자신은 그것을 성취하고 싶지 않았다고 말함으로써 자기를 보호하고 정신적인 안정을 유지하려는 것을 말한다.

대치(substitution)는 좌절로 인한 긴장을 감소시키는 방어기제이다. 자신이 목적하던 것을 가질 수 없는 경우, 이로 인한 좌절감을 줄이기 위해 원래 목적하던 것과 유사한 것을 취해 대리 만족을 얻는 것을 말한다.

전치(displacement)는 어떤 대상에 대해 가졌던 감정이 대체물에게 향하는 것을 말한다. 직장 상사에게 분노의 감정을 가진 사람이 자신의 부하에게 분노의 감정을 폭발시키는 것이 그 예이다.

투사(projection)는 불안에 대처하는 방어기제로, 자신이 부인하고 싶은 자신의 성격, 특성, 태도, 동기, 욕구 등을 다른 사람에게 돌리고 남을 탓하는 것이다. 자신이 다른 사람들을 미워하면서 다른 사람들이 자신을 미워한다고 말하는 것이 그 예이다.

고착(fixation)은 발달 단계 중 불완전한 단계에서 정지하여 불완전과 미숙함을 나타내는 것이다. 예를 들어, 동생이 태어나서 부모의 관심을 독차지하게 되자 대소변 가리기를 제대로 못하여 항문기에 정지해 있는 것을 말한다.

퇴행(regression)은 불안이나 공포로 인해 자신의 발달 단계보다 하위 단계로 후퇴하는 것이다. 독립적인 생활을 하던 사람이 불안, 갈등, 공포를 경험하게 되면서 갑자기 의존적인 모습을 보이는 것이 그 예이다.

해리(dissociation)는 인격적인 통합을 이루지 못해 인격의 특정한 측면이 개인의 통제를 벗어나 분리되는 것을 말한다. 자신이 받아들이기 어려운 성격의 한 부분이 자아의 통제를 벗어나 독립적으로 행동하는 것으로, 지킬박사와 하이드를 예로 들 수 있다.

부인(denial)은 의식 상태에서 견딜 수 없는 지각을 무시하는 방어기제이다. 부인을 통해 현실을 변형하게 되므로 더 이상 기분 나쁘거나 고통스럽지 않게 된다.

승화(sublimation)는 갈등적 욕망이나 욕구를 다루는 방어기제이다. 사회적으로 용납될 수 없는 충동이나 욕구를 사회적으로 용납되는 형태로 발산하는 것으로, 금지된 욕구를 소설, 시, 그림, 음악 등을 표현하는 것이 그 예이다.

전환(conversion)은 고통스러운 감정을 일으키는 갈등이 운동 기능이나 감각 기능의 이상으로 나타나는 것이다. 예를 들어, 갈등과 고통을 경험하는 사람이 원인을 알 수 없는 마비나 감각의 장애를 호소하는 것을 말한다.

3. 정신분석이론의 인간관

정신분석이론에 의하면 인간은 자신의 본능적 욕구충족을 극대화하려는 존재이며 그의 심리적 문제는 무의식적인 유아동기 충동을 유아동기 방식으로 만족시키려 할 때 야기된다고 본다. 인간이 행동을 하게 하는 주요 동기는 배고픔, 목마름, 성적인 충동, 공격적인 충동 등이다. 이러한 욕구들은 끊임없이 긴장을 생성하며 인간은 행동을 통해 이를 감소시키려 한다. 이 긴장감소가 인간에게 쾌락을 가져온다. 모든 인간 활동은 긴장 감소에서 오는 쾌락을 목적으로 한다. 인간의 이러한 측면을 이드(id)라고 하는데 이드는 인간이 태어날 때부터 가지고 있는 가장 기본적인 정신구조이다. 이드(id)로부터 발달한 정신구조가 외부현실과 관계를 맺으면서 본능적인 욕구를 충족시켜 나가는 정신적 기능인 자아(ego)와 내재화된 사회규범인 초자아(superego)이다. 자아나 초자아의 발달 역시 본능적인 욕구를 현실적으로 최대한 만족시키려 하는 과정에서 발달, 분화한 것이다.

Freud는 대부분의 인간의 행동 및 성격을 갈등에 대한 타협의 산물로 간주한다. 인간은 끊임없이 외부자극에 의해서 또는 내적인 자극에 의해서 긴장을 느끼게 되며 이러한 긴장을 즉각 발산함으로써 편안하고 안정된 상태에 도달하려 한다. 그러나 외적 현실이나 내적인 현실은 이런 욕구를 좌절시키고 때로는 금지하므로 개인의 욕구와 주어진 현실 사이에는 갈등이 생겨난다. 이러한 갈등을 해결하기 위해서 개인은 현실세계를 탐색하고 분별하여 현실의 요구에 맞추어 자신의 욕구를 충족시키는 타협을 하게 된다. 먹고 마시고 쉬고 체온을 유지하려는 기본적인 욕구들은 큰 어려움 없이 어느 정도 충족되어지므로 이러한 욕구의 충족을 위한 갈등의 타협은 별 문제가 되지 않는다. 그러나 성적인 욕구와 공격적인 욕구의 충족은 많은 경우 사회규범이나 현실과 상충하기 때문에 많은 갈등을 야기한다. 이러한 갈등은 긴장의 증가를 가져오므로 이러한 갈등을 해결하기 위해 많은 경우 방어기제에 의존하게 된다. 방어기제는 본능적 욕구와 현실 사이의 갈등에서 오는 긴장을 감소시키기 위해 자신의 본능적 욕구를 인정하지 않으려는 자기기만적인 책략이다. 따라서 방어기제를 통한 긴장의 감소는 본능적 욕구를 현실적으로 만족시킴으로써 생겨나는 것이 아니라 자신 속에 현존하는 욕구들을 자신의 의식으로부터 소외시킴으로써 오는 일시적이고 부분적인 긴장감소이다.

개인의 성격은 유아기 및 아동기에 경험했던 갈등과 이러한 갈등에 대한 방어 및 대응의 방식들을 정형화한 것이다 인간은 성장하면서 자신에게 고유한 행동 및 사고방식인 성격을 획득하게 된다. Frued는 성격발달이 5단계, 즉 구강기, 항문기, 남근기, 잠복기, 성기기를 거치는 가운데 이루어진다고 보았다. 특히 남근기가 끝나는 5-6세 경까지 성격의 기본구조가 대개 완성되며 그 이후엔 특별한 경우를 제외하고는 이 성격구조를 계속 유지한다고 보았다. 이러한 발달의 각 시기에는 구강, 항문, 남근 또는 성기 등의 부위를 중심으로 성적인 본능이 충족된다. 이처럼 발달시기마다 성적인 본능이 발산되는 통로가 다르다는 것은 곧 각 시기마다 본능 충족을 위한 유아기 및 아동기의 갈등 내용이나 반응양식이 다르다는 것을 의미한다. 예를 들면, 구강기에는 구강을 통한 수용이나 취득을 통해 성적인 본능을 충족시키려 하며 이를 중심으로 부모와의 갈등이 일어나게 된다. 더 나아가서 각 발달단계에는 각기 특정한 형태의 방어기제가 우세하다. 예를 들면 구강기에는 투사나 부정 등의 방어기제가 주로 사용되고 항문기에는 합리화나 반동형성 등의 방어기제가 주로 사용된다. 남근기에는 억압이 주로 사용된다. 정신분석이론에 의하면 부모가 어느 특정 발달 시기에 유아나 아동의 본능 충족을 지나치게 허용하거나 좌절시킬 경우 유아나 아동은 그 발달 시기에 고착되거나 그 시기의 갈등내용, 반응양식 및 방어기제가 우세한 성격 특성을 갖게 된다고 한다. 예를 들면 구강기에 지나치게 본능충족이 허용되었거나 좌절되었을 경우 구강기에 고착되어 더 이상의 성격발달을 하지 못하게 되거나 구강기적인 반응양식이나 방어양식이 우세한 성격특성을 갖게 된다. 그러나 다행히 성장과정 중에 부모로부터 지나친 허용이나 좌절을 받지 않고 본능적 욕구를 적절히 충족시킬 수 있었던 사람은 발달의 어느 단계에 고착되지 않고 성기기까지의 발달을 잘 이루어 나갈 수 있다. 성숙한 성격의 소유자는 애타적인 사랑을 할 수 있으며 사회에 기여할 수 있는 가치 있는 일을 할 수 있다. 그러나 이처럼 성숙한 성격도 본능적 욕구를 승화라는 방어기제를 통해 사회가 용납하는 방식으로 충족시켜 나가는 것이다.

정신분석에 의하면 인간은 기본적으로 이기적이며 본능적 욕구를 최대한 만족시키려는 존재이다. 그러므로 가치 있는 행동, 선한 행동 등은 모두 사회화과정에서 동일시를 통해 본능적 욕구를 승화시킨 결과이다. 인간의 행동은 무의식적인 동기, 특히 성적인 충동이나 공격적인 충동에 의해 결정된다. 즉, 인간은 자신의 행동을 자유의지에 따라 선택하는 것이 아니라 자신의 내부에 있지만 자신이 의식할 수 없는 감춰진 욕구에 의해 결정된 행동을 하고 있는 것이므로 행동은 무의식적인 욕구에 의해 결정되어진다고 할 수 있다.

정신분석이론에서 인간의 사고와 행동은 성격구조 간의 타협 또는 개인과 외부 현실 사이의 타협에 의해 결정된다고 본다. 이 타협에서 중심적인 역할을 하는 것이 성격 자체의 무의식적 충동, 무의식적인 방어기제들이다. 우리가 어떤 순간에 어떤 것을 보고 느끼며 어떻게 지각하는가 하는 것은 성격 내의 무의식적인 측면들에 의해 결정되는 것이다. 인간의 기본 동기는 배고픔, 갈증, 특히 성적인 욕구와 공격적인 욕구 등이다. 인간의 행동은 이러한 본능적, 이기적인 욕구를 최대한 충족시키기 위한 것이므로 고상하고 가치 있는 행동도 본능적인 욕구들을 충족시키기 위해 취해진 승화된 활동이라고 할 수 있다.

정신분석이론에서 방어는 개인의 성격 내부구조 사이의 균형을 위해서나 개인과 사회 양자 간의 균형을 유지하기 위해 필요불가결한 것으로 간주한다. 본능적인 충동이 자아방어기제를 통한 수정이나 변형을 거치지 않고 있는 그대로 의식될 때 성격의 해체, 즉 정신장애의 상태가 초래된다. 사회 현실과의 조화로운 균형을 유지하지 못하고 자신의 이기적이고 개인적인 욕망 또는 충동의 만족만을 추구함으로써 다른 사람들에게는 피해를 주게 되는 것이다.

정신분석이론에서 보는 인간의 행동은 자신의 무의식적인 면들, 즉 무의식적 충동, 무의식적 방어, 무의식적 규범들에 의해서 무의식적으로 이미 타협, 결정된 것을 반영하는 것이다. 이러한 타협의 방식은 어린시절에 그 기본 틀이 정해지며 성인이 되었을 때는 그 틀의 범위 내에서 행동한다.

제 3 절 정신분석이론의 실천과정

정신분석이론의 실천과정에서 초점이 되는 것은 성격 구조 내의 갈등을 찾아내고 갈등의 성격을 규명하는 것이다. 개인의 내부적 갈등과 개인 상호 간의 갈등 모두에 초점을 두며 분석을 통한 지속적인 사정(assessment)을 강조한다. 특별히 초기 사정에서는 클라이언트가 언어화한 문제와 개인력(personal history)을 주요 내용으로 다룬다. 실천에서는 과거를 탐색함으로써 현재의 상황과 유아기의 발달 경험 간의 관계를 규명하고 현재와 과거의 연관성에 초점을 둔다. 이 과정에서 클라이언트는 비판적, 분석적으로 자기 자신을 검토함으로써 성숙한 인격을 갖게 될 수 있다.

정신분석이론에서 심리적인 문제는 유아동기의 갈등이나 억압된 것의 재생으로 인해 자신의 본능적 욕구를 만족시키지 못하는 상태를 말한다. 심리적인 문제를 가진 사람은 성기기까지의 성격발달단계를 성공적으로 거치지 못하고 성기기 이전의 고착단계로 퇴행하여 고착단계의 욕구나 적응방식을 가지고 현재에 적응하려 한다. 예를 들면 우울증이나 정신분열증은 구강기, 강박신경증은 항문기, 히스테리 증세나 동성애는 남근기에 고착되어 있거나 퇴행한 것이라고 본다. 증상형성의 단계는 촉발 요인으로 인한 긴장과 불안의 증가, 자아붕괴의 위협, 주된 고착수준으로 퇴행, 유아기 및 아동기 갈등의 재생과 억압된 것의 출현, 방어적 변형과 부차적 수정, 증상의 출현이다. 긴장이나 불안은 부모의 사망 또는 애인이나 친구의 배반 등 자신의 욕구충족의 원천이 상실되었거나 상실될 위험에 처했을 때 증가될 수 있다. 긴장과 불안이 있는 상태에서 현실적, 효과적으로 대처하지 못하고 내적으로도 적절한 방어를 통해 성격구조 간의 균형을 유지할 수 없는 경우 현 수준의 자아기능을 계속 지탱하지 못하고 어렸을 때의 자아기능수준으로 퇴행하게 된다. 이때의 퇴행은 고착되어 있는 발달단계에서 이루어진다. 고착된 발달단계는 본능적 욕구의 충족이 좌절되었거나 지나치게 허용되었던 단계이다. 고착단계로 퇴행한다는 것은 현실적으로 경험하는 긴장과 불안뿐 아니라 현재까지 의식으로부터 배제해 왔던 어렸을 때의 긴장과 불안, 갈등까지 재경험하게 된다는 것을 의미한다. 이러한 재경험은 어렸을 때의 정신수준에서 경험하고 느꼈던 여러 가지 공포나 공상, 위험이나 처벌에 대한 예상 등을 그 당시에 경험하고 느꼈던 그대로 의식한다는 것이다. 그러므로 심한 불안과 긴장을 유발하며 자아는 방어를 통해 그 갈등내용들을 변형, 수정하는 것이다. 이러한 변형 또는 수정을 거쳐 표출되는 유아기 갈등이 정신장애의 증상이다.

정신분석이론에서 보면 심리적인 문제 또는 정신장애는 지금까지 의식의 표면으로부터 배제되어 왔으나 해결되어야 할 유아기 또는 아동기의 갈등이 의식표면으로 드러나 행동화할 때 생긴다. 이것은 유아기나 아동기에 성공적으로 다루어지지 못했고 잠재되어 있던 욕구를 현재 상황에서 유아기나 아동기의 반응양식을 통해 충족시키려 하는 것을 의미한다. 따라서 이러한 욕구나 반응은 현재의 상황과는 동떨어진 것이며 부적절한 것이다.

정신분석이론에서 실천적 개입의 초점은 자신의 병리에 대한 이성적 통찰력을 증가시키는 것이다. 인간은 한번 유아기를 지나고 나면 다시 그 시기로 돌아갈 길이 없다. 그러므로 유일한 치료는 과거의 병리적 사건들에 대한 철저한 인식과 통찰이다. 과거의 병리적 사건들에 대한 분석을 통해 자신의 현재를 철저히 깨닫는 것이다. 즉, 깨달음이 치유의 본질이다. 이러한 깨달음이 운명적으로 결정된 유아동기의 성격적 흐름을 바꾸어주는 기능을 한다고 보는 점에서 인간이 갖고 있는 이성의 힘을 높이 평가했다고 할 수 있다.

제 4 절 정신분석이론의 실천기술

정신분석이론에서 사회복지사는 치료적 동맹, 전이, 관계, 자유연상을 통해 클라이언트가 자신의 무의식적 갈등 및 이와 관련된 충동 및 적응기제를 의식하고 극복하도록 돕는다. 이를 위해 사회복지사의 해석과 분석적 태도가 필수적이다. 정신분석이론에서 실천과정은 클라이언트 내면에 억압되어 있는 무의식적 욕구, 충동 등을 의식화시켜서 성숙한 욕구나 충동으로 승화시키고 합리적이고 현실적인 방법을 통해서 만족할 수 있도록 도움을 주는 것을 목표로 한다. Freud는 이것을 이드(id)가 있던 곳에 자아(ego)가 있도록 한다고 표현했다. 즉, 무의식을 의식화하게 해야 한다는 뜻이다. 클라이언트의 생각, 감정, 행동 등을 지배하는 무의식을 의식화함으로써 더 성숙하고 현실적인 사람이 되게 한다는 것이다. 의식화할 내용은 무의식적이고 유아동기적인 욕구, 충동, 적응방식 및 무의식적인 죄책감이나 공포 등이다. 정신분석이론에 의하면 클라이언트의 문제는 유아동기의 갈등 및 이와 관련된 욕구와 충동을 상황이 달라진 상황에서도 계속 반복하는 데 있다. 사람은 누구나 어렸을 때 성적인 욕구나 공격적인 욕구들을 포함하여 본능적 욕구들을 즉각적으로 만족시키려 한다. 이러한 아동들의 욕구 충족을 부모나 주위 사람들이 지나치게 허용하거나 좌절시키는 경우 고착되어 더 이상의 발달단계로 나아가지 못한다. 이렇게 되면 현재 상황에서 어렸을 때의 욕구를 그 당시의 적응방식을 통해 계속 충족시키려 하거나 욕구에 대해 지나친 좌절감이나 공포로써 반응한다. 이러한 유아동기적인 욕구, 적응방식, 죄책감과 공포 등은 현재 관계를 맺고 있는 사람이나 상황에는 적합하지 않을 경우가 많으므로 좌절을 경험하게 되고 심한 경우 심리적인 문제나 정신병리적인 증상이 나타나게 되는 것이다. 정신분석이론은 클라이언트가 무의식적으로 반복하는 갈등, 관련된 무의식적인 욕구, 적응방식, 죄책감, 공포 등을 의식하고 통합함으로써 욕구와 갈등을 자신의 발달수준에 맞게 합리적, 현실적으로 처리할 수 있게 돕는 것이다. 즉, 클라이언트가 자기 내부에서 작용하고 있는 무의식적인 유아동기 욕구나 충동 등을 의식하고 통합하며 나아가 성숙한 욕구나 충동으로 승화시키도록 한다. 이렇게 되면 클라이언트는 고착으로부터 자유롭게 되어 유아동기 갈등을 방어하기 위해 사용했던 정신적 에너지를 현실적인 욕구를 성숙한 방식으로 충족시키는 데 사용할 수 있게 된다.

정신분석에서는 사회복지사와 클라이언트 사이의 치료적 동맹관계가 중요하다. 이러한 동맹관계는 사회복지사가 클라이언트의 무의식적인 욕구나 감정, 적응양식을 이해하고 이러한 것들을 클라이언트가 깨닫게 하기 위해 필요한 최소한의 정도에 국한된다. 사회복지사는 자신의 사적인 욕구나 감정, 생각, 사생활, 대인관계의 양식 등을 노출시킬 필요가 없으며 노출해서도 안 된다. 그러나 치료적 동맹이 가능하기 위해서는 사회복지사와 클라이언트 간의 신뢰 형성이 전제되어야 한다. 신뢰 형성을 위해 사회복지사는 클라이언트의 감정이나 느낌을 사회복지사 자신의 느낌이나 감정처럼 공유하는 공감, 감정이입을 할 수 있어야 하며, 이러한 신뢰가 형성되어야 클라이언트에 대한 설득, 지지, 직면 등이 가능해진다.

치료적 동맹이 이루어진 경우 사회복지사는 클라이언트에게 자유연상을 시도할 수 있다. 자유연상은 클라이언트에게 생각나는 어떠한 것이든 자유롭게 말하게 하여 분석 자료를 얻는 것으로 사정과 개입에 유효하게 활용할 수 있다. 자유연상의 기본규칙은 마음에 떠오르는 것은 무엇이든지 어떤 선택이나 변형을 가하지 않고 있는 그대로 모두 이야기한다는 것이다. 이러한 자유연상을 통해 사회복지사와 클라이언트는 생각이나 감정을 야기한 무의식적인 욕구나 감정 또는 적응방식을 이해할 수 있게 된다.

정신분석에서 꿈은 매우 중요한 자료이다. Freud에 의하면 꿈은 무의식에 이를 수 있는 길이며 억압되어 있는 무의식적인 욕구, 감정, 생각을 이해할 수 있는 중요한 자료가 된다. 사회복지사는 클라이언트가 보고하는 꿈의 내용과 자유연상을 통해 꿈으로 표현되는 무의식적 동기와 감정, 즉 꿈의 잠재적 의미를 파악할 수 있게 된다.

정신분석은 개입이 진행되는 가운데 나타나는 저항과 전이를 중요하게 다룬다. 개입이 진행됨에 따라 클라이언트가 방어를 통해 의식으로부터 배제해 왔던 수용하고 싶지 않은 본능적 욕구, 생각, 감정 등이 의식으로 떠오르게 된다. 그러나 클라이언트는 의식으로부터 배제해 왔던 본능적 욕구, 생각, 감정 등을 실천과정에서도 배제하고자 한다. 개입을 진전시키고 클라이언트의 무의식적인 동기, 감정, 태도 등을 이해하기 위해서는 이러한 저항을 완화하고 극복해야 한다. 전이는 클라이언트가 어렸을 때 부모에게 품고 있었던 감정, 생각, 태도 등을 개입상황에서 사회복지사에게 나타내는 현상이다. 언어적, 비언어적 방식으로 사회복지사에게 나타내는 클라이언트의 전이반응은 클라이언트의 대인관계와 무의식적인 동기 및 감정 등을 추리해 볼 수 있는 주요자료이다. 사회복지사가 클라이언트에게 특정한 생각, 감정, 태도 등을 유발할 언동을 하지 않았는데도 클라이언트가 사회복지사에게 특별한 감정을 느꼈다면 클라이언트가 이전부터 가지고 있었던 내적인 심리상태를 무의식적으로 표출하고 있는 것으로 볼 수 있을 것이다. 따라서 사회복지사는 이러한 전이반응을 통하여 클라이언트가 지금까지 해결하지 못했으나 영향을 미치고 있는 부모와의 갈등 및 그 갈등과 연관된 동기, 감정, 생각, 방어, 태도 등을 이해할 수 있다.

정신분석을 하는 동안 사회복지사는 일관성 있는 분석적 태도를 유지해야 한다. 사회복지사 자신의 가치관이나 개인적인 욕구, 감정, 태도 등을 개입장면에 노출하지 않으며 자신의 욕구나 감정을 개입장면에서 만족시키려 하지 않고 클라이언트의 전이욕구나 전이감정을 충족시키려 하지도 않아야 한다. 항상 중립적이고 객관적이며 일정한 거리를 유지하는 관찰자로서 클라이언트에게 문제를 야기하는 유아적 갈등 및 이와 관련된 충동과 감정을 이해하려는 태도로 개입에 임한다. 사회복지사의 이러한 분석적 태도는 클라이언트의 자유연상에 대한 사회복지사의 영향을 최소화한다. 또한 이러한 태도는 클라이언트의 무의식적 욕구와 감정 및 무의식적 갈등을 증대시키고 클라이언트의 전이반응을 더욱 촉발하게 된다. 사회복지사 개인으로서의 영향을 최소화한 상태에서 클라이언트가 나타내는 전이반응들은 사회복지사가 클라이언트의 무의식적인 유아동기 욕구, 감정, 갈등 등을 더 분명하게 이해할 수 있게 해줄 수 있을 것이다.

정신분석에서 사회복지사는 클라이언트의 꿈, 자유연상, 전이반응, 저항을 토대로 클라이언트에 대해 이해한 것을 해석을 통해 클라이언트에게 전달한다. 해석이란 클라이언트가 직면하지 않으려 하거나 깨닫지 못하고 있는 행동, 생각, 감정, 욕구 등을 지적하고 이것의 무의식적 의미를 설명하거나 이것이 클라이언트의 문제나 증상과 어떻게 관련이 있는가를 설명해주는 것을 말한다. 클라이언트는 사회복지사의 해석을 통해 자신의 여러 가지 감정, 생각, 행동 등이 무엇을 뜻하는가를 깨닫게 되므로 사회복지사는 클라이언트가 자신의 무의식을 깨닫도록 안내하는 역할을 한다.

클라이언트가 스스로 또는 사회복지사의 안내를 받아서 자기 자신을 폭넓고 깊게 이해하게 되는 것을 통찰(insight)이라고 한다. 즉, 클라이언트의 유아동기 갈등과 이 갈등을 야기한 욕구, 감정, 방어기제 등이 무엇인가, 이러한 무의식적 요인들이 현재의 증상이나 문제와 어떤 관련이 있는가, 현실에 대한 지각, 감정, 사고, 행동에 어떤 영향을 미치는가를 지적, 감정적으로 이해하게 되는 것을 말한다. 정신분석이론은 이처럼 자신에 대한 이해가 넓고 깊어지면 성격 및 행동의 변화도 뒤따라 일어나게 된다고 본다. 그러나 이러한 자기 이해에 따른 자기 변화는 상당한 기간에 걸친 실행 또는 극복의 과정을 필요로 하므로 정신분석의 오랜 기간이 이해나 통찰보다는 실행과정에 소요된다. 정신분석이론에서 말하는 심리적 문제의 극복 또는 해결은 자신의 내부에 있는 억압되고 배제되어 있었던 유아동기 갈등 및 이 갈등을 야기한 무의식적 욕구, 감정, 태도 등을 클라이언트가 의식하고 수용하여 자신의 전 성격체계 속에 재통합시키는 것이다.

사이코드라마(psychodrama)는 인간의 정신 또는 마음을 드라마라는 행위로 표현하는 것으로, 심리치료를 위해 즉흥극을 활용하는 치료기법이다. 사이코드라마의 주인공이 된 클라이언트는 자신이 현실 속에서 표현하지 못한 감정들을 말과 행동으로 마음껏 표현함으로써 부정적인 감정들을 해소하는 정화(catharsis)를 경험하고, 자신에 대해 자각과 통찰을 얻게 되며, 역할 훈련을 통해 자신에게 필요한 역할을 학습할 수 있게 된다. 사이코드라마에서는 언어적인 서술보다는 신체적 언어를 사용하고, 모든 상황을 지금-여기에서 일어나는 것으로 재현하며, 각 장면을 구체화하고, 비언어적인 단서들에 유의하며 진행하는 것이 중요하다.

제 5 절 정신분석이론의 유용성과 한계

정신분석이론은 유아동기 발달의 중요성을 입증하고 유아기 가족 경험의 중요성을 부각했다는 점에서 매우 독창적이라고 평가할 만하다. 아울러 최초로 성과 무의식에 대해 깊이 있게 다루었으며, 관찰할 수 없는 인간의 내면을 무의식, 의식, 전의식으로 나누고, 성격구조를 원초아, 자아, 초자아로 구분했으며, 심리 성적 발달단계를 제시함으로써 인간의 행동을 이해하는 데 기여했다. 특별히 사회복지실천과 관련하여 정신분석이론은 대화(talk)가 클라이언트의 문제를 해결할 수 있다는 것을 입증하고 실천기술의 개발에 기여했다.

이러한 막대한 공헌에도 불구하고 정신분석이론은 다음의 측면에서 한계가 있다. 첫째, 원가족(family of origin) 경험을 중시함으로써 아동과 주요 관계를 맺는 양육자로서의 어머니의 역할을 강조하고 발달단계 상의 문제에 대해 어머니를 비난한다는 점에서 반여성적이라는 비판을 받고 있다. 둘째, 과거가 현재에 미치는 영향에 초점을 두는 결정론적 입장 때문에 비관론이라는 한계가 있다. 셋째, 심리 성적 발달단계는 프로이드 자신의 아동기 경험에 근거함으로써 백인 중산층 남성 중심 모델이라는 비판으로부터 자유롭지 못하다. 특히 백인, 중산층, 남성인 사람과 아닌 사람 간의 우수, 열등의 논리를 구축했다는 비판을 받고 있다. 넷째, 과거에 대한 탐색은 장기간의 개입을 요하므로 비용의 문제와 치료 효과 평가의 어려움이 활용 상의 한계로 지적된다. 다섯째, 사회복지실천과 관련해서는 사회복지실천에서 강조하는 환경 속의 인간(PIE: person-in-environment)이라는 관점을 도외시하여 환경적 측면을 고려하지 않고 있으며 클라이언트의 강점보다는 문제에 초점을 두는 병리적인 시각이라는 점에서 비판의 대상이 되기도 한다. 여섯째, 정신분석의 대상은 비교적 심각한 심리적인 문제나 증상을 가진 환자들, 특히 중산층 여성 환자들에 대한 임상적 실천의 경험에 근거했다는 점에서 연구결과를 일반화하기 어려운 한계도 있다.

참고문헌

김경호. (2005). 『사회복지실천기술론. 서울: 청목출판사.

김병훈. (2001). 교회는 정신적 산소의 장: 치유적 심리경험의 본질과 기능에 관한 정신분석학적 연구. 『목회와 상담』, 1, 113-143.

윤호균. (1982a). 정신분석, 인간중심의 상담 및 불교의 비교I: 인간 및 심리적 문제에 관한 견해. 『임상심리학보』, 3(1), 35-47.

윤호균. (1982b). 정신분석, 인간중심의 상담 및 불교의 비교II: 심리적 문제의 해결. 『임상심리학보』, 3(1), 49-63.

장인협. (2005). 사회복지실천론(下) : 실천이론 · 모델 · 어프로치 · 실천기술. 서울 : 서울대학교 출판부.

Freud, S. (1947). *The ego and the id.* London : Hogarth Press.

제 6 장

애착이론

제 1 절 애착이론의 역사적 발달

애착이론은 정신분석이론 중 대상관계이론(object relations theory)의 변형으로 1980년대 Bowlby에 의해 연구된 것이다. 초기에는 유아와 양육자 사이의 애정적 유대의 발달에 국한되었으나 점차 일생에 걸친 세대간 애착의 역할을 설명하는 방향으로 발전했다. 애착이론을 뒷받침하는 경험적 연구들은 상당히 많은 편이며 다른 전통적인 임상실천모델의 기술, 방법, 개념들에 통합되어 개인, 가족, 집단치료 등 임상 실천을 위해 널리 이용되어 왔다. 나아가 정신건강문제를 예방하기 위한 개입에도 적용되고 있다.

성인에 대한 임상적 실험을 통해 발달이론을 이끌어낸 Bowlby는 정신분석이론이 동시대 과학으로부터 고립되어 있다고 주장했다. Bowlby는 정신분석이론이 환경의 역할을 과소평가하고 오이디푸스콤플렉스 등 유아의 성적인 충동을 중시한 것을 비판하면서 환경, 특히 양육자의 반응이 심리학적 발달의 핵심이라고 주장했다. 발달은 관계에 의존하며 유아들은 보호에 대한 욕구로 인해 애착대상에 대한 유대를 추구한다는 것이다. 심리적인 발달은 양육자와의 상호작용에서 형성되며 이러한 상호작용은 자신, 타인, 다른 관계들의 표상으로 내재화되고 이후 맺어지는 관계의 질에 영향을 준다는 입장이다. 애착이론은 생물학, 행동학, 인지심리학의 개념을 포함하기 때문에 발달심리학자의 지지를 받았고 Mary Ainsworth와 Mary Main으로 계보가 이어진다.

원래 애착이론은 유아가 양육자와 친밀한 신체적 근접성을 유지하게 되는 행동적, 정서적인 반응을 설명하기 위해 발달되었다. 애착이론에 의하면 인간은 타인과 애착을 추구하고 형성하려는 타고난 성향이 있다는 것이다. 이를 토대로 애착이론은 분리와 상실에 대한 반응을 설명하고 유아기 이후의 정서적인 애착의 발달을 설명한다. 적절한 애착이 형성되는 경우 양육자의 존재는 아이에게 불안을 감소시키고 안정감을 촉진시킬 수 있다는 것이다.

Ainsworth, Blehar, Waters와 Wall(1979)은 유아의 애착유형에 대해 연구하기 위해 유아들이 어머니와 새로운 놀이상황을 탐색하고 어머니와 잠깐 동안 분리된 후 재결합상황에서 어떠한 반응을 보이는가를 관찰했다. 안정적(secure) 유형의 유아는 어머니가 있을 때 놀이상황을 자유롭게 탐색했으며 분리 시에는 어느 정도의 불안을 보이다가 재결합 시 쉽게 편안해졌다. 양가적(anxious-ambivalent) 유형의 유아는 과도하게 불안하고 화를 내며 탐색이 방해될 정도로 매달렸으며 분리 동안에는 불편해지고 재결합 시에도 편안해지지 못했다. 회피적(anxious-avoidant) 유형의 유아는 관찰 동안 어머니에게 거의 관심을 보이지 않았고 강한 정동(affect)을 보이지 않았다. 일반적으로 안정적 애착은 양육자가 반응적일 때, 양가적 애착은 양육자가 일관적이지 못할 때, 회피적 애착은 양육자가 일관적으로 반응하지 않고 정서적으로 유효하지 않을 때 발달된다.

애착의 기원과 형성과정은 사회성 발달의 관점에서 주로 탐구되었으며 지금까지 애착에 대한 이론적 고찰과 경험적 연구결과가 많이 축적되어 왔다. 최근에는 영아와 양육자 사이의 애정적 유대관계를 넘어 아동기와 청소년기의 부모 및 또래관계를 설명하는 이론적 배경이 되고 있으며 청소년이나 성인의 애정관계를 설명하는 기제로서도 활용되고 있다.

애착이론은 Bowlby와 Ainsworth에 의해 발달했고 이후의 수많은 학자들이 이론의 발전에 공헌했다. Bowlby는 주로 동물행동학과 정신분석학에서 나온 개념을 기반으로 애착이론의 기본원리를 확립했다. Bowlby는 유아가 양육자와 형성하는 지속적이고 장기적인 정서적 유대를 애착이라고 명명했고, 애착 행동이 일생동안 모든 인간의 행동에서 발견되지만 특히 영아가 일차적인 양육자와 감정적으로 애착되고 분리된 때 어떻게 반응하는가에 관심을 가졌다. 애착이론에 의하면 초기의 애착경험이 내재화되어 아동의 자기개념과 타인에 대한 기대의 발달에 영향을 미친다. 아동기에 수립된 애착체계는 성인의 사회적 관계에 중요한 영향을 미치고 가깝고 친밀한 관계에 의해 활성화된다. 이러한 애착이 인생 전반에 걸쳐 강력하고 지속적인 영향력을 행사하게 된다.

초기의 애착이론에서는 애착이 영아와 양육자 사이에 형성되는 애정적 유대관계만을 의미했지만 점차 영아기에 형성된 애착이 전 생애를 통해 지속되고 성장과정을 통해 가족 이외의 타인과의 관계에서도 애착이 형성될 수 있다는 연구결과들이 보고되었다. 그러므로 애착은 영아와 양육자 사이에 국한되지 않고 전 생애를 통해 계속될 수 있는 애정적 유대관계로 정의될 수 있다.

유아와 양육자 간의 관계의 중요성은 발달심리이론마다 다른 관점과 개념, 용어로 논의되어 왔다. 사회학습이론에서는 '의존성(dependency)', 정신분석이론에서는 '대상관계이론(object relations theory)', Bowlby는 '애착이론(attachment theory)'으로 아동과 양육자 간의 관계의 질에 대해 언급했다.

이러한 이론들은 아동과 양육자 간의 관계를 강조한다는 점에서 공통점이 있으나 각 이론이 전제로 하는 애착관계의 본질적 속성에는 차이가 있다. Freud를 비롯한 정신분석학자들은 어린 영유아가 양육자를 욕구를 충족시켜 주는 사랑의 대상으로 인식하게 되고 이에 따라 영유아와 양육자 간에 강한 결속이 형성된다고 보았다. 이와 유사하게 사회학습이론에서는 어린 영유아가 양육자를 생각할 때 배고픔과 같은 일차적 욕구의 감소와 양육자를 연관시킴에 따라 의존성이 발달되고 이것이 아동과 양육자 간의 관계성을 강화한다고 했다. 사회학습이론에서는 이러한 의존성이 '정서적 유대감'이라기보다 기질이나 성격특성을 말해준다고 보았다. 사회학습이론과 정신분석이론은 모두 영유아의 애착형성을 생존과 직결된 일차적 욕구라기보다는 이차적 욕구로 보았다.

그러나 Bowlby에 의하면 영유아의 애착행동은 음식이나 성적 욕구와는 구별되면서도 동등한 일차적인 욕구에 의한 행동이다. 즉, 애착행동은 애착하는 아동의 생존을 위협하는 신체적, 심리적 해(harm)로부터 아동을 보호해 주는 생물학적 기능을 갖는다는 것이다. 이 점에서 Bowlby는 정신분석이론을 계승하고 있으나 기존의 이론들과는 구별되는 Bowlby만의 애착에 대한 개념화를 이루었다고 할 수 있다. Bowlby의 애착이론은 또한 아동의 내적 세계가 어떻게 외부환경에 의해 영향을 받는가에 주로 초점을 둔다는 점에서 환경보다 개인의 투사적인 동일시과정을 중시하는 정신분석이론과 구별된다. 따라서 애착이론은 생애 초기 영아와 양육자 간의 관계를 미분화된 관계로 보는 정신분석이론과 달리 출생 시부터 영아와 양육자는 정신적으로 분리된 개체로서 상호작용한다고 보았으며 이때의 조화로운 상호작용에 의미를 부여했다.

제 2 절 애착이론의 개관

1. 내적수행모델(internal working model)에 대한 이해

기존의 이론과 구별된 독자적인 이론으로서 애착이론을 정립한 Bowlby는 애착의 개념에서 '내적수행모델(internal working model)'이라는 개념을 도출해냈다. 내적수행모델은 세상, 타인, 자신 또는 자신과 특별한 관계를 맺는 다른 사람들과의 관계에 대한 정신적인 표상이다. 이 모델이 조직화되면 이에 따라 유아동이 자신의 경험을 평가하고 행동화하게 되므로 한번 조직화되면 재구성이 쉽지 않다. 내적수행모델은 아동발달 및 발달심리학에서 중요하게 다루는 아동과 부모 간의 상호작용의 질적 특성과 그 기능을 깊이 있게 들여다볼 수 있게 한다. 내적수행모델의 'working'은 애착관계에 대한 표상(representations)의 역동적 측면들(dynamic aspects)을 암시한다. 즉, 'model'이라는 용어는 애착이 구성하고 세워 나가는 것이므로 발달하는 것임을 알 수 있게 한다.

구체적으로 내적수행모델은 영유아와 양육자와의 상호작용에서 양육자를 찾기 위한 영유아의 시도나 노력에 대한 양육자의 반응에 의해 조직된다. 즉, 영유아와 애착대상인 양육자 간의 상호작용 내용에 따라 관계에 대한 내적수행모델이 형성되는 것이다. 그러므로 영유아가 스스로 이동하는 능력이 결핍된 인생의 초기에는 영아의 신호에 대한 양육자의 반응이 얼마나 적절했는가, 얼마나 시간을 지체하지 않고 영유아의 신호와 조화로운 속도로 반응했는가 등 상호작용에 있어서 양육자가 적극적으로 보여주는 반응의 질적 수준이 매우 중요하다. 양육자와의 관계의 질적 특성에 기초하여 영유아는 자신과 타인과의 관계와 이 세상에 대한 자신만의 정신적인 표상, 즉 내적수행모델을 형성하기 때문이다. 초기에 형성된 내적수행모델은 안정성(stability)을 갖고 지속적으로 영유아가 양육자의 반응을 해석하고 예측하며 자신이 경험하는 상호작용의 질적 특성에 따라 현재와 미래의 행동을 계획하게 한다. 양육자가 지지적이고 민감하고 반응적이면 영유아는 자기 자신을 유능하고 가치 있고 사랑받을 만한 존재로 여기게 된다. 그러나 양육자가 거부적이고 영유아의 신호를 무시하면 영유아는 자기 자신을 수용 받지 못하는 무가치하며 무기력한 존재로 여겨 부정적인 이미지를 갖게 된다.

영유아가 근접추구(proximity seeking)를 할 때 양육자의 반응은 영유아를 받아주는 것, 접근을 막거나 거부하는 것, 또는 일관성 없이 접근하는 것 등으로 다양하게 나타날 수 있다. 이러한 양육자의 반응에 따라 영유아는 애착행동체계를 통합적으로 구성하며 현재와 미래의 행동을 결정하게 된다. 영유아의 노력과 양육자의 반응, 즉 영유아의 자아와 애착대상과의 상호작용 유형은 훗날 애착과 직접적, 간접적으로 관련된 행동, 언어, 사고의 조직에도 반영된다. 어린 시절에 양육자와 어떠한 관계를 경험했는가, 양육자가 신체적 접근이 용이하고 상호작용에서 민감하고 반응적이었는가 등 영유아와 양육자 간의 상호작용의 질적 수준은 영유아의 자신과 타인에 대한 내적수행모델을 구성하고 이것이 사회적, 정서적 발달의 근원이 된다.

2. 애착과 대상관계에 대한 이해

대상관계(object relations)는 중요한 타인과의 관계를 통해 형성된 자기와 타인에 대한 심리 내적인 표상에 관한 것이다. 대상관계이론과 애착이론 모두 인간의 관계성이라는 구성개념에 기초를 두고 있지만 중요한 차이가 있다. 대상관계이론은 태어나면서부터 유아가 관계를 맺는 역량을 가지고 있지만 어느 정도 분리와 개별화에 이르기까지는 주로 부모의 양육의 질에 의해 발달이 이루어진다고 가정한다. 즉, 초기의 양육의 질이 이후의 관계적 행동을 지배하는 심리내적인 대상관계의 형성에 영향을 주게 된다는 것이다. 반면 애착이론은 애착의 학습 과정뿐 아니라 타고난 애착행동체계에도 중요성을 두며, 애착행동의 심리내적인 기원보다는 개인차와 행동의 인지적, 조직적인 특성에 관심을 더 기울인다.

애착과 대상관계를 구분하는 또 다른 영역은 애착개념과 관계개념에 관한 구분이다. 관계는 어느 정도 정서가 관여되고 시간적으로 연속성이 있는 대인관계 상호작용을 기술하는 광범위한 개념이지만, 애착은 더 구체적인 의미를 갖는다. 애착은 일반적으로 세 가지 속성이 있다. 첫째, 애착 인물의 존재가 편안함을 제공한다. 둘째, 애착인물과 근접해 있으려는 시도가 있다. 셋째, 애착인물의 활용가능성(availability)이 위협을 받으면 불편감이 생겨난다. 이러한 의미에서 애착 유대는 모든 관계가 아닌 일부 관계에 존재하는 반면, 대상관계는 모든 관계를 포함하는 광범위한 상호작용 범주이다.

3. 애착이론의 특징

애착이론은 부모와 자녀 사이의 유대관계의 본질을 설명하는 발달이론이자 인지적 취약성의 기원에 대한 설명을 제공한다. 일관성이 없는 부모나 거부적인 부모는 아동에게 불안정한 애착관계를 형성하게 하여 역기능적인 인지도식을 갖게 한다. 역기능적인 인지도식은 자신에 대한 무가치함, 타인의 활용가능성에 대한 부정과 같은 내용을 담고 있어서 만족스런 대인관계를 형성하는 데 장애가 된다. 이들은 안정된 인간관계를 맺기를 원하지만 타인의 거부나 일관성 없는 반응에 민감하므로 대인관계에서의 스트레스에 대해 자신이 거부된 것으로 받아들이고 자기의 무가치감이 확인된 것으로 여긴다. 이러한 경향은 결과적으로 우울과 여러 가지 심리적 장애에 취약하게 만들 수 있다.

문제가 되는 애착관계는 심리적으로 부정적인 내적수행모델로 표상된다. 양육자와의 교류를 통해 유아동은 자신과 타인에 대한 표상이나 모델을 세우기 시작하는데 반응이 없는 양육자와의 경험은 타인을 신뢰하지 못하는 내적수행모델을 형성하게 하고 자신이 지지와 애정을 받을 가치가 없다거나 특정조건에서만 가치 있다고 생각하는 모델을 형성하게 한다. 이러한 모델은 새로운 대인관계의 본질에 영향을 미치고 전 생애를 통해 특정한 유형을 유지하게 한다.

애착 안정성의 개인차는 부분적으로 심리적인 불편, 장애와 관련된다고 가정할 수 있다. 불안정한 애착은 자신이나 중요한 타인에 대한 부정적인 신념으로 구성되는 내적수행모델로 이끈다. 이러한 인지구조는 우울이나 불안을 비롯한 다양한 심리장애로 나타날 수 있다. 이러한 내적수행모델은 역기능적인 신념의 기초를 형성하고 역기능적 신념은 자기 가치와 관련하여 'if then'이라는 규칙의 틀을 만든다. '내가 좋아하는 사람이 나를 좋아하지 않는다면 나는 아무런 가치도 없다.'는 것이 그 예이다. 애착이론은 불안정한 애착관계가 부정적인 내적수행모델로 부호화되어 성인의 대인관계 스트레스에 대한 취약성을 증가시킨다고 본다.

인간의 문제에 대한 이해에서 정신분석이론과 애착이론은 유아동과 양육자의 관계를 강조한다는 점에서 공통점이 있으나 다음과 같은 점에서 차이가 있다. 첫째, 심리적인 문제의 근원을 정신분석이론은 성적이고 공격적인 충동에 대한 내적인 갈등으로 보는 반면, 애착이론은 관계의 결핍, 내적수행모델의 결핍이나 왜곡으로 본다. 둘째, 정신분석이론은 인간의 독립성에 대해 과대평가하고 의존욕구에 대해 낙인을 찍는 경향이 있는 반면, 애착이론은 다른 사람과의 근접을 추구하는 애착욕구를 강조하고 애착욕구가 병리적인 것이 아님을 강조한다. 애착이론은 애착 욕구가 좌절되면 우울과 불안으로 이어진다고 보므로 개인의 내면(intrapersonal)에 대한 이론이라기보다는 대인관계(interpersonal)이론이라고 할 수 있다.

4. 애착이론의 주요개념

애착이론의 주요개념은 안전기저(secure base), 내적수행모델(internal working model), 애착행동(attachment behavior), 애착유형 등으로 나누어볼 수 있다. 구체적인 내용은 다음과 같다.

애착이론의 전제는 반응적인 양육자가 안전기저(secure base)를 제공한다는 것이다. 안전기저가 제공될 때 영유아는 물질적, 정신적 세계를 탐구할 수 있으며 자유롭게 능력을 적용하고 잠재력을 최대화할 수 있다. 반응적인 양육을 받지 못해서 안전한 내적수행모델을 개발하지 못한 사람들은 이후의 관계에서 안전기저의 경험을 제공하는 경우 내적수행모델을 안전한 방향으로 변경할 수 있다.

내적수행모델은 애착유형을 지속시키는 중요한 구성요소이다. 세상, 자신, 타인, 또는 다른 사람들과의 관계에 대한 정신적인 표상(representations)으로 한번 조직화되면 무의식적으로 작동하며 극적인 변화에 저항하게 된다.

애착행동은 특정인에게 근접하고 이를 유지하는 행위와 유형을 말한다. 유아동기에 잘 관찰되지만 전 생애에 걸쳐 나타난다. 애착행동은 두려울 때 매달리는 것, 양육자의 분리에 저항하거나 돌아온 양육자를 반기는 등의 행동을 포함한다. 양육자의 활용가능성(availability)을 늘리는 모든 행위를 애착행동이라고 할 수 있다. Bowlby는 근접추구(proximity seeking), 편안한 천국(safe heaven), 안전기저(secure base)를 애착행동의 구성요소로 제시했다. 근접추구는 접근하고 가까이 머물며 애착대상과 접촉하는 것을 포함한다. 애착대상의 감정적 지지를 구할 수 있는 정도와 애착대상의 감정적인 욕구를 정확하게 이해하는 정도를 의미한다. 편안한 천국은 위협이나 위험에 직면했을 때 안락함, 지지, 재보증(reassurance)을 위해 애착대상에게 기대는 것을 말한다. 마지막으로 안전기저는 애착대상이 필요한 경우 언제든지 자신을 지지할 준비가 되어 있다는 사실을 알고 확신을 느끼는 정도를 말한다.

애착유형은 임상적으로 세대간 전이가 확인되었다. 예를 들면, 부모의 애착유형을 조사하면 1년 된 아동의 애착유형을 예견할 수 있다는 연구결과가 있다. 성인기 불안정 애착유형은 3가지이다. 불안한 애착은 애착대상에게 집착하는 유형이고, 강박적인 자기의존은 애정이나 도움을 줄 사람이 필요 없는 것처럼 행동하고 억지로 자부심을 나타내는 유형이다. 강박적인 양육은 양육자로서의 역할만 하고 도움이나 원조를 용인하지 않는 유형이다.

Mary Ainsworth에 의하면 아동기의 애착유형은 안정적 애착, 불안-회피적 애착, 불안-양면적 애착, 혼란된 애착으로 나뉜다. 첫째, 안정적 애착의 영아는 부모를 안전기저로 사용하여 어머니와 함께 있을 때 주위를 적극적으로 탐색한다. 부모와 분리되었을 때 울지 않거나 우는 영아가 있지만 다른 유형과 확연히 구별되는 점은 어머니가 돌아왔을 때 이들이 보이는 반응이다. 안정된 애착의 영아는 위안받기 위해서 능동적으로 신체적 접촉을 요구하고 정서적 안정감을 회복한다. 둘째, 불안-회피적 애착유형은 어머니와 함께 있을 때도 어머니에게 별로 반응을 보이지 않는다. 어머니가 주의를 끌려고 할 때조차도 돌아서서 계속해서 어머니를 무시한다. 부모나 낯선 사람에게도 유사하게 반응한다. 어머니가 방을 떠날 때도 별로 반응을 보이지 않고 스트레스를 덜 받는 것처럼 보인다. 어머니가 방으로 다시 돌아왔을 때 반갑게 맞이하지 않으며 잘 안기지 않는다. 셋째, 불안-양면적 애착은 어머니 옆에 붙어서 거의 탐색하지 않는다. 어머니가 방을 나가면 매우 심한 스트레스 행동을 보인다. 어머니가 돌아와서 안아주어도 계속 울면서 화를 내고 쉽게 진정되지 않는다. 어머니가 시도하는 물리적 접촉에 저항하면서도 어머니와 많이 접촉하려고 하는 양가감정을 보인다. 넷째, 혼란된 애착은 최근에 발견된 애착유형으로 낯선 상황에서 가장 큰 스트레스를 받고 가장 불안정하다. 혼란된 애착유형은 불안정 애착의 가장 심한 형태로 불안-회피적 애착과 불안-양면적 애착이 결합된 것이다. 어머니와 다시 만났을 때 멍하고 얼어붙은 듯이 행동하거나 어머니가 안아줘도 먼 곳을 쳐다본다. 12개월이 지난 영아를 수년 후에 관찰해 보니 영아 당시 애착유형이 안정적일수록 커서도 안정적이고 유능하고 공감을 잘하며 행복한 것으로 나타났다.

Bowlby는 안전기저의 경험에 반응하는 인간의 능력과 내적수행모델의 변경 가능성에 대해 낙관적이었다. 즉, 양육환경이 긍정적으로 변하면 발달이 긍정적으로 변할 수 있으며 이러한 변화의 잠재력은 평생을 통해 계속된다고 보았다.

제 3 절 애착이론의 실천과정과 실천기술

Bowlby는 사회복지사의 역할을 묘사함으로써 개입의 틀을 제공하고 있으나 구체적인 기술은 제시하고 있지 않다. 계약, 자료수집과 사정 및 개입, 종결의 단계는 다음과 같다.

계약단계에서 사회복지사는 클라이언트가 과거나 현재의 고통스러운 측면을 탐구하도록 '안전기저'로서 역할을 해야 한다. 클라이언트에게 도움을 주고 감정이입하고 용기를 주는 '믿음직한 동료' 역할을 해야 한다. 즉, 신뢰 형성이 중요하며 성급하게 문제에 접근하는 것을 삼가야 한다. 항상 안전감을 주면서 불안하고 고민스러운 클라이언트를 위해 애착대상이 되어줄 수 있어야 한다.

자료수집과 사정 및 개입은 혼합되어 이루어진다. 클라이언트가 현재의 삶에서 중요한 사람들과 관계를 맺고 경험한 방법들을 탐색하도록 클라이언트를 격려한다. 이때 사회복지사와 클라이언트의 관계도 탐색하게 한다. 사회복지사는 클라이언트 부모에 대해 속단하는 것을 삼가고 부모들이 그렇게 행동하도록 한 요인이 무엇인지 클라이언트가 생각해보게 유도한다. 사회복지사는 클라이언트가 자신의 경험, 생각, 느낌을 통해 더 많이 이해하도록 격려한다. 개입의 주요내용은 클라이언트가 자신의 내적수행모델이 현재와 미래에 적합하지 않은 점을 발견하고 무의식적인 인식이나 기대 등에서 벗어나서 현재의 삶을 살아가기 위한 새로운 방법으로 생각하고 느끼고 행동하도록 유도하는 것이다. 사회복지사와 클라이언트의 신뢰관계가 클라이언트의 내적수행모델을 긍정적으로 변화시키는 데 필수적임을 기억해야 한다.

구체적인 종결 기술은 없다. 개입기간은 클라이언트 상태의 심각성에 따라 장기나 단기 모두 가능하다. 클라이언트가 사회복지사를 일시적인 애착대상이나 안전기저로 사용할 필요가 있음을 인식하고 클라이언트가 자기 속도대로 진행하게 하는 것이 중요하다. 역기능적인 내적수행모델은 빠르고 쉽게 변화시키기 어렵다는 점을 유념해야 한다.

애착이론에서 사회복지사의 역할은 치료적인 관계에서 얻은 새로운 경험과 이해에 비추어 클라이언트의 내적수행모델을 재평가하고 재구축하게 돕는 것이다. 즉, 클라이언트가 자신과 자신의 애착대상에 대한 내적수행모델을 탐구할 수 있는 조건을 제공해주는 것이라고 할 수 있다. 효과적인 개입은 클라이언트의 애착경험을 교정해주거나 새로운 종류의 관계를 제공하는 것이다.

애착이론은 심리치료 과정에 유용한 개념을 제공해줄 수 있다. 사회복지사는 부모나 양육자처럼 정서적인 활용가능성(availability), 편안함, 정동조절, 내적 및 외적 세계를 탐색하게 해주는 안정기저(secure base)를 제공해야 한다. 개입과정에서 클라이언트는 주요애착을 재경험하고 사회복지사와의 관계에서 오랫동안 지속되어온 불만족스러운 관계의 일부를 재현하게 될 것이다. 클라이언트가 치료관계에서 오래된 애착유형을 재현하면 사회복지사는 클라이언트의 내적수행모델에 접근하게 된다. 사회복지사와 클라이언트가 치료적 관계와 치료 외적 장면에서의 클라이언트의 관계를 탐색하면 클라이언트의 내적수행모델이 의식화되고 도전받으며 변화하게 될 것이다. 성공적인 사례에서는 클라이언트가 사회복지사와 안정적인 애착관계를 형성하고 교정적인 정서적 경험을 할 수 있게 도울 수 있을 것이다.

제 4 절 애착이론의 유용성과 한계

Bowlby는 유아가 어릴 때 정서적으로 안정적인 양육자를 만나는가, 불안정한 양육자를 만나는가에 따라 유아의 훗날 인간관계 방식이 결정된다고 보았다. 양육자와 불안정한 관계를 가진 유아는 계속해서 불안정한 인간관계를 맺지만 안정적 관계를 가진 유아는 성인이 되었을 때 안정적 인간관계를 맺는다는 것이다. 즉, 초기대상인 양육자와의 애착의 내용이 유아기 이후 관계와 삶의 질을 결정한다는 것이다. 최근 임상심리학자들은 애착이론을 심리치료뿐 아니라 정신병리의 연구에도 적용시키는 데 관심을 많이 갖고 있다. 발달을 관계에 기초한 것으로 보는 견해와 관계 경험의 내재화가 양육자와의 상호작용의 산물이라는 관찰은 임상이론과 연구에 중요한 함의를 가진다. 애착이론은 양육자와 초기 경험의 유형과 성인 클라이언트들의 애착유형들 사이의 명확한 상관관계를 보여줌으로써 사회복지사와 클라이언트의 관계에 대한 인식을 강조하고 다루기 어려운 클라이언트들에게 잘 대응할 수 있도록 한다.

애착이론은 경험적 연구가 축적되었다는 강점이 있고, 다른 이론과의 접근성이 높다. 애착을 병리적으로 보지 않고 정상적인 것으로 보며, 사회복지사와 클라이언트의 관계를 강조하고 전문가 중심이 아니라 상호 협력적인 것을 강조한다. 환경적 요소에 관심이 부족했던 정신분석이론과 차별화되기도 한다.

그럼에도 불구하고 애착이론에는 해결해야 할 문제점이 있다. 먼저, 초기의 애착관계가 성인이나 청소년기의 애착관계에까지 지속된다는 시간적 안정성을 검증해 주는 종단적인 연구가 별로 없다. 초기의 질 좋은 양육환경이 안정된 성인 애착유형의 발달을 촉진시킬 수 있는 반면, 초기 이후에 경험한 애착관계가 성인의 사회적이고 정서적인 적응에 영향을 줄 수도 있기 때문이다. 애착이론 연구가 정신병리 원인의 이해에 기여를 하려면 유아기의 불안정한 애착행동과 성인기의 장애 사이의 연관성에 대한 종단적인 연구가 더 많이 필요할 것이다. 다음으로, 애착이론의 약점은 잘 구조화된 치료적 개입기술이 미비하다는 것이다. 그러나 사회복지사의 자율성과 융통성을 보장한다는 측면에서는 장점으로 작용할 수도 있을 것이다.

참고문헌

김숙령. (2004). 아동의 사회 정서적 발달에 대한 애착의 임상적 의미. 『한국영유아보육학』, 37, 171-194.

원호택 · 이용승.(1997). 성인 애착 양상에 관하여: 심리치료와 정신병리 연구에 대한 함의를 중심으로. 『심리학의 연구문제』, 4, 85-116.

황창순. (2006). 초기 청소년기의 부모 및 또래애착과 애착의 변화. 『한국청소년연구』, 17(1), 201-225.

Ainsworth, M. D., Blehar, M. C., Waters, E., & Wall, S. (1978). *Patterns of attachment: A psychological study of the strange situation*. Hillsdale, NJ: Erlbaum.

Stalker, C. A. (2001). Attachment theory. In P. Lehmann & N. Coady (Eds.), *Theoretical perspectives for direct social work practice: A generalist-eclectic approach*(pp. 109-127). New York: Springer Publishing Company, Inc..

제 7 장

대상관계이론

제 1 절 대상관계이론의 역사적 발달

대상관계이론은 생애 초기에 가졌던 주요 양육자와의 대인관계 경험을 바탕으로 사람들이 자기 자신과 다른 사람들에 대한 표상(representations)을 형성하고 이렇게 내면화된 표상들이 개인의 성격형성과 이후 주변 사람들과의 관계에 미치는 영향을 집중적으로 조명한 이론이다. Freud의 정신분석학에서 발전한 이론으로 정신분석에서 효과적으로 다루지 못한 경계선 성격장애 같은 정신장애를 이해하고 치료하는 데 적합한 이론으로 발전되었다. 이후 심각한 정신장애의 효과적 치료를 위한 정신분석이론의 연구와 치료의 실제에 크게 이바지했다. 자아심리학과 함께 고전적 정신분석이론을 보완한 이론으로 인정받고 있으며 덜 심각한 정신장애의 치료, 가족치료, 집단치료, 단기치료 등으로 적용 범위를 넓혀가고 있다.

대상관계이론은 자아의 형성과 기능을 중점적으로 연구하는 자아심리학(ego psychology)과 함께 전통적 정신분석학을 보완하는 이론으로 인정받고 있다. 대상관계이론은 Freud의 정신분석학 이후 발전한 이론으로서 정신분석학 전통에 따른 개념과 용어들을 사용했다. 그러나 전통적 정신분석이론이 성, 공격성 같은 본능적 충동의 중요성을 강조한 데 비해, Klein, Fairbairn, Winnicott, Balint 등 대상관계이론가들은 성격 형성에서 관계경험을 포함한 환경이 미치는 영향을 부각시켰다.

대상관계라는 개념을 처음 사용한 사람은 Freud였으나 이 개념을 이론으로 체계화하지는 않았다. 정신분석이론에서는 자아구조의 발달에서 본능적 충동의 영향을 강조하고 개인의 내적심리에 초점을 두었기 때문에 관계된 인물과의 실제 상호작용은 중요시하지 않았다. 대상관계이론은 오이디푸스 갈등 이전의 심리발달에 관심을 두고 생애초기, 특히 만 3세 이전까지의 시기에 이루어진 주요 양육자와의 관계경험이 자아구조의 형성과 병리발달에 미치는 영향을 중점적으로 다루었다. 그러므로 대상관계이론에서는 생물학적 요소인 충동에 의한 발달의 중요성이 상대적으로 감소되고 유아와 양육자 관계의 성질과 초기관계에서의 장애 등이 강조된다.

제 2 절 대상관계이론의 개관

1. Mahler의 심리발달이론

Mahler는 언어습득 이전 시기의 정상 유아들과 어머니들 간의 상호작용을 10여 년간 관찰하여 연구한 것을 근거로 초기 심리발달과 대상관계 연구에 크게 기여했다. Mahler는 유아가 한 개인으로서 '심리적으로 탄생'하는 과정을 분리(separation), 개별화(individuation)의 개념으로 기술했다. 대상관계이론에서는 유아가 어머니와 맺는 관계의 성질을 기준으로 발달단계를 자폐적(autistic) 단계, 공생적(symbiotic) 단계, 분리-개별화(separation-individuation) 단계로 구분한다.

자폐적 단계에 있는 신생아는 어머니를 의식하지 못하며 배고픔을 줄이기 위해 타고난 반사에 의해 젖을 찾는다. 태어나서부터 몇 주 동안 신생아는 자기나 대상에 대한 인식 없이 신체감각만을 인식하는 자폐적 상태로 지낸다. 이 단계를 자폐적 단계라 하는데 이 기간 동안 신생아는 쾌락의 원리에 의해 움직인다.

공생적 단계는 생후 3개월에서 5개월까지를 말한다. 유아는 자신의 욕구를 만족시키는 존재를 희미하게 지각하기 시작하지만 아직 어머니를 자신과 분리된 존재로 지각하는 것은 아니다. 어머니에 대한 애착을 통해 자신과 어머니가 하나인 것처럼 지각하게 된다. 어머니와의 공생이 충분하면 유아는 자신의 욕구나 바람이 저절로 충족되는 듯한 전능함을 경험하게 되어 자신과 어머니가 전능한 체계인 것처럼 지각한다. 어머니와 자기가 하나라는 느낌은 미래의 정상적인 발달을 위해 아주 중요하다. 어머니와 하나라는 느낌이 유아가 기본적인 만족감을 얻는 대상관계를 형성할 수 있게 하고 이 만족감이 경험되어야 평생 동안 자기 신뢰, 자존감을 발달시킬 수 있게 되기 때문이다. 이러한 공생적 만족감을 얻지 못하는 경우 유아는 대상의 세계에 진입하기 어렵고 아동기 또는 그 이후에 정신장애를 나타낼 수도 있다. 공생적 만족은 아동이 바깥세상으로 진출하는 힘을 제공하므로 공생적 만족이 없으면 자기 혼자의 세계에 머무를 가능성이 있다. 즉, 자폐성 장애는 공생적 만족감을 얻지 못한 사람들로 이해될 수도 있을 것이다. 한편, 공생적 관계에 머무는 사람들은 독립적인 자아를 성취하지 못한다. 다른 사람과의 일치를 추구하기 때문에 다른 사람이 자기의 욕구대로 행동하게 하려고 시도한다. 이러한 태도는 다른 사람에게 부담을 주게 되고 그 사람을 싫어하게 되는 결과를 초래할 수 있다.

분리-개별화의 단계는 정상적 성장을 가능하게 한다. 이 단계는 5,

6개월부터 시작되어 2살 반 또는 3살경까지 지속된다. 이 단계 동안 아동은 '낯선 사람에 대한 공포(stranger anxiety)'와 '분리불안(separation anxiety)'을 경험하면서 한편으로는 자신감을 더욱 발달시킨다. 이 단계의 과제는 어머니에 대한 항상적 이미지(object constancy)를 형성하는 일이다. 항상적 이미지를 형성하는 일은 성격발달 과정에서 가장 중요한 과업이며, 이를 통해 아동은 어머니의 존재나 보호를 넘어서 자생할 수 있는 독립적 인격을 형성하게 된다. 어머니에 대한 항상적 이미지가 형성되지 않으면 아동의 성격에 결정적인 결함이 초래될 수 있다. 대인관계를 중심으로 하는 사회생활에 중대한 결함을 초래하고 공감 능력의 결함, 주장성 결여, 광장공포, 만성적 우울, 충동통제의 결여 등 심각한 증상을 유발할 수 있는 것이다.

분리-개별화 단계는 4개의 하위단계로 세분화된다. 이 하위단계들은 분화(differentiation)단계, 연습(practicing)단계, 친교(rapprochement)단계, 개별성 강화 및 정서적 대상 항상성 시작(consolidation of individuality and the beginnings of emotional object constancy) 단계이다. 각 단계의 특성은 다음과 같다.

첫째, 분화단계는 대체로 생후 5-6개월에서 9-10개월까지이며, 유아는 자신의 신체를 자각하고 자기와 어머니, 다른 사람들을 구분하기 시작한다. 이전에는 자신의 내면이나 자신과 어머니에게만 관심을 기울였지만 이제는 다른 사람들에게로 관심을 확장하고 낯선 사람을 보면 불안반응을 보이게 된다. 이전보다 좀더 집요하고 목표지향적인 모습도 보인다.

둘째, 연습단계는 10개월에서 16개월이며, 운동기능의 발달로 유아는 어머니로부터 떨어져 걸어 다닐 수 있게 되어 행동반경이 넓어진다. 이 단계에서는 유아가 자신의 세계를 확장해나가는 즐거움을 누리고 자율능력을 습득하면서 자신이 모든 것을 할 수 있을 것 같은 착각에 빠지게 되어 전능함과 건강한 자기애가 절정에 이른다.

그러나 유아는 어머니 주변을 돌면서 탐색하고 정서적 재충전을 하듯 탐색을 시작하기 전에 반복적으로 어머니에게 되돌아온다.

셋째, 친교단계는 16-24개월에 해당되며 유아는 이 시기에 일종의 심리적 위기를 겪게 된다. 연습단계에서 경험했던 자기 과신 또는 전능에 대한 환상이 좌절의 경험으로 인해 도전받게 되면서 자기 능력의 한계를 인식하게 된다. 자기와 어머니가 분리된 존재이며 어머니가 항상 곁에 있어주고 자신의 욕구를 만족시켜 주는 존재가 아님도 깨닫게 된다. 자신의 능력의 한계와 어머니와의 분리에 대한 자각이 생기면서 어머니에 대한 의존욕구와 자율욕구 사이에서 심한 갈등을 경험한다. 이러한 갈등은 어머니에게 매달리거나 터무니없는 요구를 하는 행동과 자기 과신 또는 전능함을 나타내는 행동을 번갈아 보이는 것으로 표현된다. 또한 어머니를 전적으로 좋기만 하거나 또는 전적으로 나쁘기만 한 대상으로 번갈아 지각하면서 어머니에 대한 좋은 표상과 나쁜 표상을 통합시키기 시작한다.

넷째, 개별성 강화 및 정서적 대상 항상성 시작단계는 2세-4세 사이이다. 유아는 어머니에 대한 좋은 표상과 나쁜 표상을 통합시키기 시작하고 자신에 대한 좋은 표상과 나쁜 표상도 통합하여 자신의 정체성을 형성해나가기 시작한다. 이 단계에서는 언어능력이 현저하게 발달하고 정서적 대상 항상성, 즉 어머니에 대한 긍정적이고 안정된 상을 내면에 유지할 수 있는 능력이 획득되어 어머니가 없는 동안에도 심리적 위안을 받고 한동안 어머니와 떨어져 기능할 수 있는 능력이 길러진다. 대상 항상성은 개인의 일생에 대단히 중요한 기능을 한다. 대상 항상성이 있으면 타인에 대한 지각과 감정이 극단적이거나 부분적이지 않으며 타인에 대해 부정적인 감정이 느껴지는 상황에서도 긍정적 측면과 관련된 긍정적인 정서를 기억하고 발동시킬 수 있기 때문이다.

Mahler에 의하면 정상적인 아동은 분리-개별화 과정을 통해 어머니로부터 정서적으로 독립할 수 있는 능력을 갖게 된다. 아동은 자신의 정서적 유지를 위해 타인의 도움을 필요로 하지 않고 홀로서기를 할 수 있다는 것이다. 이 발달적 과제는 대개 두세 살 중에 일어나는데 건강한 아동이 되려면 반드시 통과해야 하는 필수조건이다. 정신적 홀로서기를 하지 못한 아동은 평생토록 남에게 정신적 도움을 받으면서 살아야 하는 미발달 및 정신장애인이 된다.

Mahler의 발달이론은 유아의 대상관계가 초기 양육자와의 관계 안에서 어떻게 형성되어 나가는가를 조명함으로써 유아의 정상적 심리발달과정을 이해할 수 있게 한다. 또한 유아자폐증이나 성격장애와 같은 심각한 정신장애의 초기 원인들을 파악하는 데도 크게 기여한 것으로 평가된다. 나아가 초기관계에서 경험한 부적절한 분리와 개별화가 개인의 심리적 성장뿐 아니라 부부관계나 가족관계에 미치는 부정적 영향을 이해하는 데도 유용한 개념적 틀을 제시한다.

2. Winnicott의 대상관계이론

Winnicott의 대상관계이론은 절대적 의존기에서 상대적 의존기를 거쳐 독립에 이르는 유아의 발달과정과 유아의 욕구에 부응하는 어머니의 자질과 모성적 돌봄에 관심을 갖는다. 이 이론은 초기 환경요인이 인간의 타고난 잠재력의 성장을 촉진시키며 자유롭고 창조적인 삶을 살게 하는 데 지대한 영향을 미친다는 사실을 밝혀 주었다. 특히, '충분히 좋은 어머니' 환경이 아동에게 제공될 때 아동은 창조적이고 건강한 자기를 형성할 수 있게 된다고 보았다. Winnicott에 의하면 정신장애는 유아기와 초기 아동기의 성숙과정이 잘못되었음을 보여주는 증상이다.

Winnicott에 의하면 의존은 절대적 의존, 상대적 의존, 독립의 3단계이다. 1단계인 절대적 의존 상태에서 영아는 모성적 돌봄에 대해 전혀 의식하지 못하며 모성적 돌봄에 의해 이익을 얻거나 정신장애를 갖게 되는 자리에 있을 뿐이다. 2단계인 상대적 의존 단계에서 영아는 자신에게 필요한 모성적 돌봄의 내용을 인식하게 된다. 3단계에서 유아는 독립을 향해 실제적 돌봄 없이 지낼 수 있는 수단을 발달시킨다. 독립은 환경에 대한 신뢰를 쌓아가면서 돌봄의 기억들을 축적하고 개인적 욕구를 밖으로 투사하며 돌봄의 내용을 안으로 내사함으로써 이루어진다. 그러나 완전한 독립이란 없다. 건강한 개인은 고립되어 있지 않으며 개인과 환경은 상호 의존적인 방식으로 관련을 맺기 때문이다.

유아가 절대적 의존에서 상대적 의존으로 가기 위해서는 통합, 몸과 정신의 통합, 대상관계라는 3가지 발달적 성취를 이루어야 한다. 첫째, 통합은 자아의 통합을 말한다. 자아란 존재의 연속성을 경험하는 타고난 잠재력이다. 존재의 연속성을 경험함으로써 단일 상태인 '나는 ~이다.'라는 상태를 획득할 수 있게 된다. 둘째, 몸과 정신이 통합되면 유아는 피부표피를 기준으로 자신과 자신 아닌 것을 구별하며 대상관계를 맺게 된다. 이러한 발달적 성취를 가능하게 하는 것은 부모의 돌봄이다. 만약 어머니의 모성적 돌봄 환경이 적절히 제공되지 않으면 발달에 어려움을 경험하게 된다. 아버지의 역할은 유아가 어머니의 충분한 돌봄을 받을 수 있도록 울타리가 되어 주는 데 있다.

Winnicott은 유아에 대한 어머니의 역할에 대해서 관심을 가지고 있었으며 어머니의 역할이 어떤 방식으로 이루어지는가에 따라서 유아의 발달이 달라진다고 보았다. 특별히 부모와 어머니의 개인적인 경험들이 유아를 돌보는 질적 유형에 영향을 미치며, 출생 경험과 유아기 경험은 의식으로 떠올리기 어려울지라도 결코 상실되지 않는다고 보았다.

3. 대상관계이론의 특징

대상관계이론은 인간의 관계적 측면에 관심을 갖는다. 인간은 태어나서부터 다른 존재와 만나고 관계를 형성해가는 관계적 존재이라는 것이다. Fairbairn에 따르면 유아가 초기에 맺는 대상관계의 유형은 훗날 성인이 되어서도 그대로 지속되는 경향이 있다. 세상에는 다양한 대상들이 존재하지만 사람은 자기가 어렸을 때 만났던 대상들과 비슷한 유형의 대상들을 만나는 경향이 있다는 것이다. 즉, 한번 맺어진 인간관계 유형은 계속해서 유지되고 변하지 않는다. Winnicott에 의하면 유아가 '충분히 좋은 어머니'를 경험하면 솔직한 자기모습을 찾아가고 '진실한 자기(true self)'가 형성된다. 그러나 어머니가 충분히 좋지 못한 경우 유아는 자기의 생존을 위해서 어머니와의 관계를 거짓으로 꾸며 '거짓자기(false self)'가 만들어진다. 한번 만들어진 거짓자기는 평생 변하지 않고 그대로 유지되므로 유아는 계속해서 위선적인 삶을 살아가게 된다.

대상관계이론은 인간의 본능을 관계의 추구로 본다. 대상관계이론에서 말하는 대상관계란 실제의 사람보다 내면화된 사람의 표상(representations)을 의미한다. 대상관계이론은 초기의 양육자와의 계속적인 상호작용을 통해 개인이 표상을 형성하는 과정과 표상의 특성에 따라 인간의 성격구조가 발달하는 과정을 설명하는 이론이다. 아동과 부모의 계속적인 상호작용은 아동에게 정서적 기억의 과정을 거쳐 타인에 대한 이미지로 축적되며 자기 이미지는 타인의 반응 속에서 발달한다. 즉, 어머니가 아동을 잘 보살피면 아동은 정서적으로 만족스러운 느낌을 경험하며 이것이 되풀이되고 기억이 반복되면 어머니에 대한 이미지 또는 표상으로 내재화된다. 이렇게 형성된 대상표상은 아동의 대인관계를 결정하는 틀이 된다. 대상표상은 자기와 타인을 지각하는 인지적 구조이며 자기와 타인에 관해 긍정적이거나 부정적인 정서적 반응양식이다. 또한 관계에 정서를 투자하는 능력이기도 한다. 정서는 대인관계의 원인이자 결과로 대인관계를 추구하는 동기가 되며 대인관계의 결과로 경험하게 되는 것이기도 하다. 대인관계의 경험이 축적됨에 따라 대상표상의 내용과 구조가 복잡해지고 풍부해지며 항상 정서로 연결되어 있다. 즉, 정서는 대인관계를 시작하고 유지하며 대인관계에 의해 유발되는 대인관계과정의 핵심적 요소이다.

대상관계이론가들은 인간 행동의 핵심적 원리가 대략 3세 전후에 정해진다고 주장한다. 주로 어머니로 대표되는 양육자와 아동의 최초 3년간의 상호작용의 특성에 따라 아동에게 대상표상(object representations)이 내면화된다는 것이다. 대상표상은 자기표상과 타인표상으로 구성되며 표상의 건강성 또는 적응성은 분열(split-off), 통합(integration), 대상 항상성(object constancy)으로 설명된다. 분열이란 자기표상과 타인표상에서 좋은 부분과 나쁜 부분이 함께 지각되지 않는 상태를 의미하고, 통합은 한 표상 안에서 좋은 부분과 나쁜 부분이 동시에 지각되는 경우를 말한다. 분열된 대상표상은 출생 후부터 약 2년간 어머니가 아동의 욕구를 지속적으로 좌절시킬 때 형성된다. 반면 통합된 대상표상은 충분히 좋은 어머니가 아동의 욕구에 충분하게 반응했을 때 형성된다. 표상의 통합정도는 성장하면서 성숙하고 풍부해지지만 분열이 심한 표상은 성장해도 변하기 어렵다. 분열이 심한 대상표상의 예는 정신분열증이나 성격장애, 만성적인 불안이나 우울이다.

4. 대상관계이론의 주요개념

대상관계이론의 주요개념은 대상관계(object relations), 내면화(internalization), 분열(splitting), 투사적 동일시(projective identification) 등이다. 구체적인 내용은 다음과 같다.

대상관계는 실제 관계와는 구별되며 생애 초기 주요 타자들과의 관계에서 경험한 것이 정신적 표상과 자기-타자 상호작용(self-other interactions)의 틀로 내면화된 것을 의미한다. 대상관계는 자기표상(self-representation)과 대상표상(object-representation) 그리고 이 둘을 연결하는 정서상태로 구성된다. 표상이란 자신과 대상에 대해 갖는 정신적인 상을 말하는데, 객관적 상황을 있는 그대로 반영하기보다는 주요타자와의 관계에서 개인이 주관적으로 지각하고 경험한 바를 나타낸다. 생애 초기 유아는 어머니로 대표되는 주요 양육자와 상호작용하면서 그 대상과의 경험과 그 경험에 수반되는 정서상태까지 내면화하여 대상표상을 형성하게 된다. 따라서 대상표상이란 대상에 대한 지각과 사고만이 아니라 대상에 대한 기억, 감각, 대상의 태도나 행동에 대한 기대, 이와 관련된 정서와 상황에 대한 표상까지 포함한다. 유아의 내면세계에는 대상에 대한 표상뿐 아니라 자기에 대한 표상도 존재한다. 이러한 자기표상은 양육자와의 경험을 바탕으로 내면화된 것으로 자기에 대한 지각, 정서, 감각, 기억, 기대 등을 포함한다. 언어가 발달하기 이전의 시기에 유아가 적절한 관심과 애정을 경험하면 표상의 긍정적 측면과 부정적 측면들은 긍정적 측면이 우세한 가운데 하나의 통합된 구조로 형성하게 된다. 주요 타자들이 일관되게 보여주는 적절한 관심과 보살핌은 유아의 내면에 자신과 대상에 대해 긍정적 지각과 정서가 부착된 긍정적 표상으로 자리 잡게 되고 이것이 타인과 세상에 대한 근원적 신뢰감으로 뿌리내린다. 즉, 주요 타자와의 만족스러운 관계 경험은 긍정적이고 통합된 자기표상과 대상표상으로 내면화될 뿐 아니라 자아 기능의 건전한 발달을 촉진한다. 반면, 유아가 충분한 애정과 보살핌을 받지 못하고 반복적으로 거부 또는 무시당하거나 처벌을 받으며 성장한다면 유아의 내면에 형성되는 표상들은 대체로 부정적인 성격을 띤다. 즉, 자신과 대상에 대한 표상이 주로 부정적 지각과 정서로 구성되고 자신과 타인에 대한 경험 중 부정적인 측면만이 지각되는 경향이 있다. 그 결과 낮은 자존감이 형성되고 타인에 대해서도 왜곡된 지각과 부정적인 정서가 지배적이기 때문에 성인이 되어서도 대인관계에서 심각한 어려움을 겪게 된다. 이러한 부정적이거나 불안정한 관계 경험은 자아의 발달을 저해하기 때문에 취약한 자아구조가 형성되어 심리적 적응을 저해하게 된다.

내면화는 유아가 환경이나 대상의 특성을 내면으로 받아들여 자기의 특성으로 변형시키는 심리적 기제를 말한다. 유아의 초기 관계 경험은 내면화의 과정을 거쳐 개개인의 독특한 대상관계로 형성된다. 개인의 내면에서 자기와 대상이 분별되는 정도에 따라 함입(incorporation), 내사(introjection), 동일시(identification) 세 가지로 구분된다. 첫째, 함입은 가장 초보적 수준의 내면화로서 자기와 대상을 구분하는 분명한 심리적 경계가 형성되기 이전에 대상의 특성이나 대상과의 경험이 개인의 내면으로 받아들여져 미분화된 것을 말한다. 둘째, 내사는 자기와 대상이 어느 정도 분화되어 대상의 행동, 태도, 기분, 분위기 등이 자기 이미지로 융화되는 것이 아니라 대상이미지로 보존되는 것을 말한다. 내사된 대상은 실제 대상과 반드시 일치하지는 않지만 자기 내면세계에서 정서적인 힘을 행사할 수 있을 정도로 충분히 생생하게 내면화된 대상을 의미한다. 내사된 긍정적 대상은 이후의 모든 긍정적 대상관계의 근원이 되며 개인이 자신을 긍정적으로 지각하고 힘든 상황에서 스스로를 위로하고 돌보는 능력이 발달하는 기초가 된다. 한편, 내사된 부정적 대상은 개인이 자신을 부정적으로 지각하고 느끼고 처벌적으로 대하거나 타인들에 대해서도 그런 태도를 갖게 하는 강력한 심리적 힘을 행사한다. 셋째, 동일시는 내사된 대상의 특성들을 선별적으로 받아들여 자기표상으로 동화시키는 것을 말한다. 함입이나 내사보다 좀더 선택적이고 세련된 내면화기제라고 할 수 있다. 동일시는 초기발달과정에서 끝나는 것이 아니라 일생동안 계속된다.

분열은 유아가 초기 양육자와의 경험에서 지각하는 양육자의 좋은 측면과 나쁜 측면을 동시에 받아들이지 못하고 대상이나 자신의 갈등적, 이질적 측면들을 양분하여 한번에 어느 한 측면만을 의식적인 차원에서 경험하고 다른 측면은 의식에서 배제하는 것을 말한다. 분열기제가 작동하면 대상이나 자기 자신의 이질적이고 상충되는 측면들을 좋거나 나쁜 것으로 나누게 된다. 그러므로 대상은 유아의 의식세계에서 아직 온전한 대상이 아니라 부분대상으로 지각되고 경험된다. 예를 들면, 자기의 욕구를 좌절시키는 부정적인 측면이 의식적 차원에서 경험될 때는 긍정적 측면이 유아의 의식차원에서 배제되어 대상이 전적으로 나쁜 사람인 것처럼 지각된다. 분열된 내면경험이나 지각이 통합되어 한 대상 속에 좋은 측면과 나쁜 측면이 모두 있다는 사실을 유아가 이해하고 수용하려면 다양한 경험들을 기억하고 비교할 수 있는 인지적 능력의 발달이 요구된다. 또한 유아가 겪는 좌절 경험이 유아의 내적 평형을 과도하게 위협하지 않을 정도로 어머니와의 경험이 유아에게 만족스러워야 한다. 초기 발달과정에서 유아가 겪는 좌절경험이 만성적이거나 과도하고 지나치게 높은 불안수준이 지속되면 자아의 통합기능이 제대로 발달하지 못하기 때문에 대상이나 자기의 다양한 특성들이 서로 통합되지 못하고 단편적인 상태로 남아 있을 수 있다. 좋은 측면과 나쁜 측면은 대상에게서만 발견되는 것이 아니라 자신의 내면세계에서도 발견된다. 자신의 어떤 측면이 좋은 것이고 어떤 측면이 나쁜 것인지는 유아가 다른 사람, 특히 어머니와의 관계 안에서 경험하는 것을 바탕으로 결정된다. 유아의 어떤 부분이 어머니로부터 거부되거나 불쾌한 반응을 일으킬 때 그 부분은 나쁜 것으로 지각되고 어머니로부터 긍정적 반응을 초래할 때 그 부분은 좋은 것으로 지각된다. 유아는 자기라는 한 개체 안에 좋은 부분과 나쁜 부분이 공존한다는 것을 이해하고 수용하기 힘들기 때문에 이것을 이해하도록 하는 과정에서 어머니의 역할이 크다. 유아의 나쁜 부분이 발동될 때 어머니가 거부하는 경험이 충격적이고 이러한 충격적 경험이 반복되면 유아의 내면세계에서는 좋은 부분과 나쁜 부분의 구분이 지나치게 경직되고 고착되며 나아가 자신의 나쁜 부분을 제거되어야 할 위협적인 부분으로 여길 수 있다. 따라서 자신의 내면세계에 좋은 부분과 나쁜 부분이 공존하고 있다는 사실을 받아들여 통합된 자신으로 수용하지 않고 나쁜 부분을 억압하거나 없애려고 노력하게 된다. 유아기의 분열은 정상적인 발달과정에서 발생하는 현상이다. 그러나 분열이 지나치게 경직되어 통합에 실패하는 경우 다른 사람이나 자신의 다양한 특성을 있는 그대로 보고 수용하지 못하고 '좋다'나 '나쁘다'의 이분법적 관점에서 지각하게 되어 심리적 부적응의 원인이 될 수 있다. 또한 자신의 나쁜 측면에 대한 지나친 자각은 개인에게 갈등, 불안, 수치심, 혼란 등을 불러일으키는 심리 내적 근원이 된다.

투사적 동일시는 분열의 기제가 강하게 작동하는 성인이 나쁜 부분을 수용하지 못하고 분리시키며 자신으로부터 제거하려는 시도를 하는 것을 말한다. 자신이 수용하기 힘든 내적 상태나 특성을 다른 사람들에게 투사하여 다른 사람들의 상태나 특성처럼 느끼거나 행동하도록 유도하는 무의식적 심리적 기제를 말한다. 즉, 자신의 내면세계를 외부에 투사하는 데 그치지 않고 다른 사람이 특정한 방식으로 반응하거나 행동하도록 교묘히 조종하여 투사에 합류하게 압박하는 과정을 말한다. 예를 들면, 자신의 의존 욕구를 받아들이지 못하는 사람이 다른 사람에게 이 욕구를 투사하여 상대방에게 끊임없이 도움을 제공하거나 상대방의 자율성의 표현을 좌절시킴으로써 상대방이 자신과의 관계에서 자신을 의존적인 존재로 느끼고 행동하게 만드는 것이다. 이처럼 투사적 동일시는 개인 내적 심리기제인 투사가 대인관계적 성격을 나타내는 것이다. 투사되는 부분에는 자기의 특성뿐 아니라 내면화된 자기표상이나 대상표상도 포함된다. 예를 들면, 부모에게 학대받고 성장하면서 가학적 대상표상과 무기력한 자기표상의 대상관계를 내면화한 사람은 현재 배우자와의 관계에서 거부적이고 학대하는 대상을 배우자에게 투사하여 배우자가 가학적인 역할을 하도록 유도하고 자신은 무기력한 희생자의 역할을 함으로써 내적인 대상관계를 현재의 외적 관계에서 재현할 수 있다는 것이다. 이러한 사람은 자녀들과의 관계에서는 자녀에게 부적절하고 무기력한 자기표상을 투사하고 자녀를 무가치한 존재로 대하고 학대하여 자녀에게는 희생자의 역할을, 자신에게는 가학적인 대상의 역할을 부가함으로써 대상관계를 재현할 수도 있다. 투사적 동일시는 자신의 내면세계의 나쁜 부분을 제거하여 다른 사람에게 수용되고 좋은 관계를 형성하려는 긍정적이고 본능적인 무의식적 의도에서 출발한다. 그러나 대인관계에서 부적응적 행동을 유발하고 분열을 강화하는 결과를 초래하는 경우가 많으므로 부부관계나 가족관계의 역기능적인 측면을 이해하는 데 중요한 부분이다.

제 3 절 대상관계이론의 실천과정과 실천기술

대상관계이론에서는 초기의 발달적 결손이 장애를 초래한다고 본다. 충분히 좋은 보호자의 결여, 반영의 부족, 대상표상의 분열이 안정된 자아의 형성과 온전한 통합을 저해하기 때문이다. 그러므로 치료의 궁극적 목표는 클라이언트가 역기능적인 개인 내적 역동에 대한 통찰을 얻고 자아기능을 강화하며 온전한 대상관계를 형성함으로써 자신과 다른 사람들에 대해 좀더 현실적이고 수용적인 태도를 갖게 하는 것이다. 대상관계이론에 의하면 성장과정에서 미해결된 욕구나 갈등이 많은 사람일수록 다른 사람들을 있는 그대로 보고 받아들이지 못하고 과거경험에서 내사된 대상으로 지각하고 반응하여 무의식적으로 상대방에게 부과된 역할을 강요한다. 그러므로 병리는 현재의 대인관계경험이 실제상황이나 관계를 반영하는 것이라기보다 클라이언트의 내적 대상관계에 의한 것으로 볼 수 있다. 이러한 이유로 치료적 개입에서는 분열, 투사, 투사적 동일시와 같은 무의식적 기제에 근거한 상호작용과 그 원인에 대한 통찰을 얻게 하고 억압되거나 다른 사람들에게 투사시킨 부분들을 통합하여 온전한 대상관계를 형성할 수 있도록 클라이언트를 돕는 데 초점을 둔다.

개입 초기에 클라이언트와 치료적 동맹을 형성하는 과정에서 사회복지사는 클라이언트가 수용하지 않거나 억압했던 부분들을 경험하고 재발견할 수 있도록 수용적인 분위기를 형성할 수 있도록 노력한다. 이 과정에서 클라이언트가 역기능적 패턴과 투사적 동일시에 대한 통찰을 얻고 훈습과정을 통해 과거경험으로부터 내면화된 무의식적 대상관계를 넘어 지금-여기의 현실에 더 적합하게 반응할 수 있도록 도와준다. 개입기법은 비지시적이며, 행동변화를 위한 구체적 지침이나 방향을 제시하기보다는 탐색과 통찰을 목적으로 하는 기법들이 주로 사용된다. 주요 기법은 유지(holding), 해석, 지금-여기의 경험다루기, 역전이의 활용 등이다.

유지는 개입목표를 달성하기 위해 사회복지사가 가져야 할 태도이자 기능이다. 유지는 어머니가 유아의 욕구와 내적 상태를 공감적으로 알아차리고 적절하게 반응함으로써 유아가 어머니로부터 이해받고 사랑받는다는 느낌을 갖게 하는 것처럼 사회복지사가 클라이언트의 경험을 정서적 차원에서 이해하고자 하며 클라이언트의 욕구와 내적 상태를 민감하게 알아차리고 수용적 태도를 견지하는 것을 말한다. 유지는 말을 통해 클라이언트에게 전달될 수 있고, 클라이언트의 경험의 본질에 대한 깊이 있는 이해와 수용적 태도, 클라이언트의 불안이나 갈등을 감당해내는 능력을 보여줌으로써 클라이언트에게 전달될 수 있다. 사회복지사가 클라이언트와의 관계에서 유지를 일관되게 보여주면 클라이언트도 점차 자신과 다른 사람들을 이해하게 될 것이다.

해석은 사회복지사가 클라이언트의 경험과 문제에 대해 이해하고 사회복지사의 이해를 클라이언트와 함께 나눌 수 있게 하는 기법이다. 그러므로 사회복지사가 클라이언트의 역동이나 경험에 대해 이해한 바를 일방적으로 전달하고 클라이언트가 수동적으로 이를 받아들이는 일방적인 기법이 아니다. 오히려 클라이언트가 사회복지사의 해석에 대해 반응하고 사회복지사의 관점을 수정할 수 있는 기회를 제공함으로써 사회복지사와 클라이언트가 공동으로 클라이언트의 내적 경험에 대해 이해할 수 있게 하는 상호적인 기법이라고 할 수 있다. 해석은 언어적 해석뿐 아니라 행동적 해석으로도 가능하다. 행동적 해석은 사회복지사가 클라이언트의 역동에 대한 이해를 말이 아닌 태도나 얼굴표정, 면담을 진행하는 방식 등 행동으로 표현하는 것을 말한다. 언어적 해석뿐 아니라 행동적 해석도 치료적 관계형성과 치료효과에 큰 영향을 미친다.

지금-여기 경험 다루기는 사회복지사가 클라이언트와 경험을 공유하며 즉시적으로 경험을 분석함으로써 더욱 설득력 있는 개입을 할 수 있게 한다. 클라이언트의 대상관계는 지금-여기에서 사회복지사와의 관계에서 재현되기 때문에 지금-여기의 개입장면에서 일어나는 사건이나 경험을 중요하게 다룰 필요가 있다. 클라이언트의 대인관계양식은 사회복지사와의 관계에서도 반복되어 나타나는 경향이 있으므로 사회복지사는 클라이언트의 이러한 행동양식이 나타날 때 적절히 다룰 수 있어야 한다. 나아가 사회복지사와의 관계에서 기존의 대상관계와는 다른 대안적 사고와 행동을 모색하고 시도하도록 격려해야 한다. 즉, 대상관계이론에서는 대상관계로 내면화된 과거 경험이 현재의 관계에 어떠한 영향을 미치는가를 탐색하고 파악하며 나아가 사회복지사와의 관계를 통해 기존의 대상관계를 변화시킬 수 있게 돕는다.

역전이의 이해와 활용은 사회복지사가 클라이언트의 투사적 동일시로 유발된 반응을 깊은 수준에서 공감하고 클라이언트의 내면세계와 역동을 파악하며 치료적으로 다루는 것이다. 역전이 반응이 치료적으로 활용되려면 사회복지사가 자신의 역전이를 충분히 자각하고 경험하며 이에 대한 통찰을 얻어냄으로써 자신의 반응을 클라이언트 역동과 연결시켜 이해할 수 있어야 한다. 개입과정에서 사회복지사가 지루함이나 혼란스러움, 분노, 죄책감, 무력감 등과 같은 감정적 반응을 경험하는 경우, 사회복지사는 이를 자각하고 이것이 자신의 문제로 인해 유발된 것인지 아니면 클라이언트의 내적 역동과 관련되어 촉발된 것인지를 구분하고 다루어 나가야 한다.

제 4 절 사회복지실천의 유용성과 한계

대상관계이론은 자기분석을 통해 성장하려는 의지를 지닌 클라이언트에게 적용하기가 용이하다. 즉, 자신의 내면적 갈등에 대한 이해와 통찰력을 획득함으로써 자기 문제의 원인과 해결방안을 찾고자 하는 클라이언트나 자아성장을 위해 장기간에 걸쳐 자기분석에 관심이 있는 클라이언트에게 적합할 수 있다. 그러나 단기간에 궁극적인 해답을 원하는 클라이언트에게는 적용하기 쉽지 않다. 통찰력이나 문제인식, 이해가 빈약한 클라이언트에게는 저항감을 유발할 수 있고, 비자발적이거나 문제해결 의지가 약한 클라이언트에게 적용하는 해석이나 직면은 클라이언트의 반감을 초래할 수도 있다. 아울러, 아동 양육 전담자인 여성에 대한 합리화된 비난은 인간의 발달과정에서 남성과 아동에 의해 행해지는 부분을 지나치게 경시하는 경향이 있다.

참고문헌

김병국. (1999). 관계문제로서의 정서행동장애: 대상관계이론적 접근. 『특수교육학연구』, 34(2), 257-275.

김진숙. (2002). 대상관계이론의 이해. 한국미술치료학회 학술발표대회, 『제40회 미술치료연수회 자료집』(pp. 43-59).

원성희 · 유영달. (2006). 예비부모교육 프로그램의 개발과 적용: D. W. Winnicott의 대상관계이론을 중심으로. 『한국가족관계학회지』, 11(1), 1-33.

Mahler, M. S. (1952). *On human synbiosis and the vicissitudes of individuation*. New York : International Universities Press.

Winnicott, D. W. (1953). "Transitional objects and transitional phenomena". *International Journal of Psychoanalysis*, 34, 89-97.

제 8 장

자기심리학이론

제 1 절 자기심리학이론의 역사적 발달

1942년 미국에서 Kohut으로부터 유래되었다. Kohut은 자신이 치료한 클라이언트들의 자기애가 전통적 정신분석이론과 잘 맞지 않는다는 것을 발견하고 정신분석이론을 수정하여 새로운 이론을 발전시켰다. 정신분석이론에서 발전한 대상관계이론과 자기심리학은 성인의 정신병리학적 원인으로 유아기에 초점을 두었다. 자기심리학에 의하면 인간은 발전하고 적응 기능을 유지하기 위해 정서적으로 반응하는 인간관계 환경을 요구하며 사람들이 겪는 많은 문제들은 이러한 인간관계가 불충분한 환경에서 기인한다. 자기심리학을 적용하는 실천가들은 클라이언트의 적응 기능 강화를 위해 클라이언트의 심리적 요구에 반응하고 클라이언트가 자신의 인간관계에 효과적으로 영향을 줄 수 있게 돕는다. 만성적으로 결핍된 반응성으로 인해 인간관계 환경에서 발달과정이 멈춘 클라이언트에게는 손상된 정신적 구조를 재형성하기 위해 장기적인 개입이 필요하다.

정신분석이론의 영역을 뛰어넘는 자기심리학의 발전은 여러 경로로 지속되었다. 임상과 치료의 이슈들에서 다른 관점을 갖지만 장기 정신분석적 정신치료의 맥락에서 이론을 검토하거나 집단, 가족, 부부 및 개인에 대한 단기적 개입, 아동복지, 아동의 훈련, 대규모 인구의 건강 관련 위험행위 등에 대한 실천에서 적절성을 검토되고 있다. 사회복지사들은 자기심리학이론의 초기부터 이 이론을 접해왔고, 1970년 시카고대학에서 Kohut을 초청하여 세미나를 진행하면서 사례에 대한 논의와 분석을 했으며, Kohut의 사망 이후에도 많은 사회복지사들이 이 이론을 발전시키고 실천에 적용하는 것을 지속하고 있다.

제 2 절 자기심리학이론의 개관

1. 자기심리학이론의 특징

Kohut에 의하면 인간의 심리구조는 유아기 때 자기대상의 경험에 따라 결정되며, 자기발달의 깊이가 이후의 삶의 질을 결정한다. 건강한 자기(healthy self)는 굳건하고 담대하며 생명력과 소신을 가진다. 건강한 자기는 지속적인 자기대상의 경험에 의해 발달된다. Kohut에 의하면 자기대상은 자기가 아닌 외부의 대상을 자기 자신으로 느끼는 경험이다. 건강한 유아는 어머니를 독립적으로 존재하는 대상으로 여기지 않고 자기 자신의 일부라고 여기고 아버지도 어머니와 마찬가지로 여긴다. 이것이 원시적인 밀착이자 동일시의 경험이며 이러한 정서적인 체험이 자기발달에 필수적이라고 본다.

2. 자기심리학이론의 주요개념

자기심리학이론의 구성요소는 자기응집과 자기분열, 자기의 기본구조, 자기대상욕구와 기능, 방어기제의 역할, 발달에 대한 희망적 시각 등이다. 구체적인 내용은 다음과 같다.

자아는 응집과 분열의 연속성으로 평가될 수 있다. 그러므로 비교적 응집적인 자아를 가진 사람이라도 자기분열의 상태를 경험할 수 있다. 개인은 자존감을 조절할 수 있는 능력으로 스트레스를 통제, 점검하고 자기응집을 표시하는 현실적 목표를 추구한다. 자기응집 상태에서 개인은 활력, 자가치료, 집중, 건강함을 느낄 수 있으며 사회적, 직업적으로 역할을 잘 수행할 수 있다. 자기분열상태에서 개인은 무기력, 절망, 혼란, 산만함, 역할수행의 어려움을 느낀다. 중독, 우울증, 불면증, 자살, 신체적 편견, 사회적 부적응 등은 자기분열상태를 표시하는 것일 수도 있다.

자기(self)는 의욕(ambition), 이상(ideal), 쌍둥이관계(twinship)의 삼각구조이며, 이것이 일생동안 경험을 통해 발전된다. 의욕은 유일함, 활력, 독특함의 경험들로 구성되며, 이상(ideal)은 안정, 지지, 정신적 고양의 경험으로 구성된다. Kohut은 자기가 초기 가상자기를 가지고 태어나며 이 가상자기와 환경 간의 상호관계의 결과로서 삼각구조 안에서 발전한다고 했다. 이 삼각구조는 이상화의 욕구(안정, 지지, 고양)와 반영적 욕구(칭찬, 인정, 존경), 쌍둥이관계 욕구(동일한 반응과 수용)의 3가지 욕구로 구성된다. 3가지 욕구가 이해되고 적절한 반응을 얻게 되면 자기구조는 삼각구조 안에서 형성되지만 어떠한 욕구든 반복적으로 잘못 이해되고 무시되면 자기구조는 발전에 실패하게 된다.

자기심리학이론의 주요구성요소 중에는 자기대상(selfobject), 자기대상욕구(selfobject need), 자기대상기능(selfobject function)이 있다.

자기대상욕구는 반영적(mirroring) 자기대상욕구, 이상적(idealizing) 자기대상욕구, 쌍둥이관계(twinship) 자기대상욕구이다. 반영적(mirroring) 자기대상은 아이가 사랑스러워서 아이를 숭배하듯 대해주는 어머니의 눈길이자 늘 인정하고 믿어주는 마음이다. 유아가 이러한 반영을 경험할 때 비로소 자기 자신을 느끼기 시작하며 심리내면에 생기가 가득차고 자신감이 생긴다. 반영적 자기대상으로 인해 세상이 아름다워 보이고 자기의 존재가 커 보이며 활발한 삶을 살게 된다. 그리고 자기 자신의 꿈을 갖게 되고 이것을 성취할 수 있다고 자신한다. 자신의 능력이 위대하고 못할 것이 없다고 느끼며 하면 된다는 소신과 뚜렷한 주관을 갖게 된다. 이상적(idealizing) 자기대상은 주로 아버지로부터 경험된다. 유아는 자기의 힘을 과시하고 싶어하는데 세상을 정복하고 자신들을 책임져 주는 아버지를 보면서 유아는 아버지를 신처럼 느끼고 위기와 위험에서 아버지가 자신을 구해줄 것이라고 믿는다. 유아는 그런 아버지를 가진 자기 자신에 대해 만족하므로 늘 안정감과 보호받는 느낌을 가진다. 그리고 아버지처럼 되고 싶다는 열망 속에 아버지의 이상과 가치를 자기 것으로 삼는다. 그 결과 동물적 충동들은 절제되고 아버지가 속해 있는 사회 공동체의 일원으로서 책임 있게 살겠다는 건강한 의식을 갖기 시작한다. 쌍둥이관계(twinship) 자기대상은 자기와 비슷한 대상을 경험하는 것이다. 여아가 어머니와 함께 식사 준비를 한다든지, 남아가 아버지와 공구로 무엇인가를 만드는 순간 부모와 하나가 된 느낌을 갖는다. 아주 가까운 일대일 관계로 함께 창조적인 일을 하면서 상대방과 자기가 비슷하며 쌍둥이 같다는 기분을 느낀다. Kohut에 의하면 사람은 이러한 심리 경험을 할 때 기술과 재능을 개발할 수 있다. 즉, Kohut의 자기심리학이론은 유아기에 반영적 자기대상, 이상적 자기대상, 쌍둥이관계 자기대상을 얼마나 지속적으로 경험하는가에 초점을 맞춘다. 세 가지 자기대상 경험이 인간의 정신적 실존과 생존에 중심이 되며 심리구조의 재구성을 도와준다고 본다.

자기대상기능은 자기대상욕구에 대한 적절한 반응을 말한다. 개인간의 반응이 자기대상기능을 제공하는지 여부를 아는 유일한 방법은 반응이 자기응집을 강화하는 결과를 낳는지 여부를 확인하는 것이다. 자기심리학은 자기의 발달을 개인의 자기대상욕구에 대한 정서적 반응의 경험적 결과로 본다. 외부로부터 제공된 자기대상기능은 '내면화로의 변형' 과정을 통해 점차 자아기능으로 내면화된다. Kohut은 자기구조의 발전은 자기대상욕구의 좌절을 필요로 한다고 보았다. 즉, 자기대상욕구가 완전히 이해되고 충족된 아동은 자기대상기능을 내면화할 필요성이 상실되어 결국 외부자원에 의존적인 상태가 될 것이다. 그러나 외부자원의 정서적 반응이 감소하는 것은 아동은 그들 자신의 반영, 이상화, 쌍둥이관계 기능을 내면화할 동기를 제공한다. 정서적 반응의 감소가 너무 잦거나 심각하지만 않다면 자기구조의 점진적 형성을 유발한다. 즉, 자기구조는 정서적 반응의 점진적 감소의 결과로 발전한다.

한편, 응집된 자기구조를 가진 성인들도 스트레스, 좌절, 손실, 질병 등을 겪는 동안 자기응집상태를 유지하거나 회복하기 위해서 자기대상기능이 외부적으로 제공될 필요성을 경험할 수 있다. 이러한 일시적 자아분열이나 혼란들은 발달과정 중 정서적 반응의 만성적인 퇴행으로 인해 생기게 된다. 이 경우 자기심리학에서는 전이를 통해 자기대상 욕구에 반응하도록 한다. 즉, 클라이언트가 자신의 상태를 잘 파악하는 공감적 반응을 해줄 수 있는 대상을 만나고 전이를 통해 반영, 이상화의 강한 욕구를 표현할 수 있게 됨으로써 혼란이나 일시적 자아분열에서 자아응집의 상태로 회복될 수 있다고 본다.

사람들이 자주 사용하는 방어기제는 회피와 부정이다. 회피는 고통스런 감정에 대한 가장 근원적인 방어기제이다. 유아들은 주의를 다른 곳으로 돌리거나 잠들어서 불쾌한 감정을 회피한다. 성인들은 예상되는 자아의 상처를 막기 위해 사회적 교류를 철회한다. 부정은 위협적인 사건에 대한 인식과 감정의 고통스러운 연결을 무의식적으로 막음으로써 그 사건과 관련된 불쾌한 감정을 인지하지 않는 것이다. 자기의 근원적 혼란을 겪는 사람들은 공상으로 구성된 방어기제를 갖는 경향이 있다. 예를 들어 사회적 회피와 소원성취의 공상으로 은둔하거나 약물남용 등을 통해 자기분열과 그 빈도를 줄이게 된다.

자기심리학은 발달에 대해 희망적인 시각을 갖고 있다. 자기심리학은 유년기를 자기구조발달의 중요한 시기로 생각하지만 발달을 끝이 없는 지속적인 과정으로 본다. 즉, 자기혼란은 영구적인 인성이 아니며 충분히 반응적인 인간과의 환경에서 새로운 균형을 형성할 수 있는 역량과 자존감의 증가로 발달, 진보할 수 있다고 보는 것이다.

제 3 절 자기심리학이론의 실천과정과 실천기술

사회복지사는 클라이언트의 현실에 대한 주관적 경험을 이해하려고 노력하며 자기심리학의 관점으로 개입한다. 자기심리학은 단기개입에 초점을 맞추며 이를 위해 개입목적을 한정하거나 전이과정을 감소시킨다. 개입과정은 계약, 사정, 개입, 종결의 단계로 나뉠 수 있다. 각 단계의 특징은 다음과 같다.

계약단계에서 사회복지사는 클라이언트의 감정을 이해하는 데 집중한다. 클라이언트의 감정을 이해하는 것이 중요하기 때문에 클라이언트의 사건에 대한 해석에 이의를 제기하지 않는다. 클라이언트의 감정에 집중하는 이유는 두 가지이다. 첫째, 감정은 모든 행위에 대해 주된 동기를 제공하기 때문이다. 둘째, 자기심리학이론은 근본적인 인간의 요구를 이해하고 수용하는 것을 고려하기 때문이다.

사정단계에서 주요 초점은 클라이언트의 상대적인 자기응집력이며 사회복지사는 클라이언트의 최근 사례를 보면서 자기혼란과 자기분열상태의 경험 여부를 결정해야 한다. Kohut은 과학적 도구로서 감정이입의 중요성을 강조했다. Basch는 감정이입과 내면화를 통해 자료를 수집하고 사용하기 위해서는 상호작용을 통해 클라이언트가 자신에게 영향을 미치는 감정에 집중하게 하고 사회복지사가 객관적 관점에서 관찰하며 클라이언트의 감정적 반응이 행위나 언어적 메시지와 관련이 있는지 확인할 것을 제안한다. 클라이언트의 자기대상욕구에 관한 정보는 전이를 통해 표현되며 단기개입과정에서 사회복지사들은 클라이언트의 인간관계유형을 검토함으로써 클라이언트의 자기대상욕구와 방어전략에 관한 정보를 얻을 수 있다.

개입단계의 주요 초점은 자기응집력의 회복에 있으며 이를 통해 클라이언트는 이전 기능 수준을 회복할 수 있다. 이를 위해 사회복지사는 감정이입을 집중시키거나 클라이언트의 반영, 이상화, 쌍둥이관계 욕구에 반응하는 자기대상기능을 제공한다. 사회복지사는 장기적으로 통찰력 있는 개입을 통해 클라이언트에게 부족한 자기구조를 내면화하도록 돕는다. 또는 내재된 주요 혼란은 해결되지 않을지라도 단기적으로 클라이언트의 자기응집력 강화에 지지를 집중함으로써 차후에 나타날 분열의 심각성이나 빈도를 줄일 수 있다.

종결에서는 클라이언트의 주관적 경험과 감정을 이해하는 데 집중해야 한다. 클라이언트가 종결이 가까워짐에 따라 가벼운 자기분열을 경험할 때 사회복지사는 감정을 집중하여 응집력을 회복하도록 도와야 한다. 개입기간이 길수록 종결을 준비하는 시간을 더 많이 주어야 하며 초기 수립목표와 달성 범위의 정도를 검토해야 한다. 특히 단기개입에서는 남아 있는 문제 여부를 확인하고 문제를 다루는 방법을 지지 또는 서비스의뢰 등으로 전략화해야 한다. 그리고 자기응집력 강화에 도움이 되는 다른 사람들과의 상호교류를 갖도록 권장해야 한다.

제 4 절 자기심리학이론의 유용성과 한계

Kohut에 의하면 모든 인간은 정서적 발달의 수준과는 상관없이 홀로서기를 할 수 없다. 반드시 환경이나 타인으로부터 정신적 지지를 받아야만 스스로의 정신적 건강을 유지할 수 있다. 그러므로 Kohut의 입장을 따르는 실천가들은 클라이언트의 홀로서기를 강조하지 않는다. 오히려 긍정적인 정신적 지지를 받을 수 있도록 주변 대상들을 찾고 반영적 자기대상, 이상적 자기대상, 쌍둥이관계 자기대상의 경험을 할 수 있도록 유도한다. 그러므로 일차적으로 실천가를 통해 이러한 경험을 할 수 있게 한 후 서서히 주변 환경으로부터 이러한 도움의 대상을 찾는다. 이것이 치료의 목표이다. 물론 이러한 도움의 대상은 사람일 수 있고 예술, 문학, 취미활동, 애완동물, 종교적 실체의 경험을 통해서도 가능하다. 정서적 건강을 재는 척도는 그 사람이 얼마나 홀로 설 수 있는가가 아니라 주변에 얼마나 많은 정신적 지지의 대상을 갖고 있는가에 달려 있다. 정신적 지지의 대상은 사람을 비롯한 모든 정신적 자원을 포함할 수 있을 것이다.

자기심리학이론은 실천가들이 가족구성원의 깨지기 쉬운 자기구조가 가족에게 중대한 압박을 가한다는 것을 알게 될 때 개별치료를 고려해야 한다고 제안한다. 가족이 구성원들의 반영, 이상화, 쌍둥이관계 욕구를 만족시키기 위해 집합적으로 기능할 수 있다는 자아심리학의 시각은 가족치료에 시사하는 바가 크다.

자기심리학이론은 자기중심적이고 경계의 문제를 지닌 클라이언트에게 개입할 때, 특히 집단치료에 유용하다고 할 수 있다. 자기심리학이론에 의한 집단은 개별구성원들의 자기응집력을 강화하거나 회복시키는 데 집중한다. 집단구성원, 지도자는 자기대상기능의 잠재적 자원이며, 전체로서의 집단은 구성원들을 위한 자기대상기능의 자원으로서 작동할 수 있다. 따라서 자기분열을 경험하고 있는 구성원은 전체로서의 집단에 참여하는 것을 통해서 응집력을 다시 얻을 수 있을 것이다.

자기심리학이론은 실제로 발달이론, 정신병리학이론, 치료이론 등 세 가지가 합쳐진 것이기 때문에 클라이언트를 이해하고 다루기 위한 종합적인 하부구조를 제공한다. 자기심리학이론은 온정, 순수성, 존중, 협력으로 대표되는 실천가와 클라이언트 간의 관계의 중요성을 강조하고 실천가의 감정이입을 중요하게 다룸으로써 클라이언트의 자기분열과 관련된 문제를 해결한다고 볼 수 있다.

자기심리학이론의 한계는 다음과 같다. 첫째, 자기심리학이론은 개인에 대한 장기적이고 집중적인 개입을 의도하기 때문에 개인, 가족, 집단을 대상으로 한 단기개입에서는 이론을 수정하지 않는 한 한계가 있다. 둘째, 실천가들이 개인의 문제를 이해하고 개입하기 위해 자기중심적인 부분에 의존하게 한다. 이러한 이유로 실천가들은 클라이언트에게 영향을 주는 정치, 경제, 사회적 영향력에 대해 인지하여 개입전략의 영역을 확장할 필요가 있을 것이다. 셋째, 자기심리학이 다양한 문화집단에 적용 가능한가에 대한 의문이다. 자기심리학이론은 서양 문화의 전통을 표현한다. 서양에서는 강한 자기에 가치를 부여하지만 동양에서는 강한 자기가 이기심처럼 미숙한 발달의 신호로 여겨져 이를 초월하는 것이 더 바람직한 목표가 될 수 있다. 넷째, 중요한 발달 변수로 성(gender)에 대한 고려가 없다. 다섯째, 자기심리학이론은 자아의 주요 혼란 또는 부차적 혼란을 겪는 클라이언트에게는 유용하나 정신병리적 문제가 심각한 클라이언트에 대한 개입에는 덜 유용할 수 있다. 여섯째, 감정적 반응을 강조한 감정이입 등은 사회복지실천에서 적용 가능하지만 구체적인 서비스 제공이나 의뢰 등의 실천상황에서는 적합하지 않을 수 있다.

참고문헌

김병훈. (2001). 교회는 정신적 산소의 장: 치유적 심리경험의 본질과 기능에 관한 정신분석학적 연구. 『목회와 상담』, 1, 113-143.

최의헌. (2001). Kohut의 자기 이해: 자아심리학과 대상관계 이론과의 연관성. 『기독교상담학회지』, 2, 105-126.

Kohut, H. (1979). The two analysis of Mr. Z. *International Journal of Psychoanalysis*, 60, 3-27.

Kohut, H. & Wolf, E. (1978). The disorders of the self and their treatment : An outline. *International Journal of Psychoanalysis*, 59, 413-425.

Martin, J. I. (2001). Self-psychology theory. In P. Lehmann & N. Coady (Eds.), *Theoretical perspectives for direct social work practice: A generalist-eclectic approach*(pp. 145-161). New York: Springer Publishing Company, Inc..

제 9 장

인지행동이론

제 1 절 인지행동이론의 역사적 발달

1950년대와 1960년대 행동주의이론이 발전하면서 인지행동이론은 임상장면에서 체계적으로 적용하기 위한 심리치료 분야로 발전하게 되었다. 심리학의 발전시기에 따라 '행동주의이론', '행동수정'이라는 용어로 사용되기도 했는데, 1970년대 후반부터 인지심리학이 발전하면서 '인지행동이론'이라는 용어가 쓰이게 된 이래 대부분의 연구에서 인지행동이론이라는 용어를 사용하고 있다.

초기 행동주의이론은 1950년대 고전적 학습이론과 조작적 학습이론에 기초하여 체계적인 연구가 정착되면서 발전했다. 행동치료는 1900년대 Pavlov에 의해 시작되었으며 동물실험을 통해 행동적 반응은 자극을 제공함으로써 얻어진다는 고전적 조건화의 개념을 발달시켰다. Skinner는 관찰 가능한 행동에 초점을 맞추어 환경적 조작 자극을 통해 목표행동을 얻는 조작적 조건화의 개념을 제시했다. 그 후 영국, 남아프리카, 미국을 중심으로 학습이론의 원리를 심리장애의 치료에 적용하게 되었다. 영국과 남아프리카에서는 고전적 학습이론에 기초하여 불안의 치료와 연구에 중점을 두면서 '행동주의이론'의 발전에 기여했으며, 미국에서는 조작적 학습원리에 기초하여 만성 심리장애의 치료와 교육현장에서 '행동수정'의 절차를 적용했다. 1960년대는 행동주의이론의 전성기로 우울, 불안의 심리장애는 물론 만성 정신분열병의 재활치료, 교육과 산업현장, 사회 공동체 계몽 등 여러 영역에서 행동치료가 적용되고 효과를 입증했다. 1966년 행동치료학회(Association for the Advancement of Behavior Therapy)가 고전적, 조작적 학습원리에 의한 치료를 하나의 행동치료로 통합하면서 행동주의이론은 세계적으로 급속하게 발전할 수 있었다.

이러한 발전 속에서 우울치료에서 행동주의이론의 한계에 대한 비판이 제기되면서 행동주의이론은 관찰 가능한 행동뿐 아니라 개인의 경험과 사고를 포함하는 인지행동이론으로 발전하게 되었다. 특별히 1970년대 인지심리학의 발전은 행동주의이론에서 인지의 중요성에 대한 이론적 기초를 제공해주었다. 또한, 개인은 자신 또는 타인의 행동의 결과를 관찰함으로써 학습한다는 Bandura(1977)의 사회학습이론은 인지이론과 행동이론의 통합에 기여했다. 사회학습이론에 의하면, 자기효능(self-efficacy)과 유능(competence)은 과거 행동의 판단과 타인으로부터의 반응 등 다양한 원천으로부터 발생하며 이것이 다음 상황의 산출에 영향을 미치고 기존 인지구조를 확정하거나 수정한다. 1980년대 이후에는 Beck, Ellis의 인지이론이 행동주의이론의 한계를 극복하는 데 영향을 미쳤으며, 1995년 세계인지행동치료학회(World Congress of Behavioral and Cognitive Therapies)를 통해 실질적인 통합을 이루어 인지행동이론의 역할이 크게 증대되었다. 현재 인지행동이론은 클라이언트의 사고체계를 바꾸고 다양한 행동기법을 통하여 클라이언트 스스로 자신의 문제를 해결해 나가도록 돕는 체계적인 심리치료로 자리 잡았다.

제 2 절 인지행동이론의 개관

1. 행동주의이론에 대한 이해

Pavlov의 '비자발적 반사행동'에 관한 연구와 Skinner의 '조작적 조건화' 개념에서 발전한 행동주의이론의 이론적 배경은 결정론, 경험주의, 간결주의로 요약된다. 첫째, 결정론은 개인의 행동은 현재까지 생활해 오면서 접해 온 환경에 기초한 자연적 선택의 산물이라는 입장이다. 그러나 다른 한편으로 행동주의이론은 개인의 행동은 개인에 의해 의도적, 긍정적인 변화가 가능하다고도 본다. 둘째, 행동주의이론은 과학성과 객관성을 입증하기 위한 실험 조사 연구(예: 단일사례연구 등)의 경험적 뒷받침에 근거한다. 셋째, 간결주의란 클라이언트의 문제 행동의 원인을 단순하고 간결한 원인에서부터 찾기 시작하고, 단순한 원인이 적용되지 않을 때 복잡한 원인으로 옮겨간다는 것이다.

행동주의이론에 의하면, 행동은 학습의 총합이므로 개인의 행동은 현재까지 학습한 것의 총합이다. 개인의 심리 사회적 환경이 개인의 행동에 영향을 미치므로 환경이 변화하면 개인의 이전의 행동은 사라지고 새로운 형태의 행동이 형성된다. 행동은 주위 환경의 피드백(feedback)에 대한 반응, 즉 학습에 의한 결과이므로 학습의 조건화를 위한 강화, 처벌, 모델링 등의 개입 기법들을 활용한다. 첫째, 강화는 주위 환경의 피드백이 주어진 후에 특정 행동을 계속하게 하는 것으로 바람직한 행동을 한 후에 상을 주는 것이 그 예이다. 둘째, 처벌은 특정 행동의 억제를 목적으로 주는 피드백으로 바람직하지 않은 행동을 통제하기 위해 매를 드는 것을 예로 들 수 있다. 셋째, 모델링은 새로운 행동을 습득시키기 위해 클라이언트가 행동을 모방할 만한 대상이 본을 보이는 역할을 하는 것이다.

행동주의이론은 클라이언트의 역기능적 행동을 순기능적 행동으로 변화시키는 데 소요되는 시간과 비용을 줄이고 치료 효과는 높였다는 긍정적인 평가를 받고 있다. 그러나 다음과 같은 한계도 있다. 첫째, 강화, 처벌 등의 개입기법을 통해 클라이언트를 조종할 가능성이 있어 클라이언트를 존중하는 사회복지실천의 가치를 위배한다는 지적을 받을 수 있다. 둘째, 바람직한 행동의 가치 기준을 누구의 판단에 의해 결정하는 것이 타당한지에 대해 논란의 여지가 있다. 셋째, 강화와 처벌을 통한 개입의 효과는 행동과 결과 간의 관계를 인지하는 인간의 의식에 의해 좌우된다. 그럼에도 불구하고 인간의 의식 부분에 대한 설명이 배제되어 있다. 넷째, 환경이 행동에 미치는 영향을 중요하게 평가하고 있으나, 인간의 행동에 영향을 미치는 사회 제도 등 거시적 수준의 환경을 포괄적으로 고려하고 있지는 않다.

2. 인지이론에 대한 이해

인지이론은 B.C. 300년 인간의 감정과 행위는 관념이나 신념 등의 영향을 받는다고 본 스토아철학의 영향을 받았다. 그 후 Adler의 개인심리학, Ellis, Beck의 영향을 받았다. 인지이론에서는 '아는 것, 지식'을 의미하는 '인식(cognition)'과 '이해, 알아차림'을 의미하는 '지각(perception)'이 인간의 정서와 행동에 영향을 미친다고 보았다.

인지이론의 주요 개념은 인지도식(schema), 인지적 3구조, 인지적 오류로 나뉜다. 첫째, 인지도식은 정신 활동이 구조화된 기본 골격이다. 유아기 때 의미 있는 타자들(significant others)의 태도를 보고 형성되며, 한번 형성된 인지도식은 바꾸기 어려워 개인이 세상을 지각하는 방식으로 자리 잡게 된다. 개인은 형성된 인지도식에 의해 자신의 신념에 모순적인 정보는 부인하거나 무시하기 때문이다. 둘째, 인지적 3구조는 자신에 대한 견해, 환경이나 상황에 대한 견해, 미래에 대한 견해로 이루어진다. 셋째, 인지적 오류는 비합리적 사고로 다양한 형태로 나타날 수 있다. 전부가 아니면 용납하지 않는 사고(all-or-nothing thinking), 한 가지 부정적 사건이 있으면 그 사건을 일반화하여 계속 부정적인 일이 일어날 것이라고 생각하는 과잉일반화(over-generalization), 여러 가지 성공 사례들이 있음에도 불구하고 한번의 실패 사례에 주의 집중하는 정신적 여과(mental filtering), 행동 상의 실수를 개인의 특성으로 규정하는 낙인(labeling) 등이다.

인지이론의 개입 기법으로는 협력적 경험, 교육, 무의식적 생각의 점검, 부정적 인지의 검증, 과제 부여 등을 들 수 있다. 첫째, 협력적 경험은 개입과정에서 클라이언트의 참여와 협력이 중요하므로 개입 계획, 활동, 과제 등을 클라이언트와 함께 설정하는 것이다. 둘째, 교육은 인지가 행동, 정서에 미치는 영향을 알 수 있도록 클라이언트를 교육하는 것이다. 클라이언트가 자신의 감정을 탐색하게 후 그러한 감정을 갖게 한 관련된 생각을 찾아내게 하는 방식으로 진행된다. 셋째, 무의식적인 생각의 점검은 클라이언트의 무의식적 생각, 심상을 찾는 단서로 부정적 감정이 생겼을 때 그 감정과 그 감정을 느끼게 한 이유나 생각을 기록하게 하는 것이다. 넷째, 부정적 인지의 검증은 부정적인 생각에 대한 정확한 검증을 통해 인지의 변화를 유도하는 것이다. 클라이언트의 생각이 진실인 증거가 있는지, 그 생각이 진실이라면 현실적 결과는 무엇인지, 그러한 생각이 클라이언트에게 주는 불이익은 무엇인지에 대해 생각해 보게 한다. 다섯째, 과제 부여는 클라이언트의 변화를 독려하기 위해 과제를 부과하고 점검하는 것이다.

인지이론은 클라이언트의 변화 의지와 능력에 의해 성패가 좌우된다고 할 수 있다. 즉, 클라이언트가 심리적으로 인지이론을 받아들일 준비가 되어 있어야 하므로 클라이언트의 학습 능력, 지능 등이 뒷받침되어야 한다. 아울러, 클라이언트가 자신의 생각, 감정, 행동을 객관적으로 검토할 의지가 있어야 하므로 정신지체장애인이나 치매노인 등에게는 적용하기가 어렵다고 하겠다.

3. 인지행동이론의 특징

인지행동이론은 인지이론과 행동주의이론에 바탕을 둔다. 인지이론은 인간의 행동과 정서적 자아는 신념에 의해 영향을 받는다고 보고, 행동주의이론은 환경적 조건이 인간의 행동을 유지하거나 변화를 자극한다고 본다. 인지행동이론은 인식, 행동, 습득의 관점을 결합하여 개인과 환경 간의 상호작용을 통해 인간의 행동이 형성된다고 본다. 개입의 효과성, 간결성으로 인해 실천가들이 많이 사용하는 개입이론이다. 인지행동이론은 상황에 대한 비현실적인 해석과 이러한 해석을 유지시키는 행동을 파악한 후 해석의 타당성을 평가하고 수정하는 치료적 접근이다. 이러한 인지적 재조직화는 클라이언트의 부적절한 사고와 연합된 행동을 규명하고 평가한 후 통제 수정하는 것이다.

제 3 절 인지행동이론의 실천과정

인지행동이론의 개입초점은 문제 정의와 클라이언트의 대처능력 향상이다. 먼저, 문제 정의는 클라이언트의 말을 통해 이루어지며, 클라이언트가 자신의 문제에 대해 말을 함으로써 자신의 문제에 대해 인식하고 문제 해결에 적극적인 역할을 수행하게 하는 과정을 포함한다. 사회복지사는 클라이언트에게 클라이언트의 문제 해결에

장애가 되는 행동, 인지, 감정, 상황적 요인들에 관해 질문함으로써 클라이언트가 자신의 문제에 관해 성찰할 수 있게 돕는다. 다음으로, 클라이언트의 대처능력을 향상시키기 위해 사회복지사는 클라이언트의 긴장을 감소시키고 문제 해결 전략을 가르치는 데 주력한다.

인지행동이론의 개입단계는 계약 및 자료수집과 사정, 개입, 평가와 종결로 나누어 볼 수 있다. 구체적인 내용은 다음과 같다.

먼저, 계약 및 자료수집과 사정단계이다. 인지행동이론의 가장 중요한 원칙 중 하나는 협력과 신뢰의 분위기를 촉진시키는 것이다. 사회복지사는 클라이언트와 접촉을 통해 클라이언트의 상황에 관심을 가지고 문제를 해결하기 위해 적극적으로 협력한다는 신뢰를 주어야 한다. 개입회기의 회수에 관해 계약하는데, 통상 6-20회기 정도를 계약한다. 사회복지사는 따뜻하고 정서적이어야 하며 순수하고 클라이언트와의 신뢰형성을 중요시해야 한다. 인지행동이론에서 계약, 자료수집과 사정은 상호 연결되어 있다. 사정단계에서 사회복지사는 부정적 신념을 파악하고 행동적 개입전략을 수립하기 위해 클라이언트의 강점과 성공에 관한 정보를 찾는다. 클라이언트의 강점을 확인하는 것은 문제해결을 향한 공동의 노력을 가능하게 한다. 사회복지사는 클라이언트가 제기한 이슈들을 요약하고 문제가 가장 극심할 때의 상황 등 문제목록을 클라이언트와 함께 작성한다.

다음으로, 개입단계이다. 클라이언트와 함께 문제목록을 작성한 후 클라이언트의 가장 심각한 상황에 대응하는 신념을 확인한다. 개입의 중요한 부분은 인지행동적 개념에 관해 클라이언트에게 교육을 하는 것을 포함한다. 인지행동의 정서적 3요소(아무 것도 할 수 없다는 행동반응, 나는 무능력하며 타인의 도움을 받을 수 없다는 인지도식, 침체된 정서적 반응)와 인지행동적 상호작용의 순환적 효과에 대해 클라이언트와 이야기하는 것이다. 인지행동이론에서는 클라이언트가 개입목표와 인지행동 처방의 결정과정에 참여하도록 한다. 문제목록이 작성된 후 사회복지사는 클라이언트가 갖고 있는 신념의 정확성을 평가하기 위해 신념을 지지하는 증거가 있는지, 사건에 대한 다른 설명이 있는지, 그 신념이 사실이라면 그 의미는 무엇인지에 대해 검토한다. 클라이언트의 사고를 변화시키는 과정은 사고를 파악한 후 의문을 제기하고 부정적 인식을 재구성하는 과정이다. 클라이언트의 생각이 지속적으로 기능적 능력을 방해할 때는 사고의 정지, 예행연습, 사고의 외면화, 직면 등의 기술을 사용할 수 있다. 첫째, 사고의 정지는 문제와 관련된 생각의 조절방법으로 생각을 억제하고 긍정적인 자기대화로 대체하게 하는 것이다. 둘째, 예행연습은 부정적으로 예상되는 사건을 미리 연습하고 긍정적 결과를 상상하는 것이다. 셋째, 사고의 외면화는 활동, 수면을 지속적으로 방해하는 침식적인 부정적 사고를 글이나 이야기로 표현하게 하는 것이다. 넷째, 직면은 두려운 임무를 뒤로 미루지 않고 먼저 그 두려운 임무로 하루를 시작하도록 격려하는 것이다. 아울러, 개입에서는 긍정적인 강화를 제공하는 상황을 증가시켜야 한다. 예를 들면, 운동, 클라이언트를 소중히 여기는 사람이나 기분 좋게 하는 사람을 만나는 것, 직장에 돌아가는 것 등이다.

마지막으로, 평가와 종결이다. 종결은 처음 면담에서 결정된다. 인지행동이론은 시간 제한적이기 때문에 종결되는 이슈는 다른 장기적인 형태의 치료처럼 복잡하지 않다. 사회복지사와 클라이언트는 치료목표를 검토하고 클라이언트의 강점과 성취한 것들을 지속적으로 인지하고 이 과정을 통해 독립적이고 자립적인 사람이 되도록 한다. 종결 후 클라이언트의 적응능력을 벗어나는 상황이 발생하면 다시 개입으로 돌아갈 수 있다.

제 4 절 인지행동이론의 실천기술

인지행동이론에 의하면, 인간의 행동은 보상이나 처벌 등 환경의 영향과 환경이 제공한 정보를 구조화한 인지도식의 상호작용을 통해 형성된다. 그러므로 개인의 역기능적 인지구조나 행동을 개입의 표적으로 하며, 개입방법으로 모델링, 연습, 강화, 과제 부여 등 다양한 행동수정 절차를 활용한다. 인지행동이론의 개입기법은 인지적, 행동적, 정서적 기법을 포함한다. 첫째, 인지적 기법은 클라이언트의 인지체계를 이해하고 견해를 수용하면서 똑같은 상황에 다른 의미나 감정을 연결함으로써 클라이언트가 자신의 인지체계가 부적절한 것일 수도 있다는 것을 인식하게 하는 것이다. 이를 통해 클라이언트는 상황에 대해 적절한 의미나 감정을 가질 수 있게 된다. 둘째, 행동적 기법은 성취 가능한 바람직한 행동을 구체적으로 설명한 후 행동을 연습하게 함으로써 실제 생활에서 클라이언트가 사회복지사의 도움 없이 행동을 수행할 수 있게 돕는 것이다. 셋째, 정서적 기법은 클라이언트가 긴장 상태에 있을 때 근육 이완 또는 긴장 완화 요법을 시행함으로써 클라이언트가 자신의 긴장을 조절할 수 있게 돕는 것이다.

인지행동이론에서는 비합리적 사고 또는 역기능적 신념들이 문제의 근본원인이므로 이것들을 변화시킴으로써 인지 재구조화를 가져와야 한다고 본다. 인지 재구조화가 일어나게 하는 방법에서는 이론가들 사이에 상당한 차이를 보인다. Ellis는 논리적 설득방법을 사용하지만, Beck은 클라이언트와 함께 잘못된 인지에 대한 반대증거를 찾는 데 중점을 둔다.

인지행동이론의 실천을 위한 첫 단계는 자기관찰이다. 문제 상황이 일어나기 직전의 단서를 알아냄으로써 문제 상황을 변화시키려는 시도를 하는 데 필수요건이다. 가장 흔한 자기관찰 방법은 일기 형식의 기록이다. 즉, 각 개인의 구체적인 상황과 그 상황에서의 생리적, 행동적, 인지적 요소들을 포함한 여러 측면을 기록하는 것이다. 일지에는 문제 상황의 신체적, 행동적, 인지적 단서를 문제 상황의 강도와 함께 기록하고 그 상황에서 어떻게 반응했는지를 적는다. 일지는 문제 상황이 촉발되는 상황, 부정적인 자기 혼잣말, 그 상황에서의 감정, 문제 상황을 정당화시켜 주는 역기능적 신념, 긍정적 혼잣말 등으로 구성되어 있다. 자기관찰은 그 자체만으로도 표적행동의 감소에 도움이 되므로 변화가 필요한 인지적, 생리적 단서를 확인하고 변화의 발생을 확인하는 데 자주 사용된다. Beck은 실천가가 클라이언트와 함께 일지를 점검하는 방식을 사용하는 경우 클라이언트가 스스로 자신의 증상을 객관적으로 파악하고 관찰하도록 도와줌으로써 치료적 효과를 촉진시킬 수 있다고 보았다. 역기능적 신념들을 찾아내고 이것들이 불안과 어떻게 연관되어 있는지 관련성을 이해하고 대안적 사고를 생각해 기록하는 과정을 통해 현실적 사고를 하게 되는 인지재구조화가 일어나기 때문이다.

Beck에 의하면 사회복지사는 클라이언트가 불안과 관련된 자신의 부정적 사고와 역기능적 신념을 찾아낸 후 이를 뒷받침하는 증거가 있는지 확인해보고 모순적 증거를 찾아보며 대안적 설명을 찾아보는 과정을 거쳐야 한다. 클라이언트의 역기능적 신념들을 찾아내 가설 형태로 서술하고 이러한 가설의 타당성을 입증하는 증거들이 있는지 함께 논리적으로 점검해보는 과정을 거친 뒤 다시 이를 실제 상황에서 검증해볼 수 있도록 실험의 기회를 만들어주는 것을 말한다.

Beck에 제시한 '탈 파국화(de-catastrophizing)'는 사회복지사가 클라이언트에게 최악의 상황을 가정해보게 하는 일련의 질문들을 하여 클라이언트가 자신의 역기능적 신념의 비합리성과 비현실성을 깨닫게 하는 것이다. 이 기법을 통해 클라이언트는 자신이 최악의 경우를 상정하는 습관이 있으며 최악의 상황이 발생할 확률을 지나치게 높게 설정하고 있다는 사실을 깨닫게 된다.

인지재구조화는 클라이언트에게 자신이 생각하는 패턴을 분석하게 하는 과정이다. 이러한 과정을 통해 자신이 생각하는 패턴의 이면에 있는 전제와 가정, 태도를 변화시킬 수 있다. Ellis는 당위성에 관한 비합리적 신념이 정서장애로 나타난다고 보았다. Ellis에 의하면, 비합리적 신념은 당위적 사고, 과장적 사고, 비하하는 사고, 낮은 인내성 등이며 당위적 사고가 모든 비합리적 신념의 핵심이 되어 비합리적 사고가 파생된다.

많은 인지행동이론가들은 인지재구조화 기법의 한계를 지적하면서 전통적 행동주의이론과 인지이론을 절충한 혼합방식을 제안한다. 이러한 맥락에서 긴장이완, 위험상황에 직접 노출시키는 것, 대처기술 훈련, 역할연기를 통한 자기주장훈련, 대처전략개발, 수행에 대한 적절한 평가, 생활방식의 변화, 모델링, 지지, 증상교육, 과제 등을 함께 사용한다.

대인관계기술훈련은 문제상황에서 결과를 어떻게 바꾸고 싶은가를 확인하고 긍정적인 결과를 얻을 수 있는 다양한 방법을 토론하여 택하고 모델링을 통해 관찰한 후 새로운 기술을 연습하는 것이다. 그런 다음 피드백을 받아 다시 연습을 하고 새로운 기술을 실제 상황에서 적용해 본 후 다시 개입상황에서 보고하도록 한다. 실제 상황에서 사용할 수 있는 방법은 여러 가지가 있다. 자신의 감정을 표현하는 것, 상대방의 의견을 확인하고 진술하는 능력, 모두에게 이득이 되는 해결방법을 제공하는 것, 마지막 협상을 위해 타협하는 기술, 스트레스가 심한 긴장상황에서 일시적으로 빠져 나올 수 있게 하는 타임아웃기술 등도 포함된다.

인지재구조화 외에 인지행동이론에서 사용하는 여러 기법들 중에는 증상교육, 긴장이완훈련 및 노출법이 있다. 증상교육은 공황장애, 외상후스트레스장애, 사회공포증, 강박장애의 치료에서 매우 중요하게 다루어진다. 증상에 대한 올바른 이해를 통해 불안을 현저히 감소시킬 수 있고 증상대처에 대한 자기효능을 높일 수 있다.

긴장이완법은 Wolpe의 체계적 둔감화이론에 근거하여 개발된 방법으로서 클라이언트의 생리적 흥분조절을 도와 불안증상을 완화시켜주며 증상에 대한 통제효능감도 높여준다. 특히 복식호흡을 통한 긴장이완법은 공황장애 클라이언트의 과호흡으로 인한 이산화탄소 과잉발생 문제를 해결해줌으로써 공황증세를 줄여주는 효과가 있다.

대부분의 체계적 이완훈련 절차는 Jacobson의 점진적 이완방법에 기초한다. 점진적 이완은 체계적 이완이라고도 하는데 긴장과 이완 상태를 대조시킴으로써 신체 각 부분의 긴장을 알아채는 방법을 배우고 혼자서도 쉽게 자신의 긴장을 이완시킬 수 있게 한다. 스트레스 상황에서 신체를 이완하는 법을 배우면 문제 상황의 악순환에서 벗어날 수 있다.

노출법은 인지행동이론에서 가장 중요한 부분으로 사회공포증, 공황장애, 외상후스트레스장애, 강박장애 등의 치료에서 필수적이다. 클라이언트가 두려워하는 공포상황에 직접 노출시켜 그 상황을 회피하지 못하게 함으로써 자연스런 소멸과 습관화가 일어나도록 해주는 기법이다. 공포상황에 충분히 집중하여 공포를 경험하게 하는 것이 관건이다. 많은 클라이언트들이 온전히 집중하지 않고 주의를 딴 데로 돌리거나 회피함으로써 실효를 못 거두므로 클라이언트가 노출상황에 온전히 집중하도록 잘 감독해야 한다.

인지행동이론의 중요한 개입목표는 클라이언트의 역기능적 신념들을 찾아내고 비현실성을 깨닫게 해줌으로써 인지재구조화가 일어나도록 하는 것이다. 따라서 전문적인 치료적 접근을 위해서는 각 하위유형에서 전형적으로 관찰되는 역기능적 신념들을 찾아내 확인하는 작업이 중요하다.

제 5 절 인지행동이론의 유용성과 한계

인지행동이론은 개입의 성과에 대한 분석과 검증이 용이하여 지금까지 실험 연구를 통해 유용성이 경험적으로 검증되어 왔다. 인지행동이론의 개인과 환경의 상호작용에 대한 초점은 사회복지실천의 환경 속의 인간이라는 관점과 일치한다. 사회복지사와 클라이언트의 협력적 관계와 클라이언트의 강점과 역량강화를 강조하는 것도 사회복지실천과 일치한다. 아울러 구체적인 개입 기법을 제시하기 때문에 실천이 용이하고, 클라이언트의 적극적인 참여를 강조하므로 클라이언트의 강점과 자기결정권을 중시하는 사회복지실천에 적합하다는 평가를 받고 있다. 요약하면, 경험적 원리에 의해서 만들어졌고 개입방법이 구체적이고 기술 습득에 중점을 두기 때문에 클라이언트의 저항이 낮고 클라이언트가 빨리 배우며 다른 접근법과 절충적 사용이 가능하다는 장점이 있다.

그러나 인지행동이론은 사회적 환경을 고려한다고는 하나 환경적 개입보다는 심리적 개입에 치중하고 있으며, 관찰이 용이하지 않은 인지나 인지도식에 대한 개념적 명료화의 정도가 미흡하다는 점이 한계로 지적되고 있다. 또한 실천가가 기술에만 집중하여 관계형성의 중요성을 무시하는 문제가 발생할 수 있으며, 인지적 이해나 행동적 변화에 과도하게 집중함으로써 클라이언트의 정서적 경험을 경시할 수도 있다. 정서적, 행동적 변화는 클라이언트가 자신의 신념체계와 신념체계의 원인에 대해 이해하는 경우에만 유지될 수 있다. 그러므로 사회복지사는 클라이언트의 고통의 증상과 자아 및 타인에 대한 장기적 신념을 유발한 과거의 경험과 증상의 근원을 탐색하는 데 충분한 시간을 할애해야 할 것이다.

참고문헌

김경호. (2005). 『사회복지실천기술론』. 서울: 청목출판사.

김정규. (2003). 비파사나 명상과 인지행동 치료를 통합한 불안장애의 게슈탈트 심리치료. 『한국심리학회지: 임상』, 22(3), 475-503.

김정모. (2004). 인지행동치료의 역사와 최근의 경향. 『정서 행동장애연구』, 20(4), 393-409.

최선령. (2001). 한국 아내학대자의 학대행동감소를 위한 인지행동모델 적용에 관한 연구. 『한국가족복지학』, 7, 275-311.

최연자. (1998). 인지행동치료의 유식학적 고찰. 『범한철학』, 16, 265-287.

Beck, A. T. (1976). *Cognitive therapy and the emotional disorders*. New York : International Universities Press.

Regehr, C. (2001). Cognitive-behavioral theory. In P. Lehmann & N. Coady (Eds.), *Theoretical perspectives for direct social work practice: A generalist-eclectic approach*(pp. 165-182). New York: Springer Publishing Company, Inc..

제 10 장

위기개입모델

제 1 절 위기개입모델의 역사적 발달

인류는 고대로부터 위기를 다루어 왔고, 대부분 가족과 종교체계가 위기에 처한 사람들을 도와왔다. 고대 그리스어와 중국어에서는 위기가 위험과 장애뿐 아니라 개인적 성장과 행동 변화의 자극이 될 수 있음을 암시하고 있다. 위기개입모델은 단기치료운동과 지역사회정신건강운동의 영향을 받았으며, Lindemann과 Caplan의 프로젝트를 기원으로 한다. 위기개입모델은 재난이나 위험 상황에 처한 집단이나 지역사회에 대한 개입과 예방의 필요성이 대두되면서 지역사회 정신건강프로그램의 일환으로 실시되었다. 초기에는 개인 및 가족을 중심으로 하는 임상적 접근법을 강조했으나 점차 위기해결 및 이후의 적응과정에서 환경자원, 특히 지역사회서비스 체계가 중요한 역할을 수행하게 되었다. 위기개입모델이 위기의 사회구조적 측면과 사회체계적 측면에 적용됨에 따라 1950년대와 1960년대에는 자살방지센터에서 자살방지서비스를 시행했고 1970년대 이후에는 가정폭력이나 성폭력 등 특정 집단들에 맞춘 서비스와 법률 강화

등을 중심으로 연구가 확산되었다. 특별히 비용 효과성, 효율성의 측면에서 볼 때 위기개입은 지속적으로 심리 사회적 개입방식으로 활용할 필요가 있다. 최단 시간 내에 최소의 재정적, 전문적 자원으로 최대의 치료적 효과를 지향하는 실천모델이므로 긴박한 긴장 속에 있는 개인이나 가족, 집단을 돕기 위한 절충적인(eclectic) 개입의 틀이라고 볼 수도 있겠다.

위기개입모델은 자아심리학 및 생태체계이론으로부터 도출되었으며 자아심리학으로부터 인생의 발달단계, 심리사회적 위기, 대처기술, 방어기제의 개념을 도입했다. 생태체계이론의 항상성, 불균형, 상호의존과 같은 개념들을 공유하고, 개인의 인식과 인지가 신념, 감정, 행동에 상호교류의 방식으로 영향을 준다는 인지행동이론의 관점도 수용한다. 해결중심모델도 다양한 클라이언트 집단을 위한 위기개입에 사용되어 왔다. 위기개입모델은 다양한 이론들로부터 다양한 기술들을 도입하면서 발전되어 왔기 때문에 다양한 클라이언트 집단과 다양한 위기상황에 적용하는 것이 용이하다.

제 2 절 위기개입모델의 개관

1. 위기개입모델의 특징

위기개입은 위기에 처한 사람을 돕는 개입방법을 말하며 일반적 상담과 구분된다. 단기치료가 지속적, 정서적 문제를 재조정하는 것인 반면, 위기개입은 위기에 처한 사람이 외상사건으로 인해 발생한 정서적, 행동적, 인지적 왜곡을 인식하고 교정하도록 돕는 것이다. 위기개입은 주로 종합병원이나 정신병원의 응급실에서 단시간 동안의 집중적 활동으로 활용되어 왔다. 단기치료나 해결중심모델, 위기개입의 차이는 클라이언트가 문제를 얼마나 과도하게 느끼는가와 정서적 불균형을 얼마나 많이 느끼는가에 달려 있다. 사건에 대한 심각한 정서적 불균형은 개인을 위기에 이르게 한다. 위기는 일시적으로 불균형 상태를 동반하지만 인간의 성장 잠재력을 가져오기도 한다. 위기를 해결하면 대처능력이 향상되는 긍정적, 건설적인 결과를 가져올 수도 있다는 것이다.

위기개입에서는 위기상황에 처해 있는 클라이언트의 심각한 정서적, 인지적, 행동적 불균형에 대해 사정하는 것이 매우 중요하며 이에 따라 위기개입의 방향이 결정된다. 급박한 상황을 다루므로 신속개입, 행동 지향성, 제한된 목표, 희망과 기대, 지지, 위기에 초점을 둔 문제해결, 자립에 초점을 둔다. 첫째, 신속 개입이다. 위기는 대개 6주 이내에 어떤 형태로든 해결되므로 즉각적으로 개입해야 한다. 둘째, 행동 지향성이다. 위기개입은 클라이언트가 위기에 대처하는 행동을 하게 할 만큼 적극적인 개입이어야 한다. 셋째, 제한된 목표이다. 위기개입은 클라이언트가 균형상태를 회복하는 것을 개입목표로 한다. 즉, 클라이언트가 과거 수준의 기능을 회복하고 더 나은 기능 수준을 획득할 수 있게 돕는다. 넷째, 희망과 기대이다. 위기개입에서는 위기 해결과 클라이언트의 기능 회복에 대한 사회복지사의 희망적인 태도가 중요하다. 다섯째, 지지이다. 사회복지사는 클라이언트에게 필요한 만큼만 지지를 제공해야 한다. 필요 이상으로 지지를 제공하여 클라이언트가 사회복지사에게 의존하지 않게 해야 하며, 클라이언트의 비현실적인 기대는 조정해 주어야 한다. 다만, 필요시에는 도움을 구할 수 있도록 연락 가능한 전화번호를 알려 주는 것은 필요하다. 여섯째, 위기에 초점을 둔 문제해결이다. 위기를 유발한 문제 해결에 초점을 두어야 한다. 일곱째, 자립이다. 클라이언트가 문제해결능력을 가질 수 있도록 문제해결에 클라이언트의 생각을 적극적으로 반영하고 클라이언트가 할 수 있는 것은 스스로 하게 해서 자립심을 기를 수 있게 해야 한다.

위기개입의 목표는 다음과 같다. 첫째, 위기상황 또는 문제에 대한 개입을 목표로 현재에 집중한다. 즉, 위기개입은 위기상황을 재촉하는 위험한 사건, 상황, 또는 문제들에 대해 특성화된 개입을 목표로 한다. 그러므로 현재에 집중하는 행위 지향적 모델이다. 둘째, 클라이언트가 위기 이전의 기능수준으로 회복할 수 있게 한다. 셋째, 위기개입은 4-8주 정도 개입하는 단기개입이다. 촉발사건을 최소화하거나 해결하기 위해 가능한 대처기술, 자원, 지지 등을 동원할 수 있도록 돕는다는 점에서 시간 제한적이다. 넷째, 클라이언트나 가족이 사용하거나 지역사회에서 이용할 수 있는 자원에 대해 규명한 후 적절한 개입전략을 세워야 한다. 다섯째, 평가와 계약단계에서 사용되는 기술이나 도구들은 장기적 개입모델들과는 다른 유형이나 방법으로 사용되어야 한다. 여섯째, 특정한 유형의 위기, 충격적인 사고, 의뢰인에 관한 정보가 효과적인 개입계획을 위해 필수적이다. 사회복지사는 다른 실천보다 개입에서 적극적인 역할을 수행해야 한다.

2. 위기개입모델의 주요개념

위기개입모델의 주요개념은 위기, 위기의 사정, 위기와 관련된 몇 가지 용어들이다. 구체적인 설명은 다음과 같다.

위기는 현재의 자원이나 대처기제로는 감당하기 어려운 사건이나 상황을 지각하거나 경험하는 것을 말한다. 위기상태는 일반적으로 혼동, 걱정, 절망, 분노 등의 감정을 동반하는 격심한 정서적 혼란상태이다. 위기에 처한 개인은 심리적 취약성의 악화, 방어기제의 위축, 대처 및 문제해결능력의 격심한 와해 등을 경험한다. 고통이 사라지지 않는다면 위기는 개인의 심각한 정서적, 행동적, 인지적 역기능을 일으킨다. 위기상황에서 개인은 심각한 병리적 상태에 빠질 수 있으므로 위기는 명백한 위험이다. 그러나 고통을 경험하고 이러한 고통 때문에 도움을 구한다는 점에서 위기는 기회라고도 할 수 있다. 즉, 위기는 위험과 기회의 공존을 의미하며, 성장과 변화의 씨앗이라고 볼 수 있다. 위기로 인해 얻게 되는 기회를 잘 활용할 때 자기 성장과 자각의 기회가 마련될 수 있는 것이다. 인간이 경험하는 위기는 여러 영역으로 나뉜다. 발달 단계에서 경험하는 발달적 위기, 예측이 불가능한 사건이나 사고로 인한 상황적 위기, 인간의 존재 의미와 관련된 실존적 위기, 자연재해나 전쟁과 같은 환경적 위기 등이 있다. 발달적 위기는 인생의 정상적인 발달과정에서 예측 가능하고 대비할 수 있는 위기로 출생, 사춘기, 성인 초기 사망, 갱년기, 노년기 등 생활주기 상의 변화와 관련된다. 상황적 위기는 우발적인 위기라고도 하며 대체로 예측 불가능한 특성이 있다. 사람들이 욕구 충족의 본질적인 자원이라고 믿는 것을 비정상적이거나 예기치 않은 상황에서 상실함으로써 발생한다. 위기는 사건 그 자체가 아니라 사건에 대한 반응이라고 할 수 있다. 이러한 반응은 신체적, 정신적, 행동적으로 다양하게 나타난다.

위기의 사정(assessment)은 ABC(Affection, Behavior, Cognition) 사정을 활용할 수 있다. 이것은 긴박한 위기상황에서 클라이언트의 정서, 행동, 인지 영역의 현재 기능을 빠르게 파악할 수 있도록 만들어진 도구이다. 첫째, 정서(affection)는 클라이언트가 느끼는 정서 상태가 위기에 적절한지를 사정한다. 위기의 상황 비추어 볼 때, 클라이언트가 과도하거나 무감각한 정서적 반응을 하고 있지 않은지를 평가한다. 클라이언트가 현재 보이는 정서적 반응이 상황을 부인하거나 회피하는지, 정상적인 것인지, 충동적 상태 또는 충격적 상태를 나타내는지 전반적으로 살펴본다. 이때 분노나 적의, 두려움이나 불안, 슬픔이나 침울함 등의 정서가 출현하고 있는지 여부를 파악한다. 둘째, 행동(behavior)은 클라이언트가 구체적, 즉각적으로 위기에 대처할 행동력을 갖고 있는지를 사정한다. 클라이언트가 위기에 대처할 행동을 할 수 있는지 아니면 회피적이거나 무력해져서

비유동적인지를 사정한다. 셋째, 인지(cognition)는 클라이언트의 생각, 지각, 사고 체계가 현실적이고 일관성이 있는지를 사정한다. 음식, 주거와 같은 물리적 측면, 자아개념, 정체감 등 심리적 측면, 가족, 친구와 같은 사회적 측면, 가치, 신념체계와 같은 정신적 측면에서 어떻게 손상 정도를 인지하는지를 측정한다. 사회복지사는 위의 세 영역 각각에 대해 클라이언트의 기능 수준을 수치화한다. 즉, 1-10점으로 구분하여 1점은 손상 없음, 2-3점은 극소의 손상, 4-5점은 경미한 손상, 6-7점은 중등도의 손상, 8-9점은 현저한 손상, 10점은 심각한 손상으로 분류한다. 세 영역을 합하면 3점에서 30점까지 점수가 산출되며, 점수가 높을수록 불균형 및 비유동적 상태에 있는 것이고 점수가 낮을수록 평형 및 유동적 상태에 있음을 의미한다. 평형 및 유동성의 정도에 대한 사정이 개입활동의 정도를 결정해주기 때문에 중요하다. 클라이언트가 비유동적 상태에 있다면 지시적 개입이 필요하고, 유동적 상태에 있다면 비지시적 개입을 한다. 사회복지사는 정서, 행동, 인지를 사정하는 외에 부가적으로 클라이언트의 약물 사용, 자살 또는 타살 가능성, 클라이언트의 다양한 인구학적 특성들(나이, 학력, 종교, 직업, 사회경제적 수준 등), 위기의 특성(급성 또는 만성) 등을 함께 사정해야 한다.

평형(equilibrium)은 유기체의 정서적 안정, 균형, 평정의 상태를 말하며, 불균형(disequilibrium)은 유기체의 정서적 안정, 균형, 평정의 부족 또는 파괴를 말한다. 유동성(mobility)은 다양한 기분, 느낌, 정서, 욕구, 조건, 영향에 대해 반응할 때 자율적으로 변화하고 대처할 수 있는 상태이다. 물리적, 사회적 상황에 융통성 있고 적응적인 것이다. 비유동성(immobility)은 다양한 기분, 느낌, 정서, 욕구, 조건, 영향에 대해 반응할 때 즉각적이고 자율적으로 변화하거나 대처하지 못하는 상태이다. 물리적, 사회적 상황에 즉각적으로 적응하지 못하는 것이다.

제 3 절 위기개입모델의 실천과정과 실천기술

1. Gilliland의 실천과정과 실천기술

Gilliland(1982)가 제시한 위기개입 과정은 문제 정의, 안전의 보장, 지지, 대안 탐색, 계획 수립, 참여 유도의 6단계로 구성된다. 위기개입은 전 과정에서 걸쳐 사정(assessment)이 진행되는 역동적인 활동이다.

1단계는 문제를 정의하는 단계이다. 클라이언트의 관점에서 문제에 관한 정보를 경청하고 클라이언트의 관점에서 문제를 정의하고 이해하는 것이 중요하다. 사회복지사가 클라이언트에게 관심을 갖고 있음을 보여 주는 언어적, 비언어적 메시지를 전달하는 것이 중요하다. 사회복지사는 위기상황에서 당황한 클라이언트의 문제를 재빨리 파악하기 위해서 감정이입, 진실, 수용, 긍정적 관심을 제공하는 경청기술을 적극적으로 사용하는 것이 좋다.

2단계는 클라이언트의 안전을 보장하는 단계이다. 클라이언트의 안전이 중요하므로 클라이언트 주변의 위험을 최소화하고 치명성(lethality)을 사정하는 것이 필요하다. 안전은 자신과 타인에게 신체적, 심리적 위험을 최소화하는 것이다. 클라이언트의 안전은 위기개입 전 과정에서 우선적으로 고려해야 할 사항이므로 이 단계를 유연성 있게 적용해야 한다.

3단계는 지지하는 단계이다. 사회복지사가 클라이언트에게 관심과 돌봄을 표현하고 수용적, 비심판적 태도를 가져야 한다. 사회복지사가 클라이언트에게 진정한 관심을 보임으로써 클라이언트가 사회복지사를 무조건적, 긍정적으로 수용할 수 있도록 해야 한다. 1단계부터 3단계까지는 사회복지사의 경청하는 자세가 매우 중요하다.

4단계는 대안을 탐색하는 단계이다. 클라이언트의 지지체계, 대처기제, 사고방식, 현실성의 다양한 측면들을 고려하여 가능한 대안을 탐색해야 한다. 위기에 처한 클라이언트는 실제로 선택의 여지가 없다고 믿는다. 또 비유동적 상태에서는 최선의 선택이 무엇인지 알기 어려우므로 이 단계에서 클라이언트에게 적절하고 가능한 선택이 무엇인지 폭넓게 찾아보는 것이 필요하다. 사회복지사는 클라이언트에게 많은 대안이 있음을 인식시키기 위해 지지자, 대처기제, 긍정적 사고패턴을 찾아낸다. 지지자는 예전부터 클라이언트를 잘 아는 사람이며 도움을 제공할 수 있는 사람이다. 대처기제는 클라이언트가 위기를 극복하는 데 사용할 수 있는 행동적, 환경적 자원이다. 긍정적 사고패턴은 클라이언트의 스트레스와 불안을 경감시키는 사고방식으로 문제를 보는 관점을 바꾸게 할 수 있다. 사회복지사는 이 세 가지를 찾아냄으로써 무기력하게 느끼는 클라이언트에게 도움을 줄 수 있다.

5단계는 계획을 수립하는 단계이다. 사회복지사와 클라이언트 간의 협력 관계를 통해 현실적인 단기 계획을 수립함으로써 클라이언트의 자립심을 길러 준다. 즉각적으로 클라이언트를 지지해줄 수 있는 사람과 집단, 의뢰자원을 명확히 하고 클라이언트가 이를 사용할 수 있도록 대처기제를 제시해야 한다. 클라이언트가 자율성을 갖고 사회복지사에게 너무 의존하지 않게 하려면 클라이언트와 협력하여 계획하는 것이 중요하다.

6단계는 참여를 유도하는 단계이다. 사회복지사와 클라이언트가 수립한 계획을 클라이언트가 요약하게 함으로써 클라이언트의 책임감을 높이고 클라이언트가 위기 해결을 위한 노력에 참여하게 돕는다. 4단계부터 6단계까지는 사회복지사의 실제적 활동이 이루어지는 단계이다.

2. Roberts의 실천과정과 실천기술

Roberts(2000)가 제시한 위기개입 과정은 7단계이다. 각 단계는 치명성 사정, 관계형성, 주요 문제의 확인, 감정 다루기, 가능한 대안의 탐색, 행동계획의 수립, 종결과 사후관리이다.

1단계는 치명성(lethality)의 사정이다. 위기는 급박하며 생명과 관련된 경우가 많으므로 클라이언트의 자살 또는 타살 가능성과 정신건강 정도를 사정한다. 클라이언트가 과거에 자포자기했던 경험, 현재 자신을 해칠 수단이나 시도, 계획 등의 위험성을 사정하는 것이 매우 중요하다. 클라이언트가 현재 어떤 위험에 처해 있는지를 평가하고 치료계획에서 향후의 안전성을 고려하는 것도 중요하다. 치명성과 긴급한 개입의 필요에 따라 긴급조치를 수행하는 동안 전화나 개인적 접촉을 통해 클라이언트와 활발한 의사소통을 유지하는 것이 필요하다. 철저한 사정을 위해서는 위기의 심각성과 기간, 클라이언트의 현재의 정서상태, 클라이언트의 즉각적인 심리사회적 요구, 클라이언트의 현재 대처전략 및 자원을 사정해야 한다. 초기접촉에서 클라이언트의 과거 또는 위기 이전의 기능 및 대처기술 수준을 사정하는 것은 유용하다. 그러나 과거사가 즉각적인 충격적 사건에 직접적으로 관련되지 않는 한 사정의 초점이 되어서는 안 된다. 이 단계의 목표는 위험한 사건이나 충격적 사건을 인식하고 무엇이 일어났는가를 인정하면서 개입의 결정적 영역을 식별하고 사정하는 것이다. 사회복지사는 클라이언트가 위기를 딛고 생존하여 도움을 받을 수 있도록 자원, 감정이입, 재확인, 강화를 제공하면서 수용과 존중을 토대로 관계를 형성해야 한다.

2단계는 관계의 형성이다. 사회복지사는 클라이언트와 친밀한 관계를 형성하여 클라이언트가 사회복지사를 신뢰할 수 있게 도와야 한다. 단, 클라이언트와 친밀한 관계를 형성하면서도 분명한 경계

(boundary)를 가져야 한다. 충격적인 사건의 생존자들은 자신의 안전과 취약성에 대해 의심을 하게 되며 이로 인해 신뢰가 형성되기 어렵다. 그러므로 적극적인 경청과 감정이입, 의사소통기술이 클라이언트의 참여를 유도하기 위해 필요하다. 그러나 클라이언트가 안정을 찾고 초기의 충격적 반응을 다룰 수 있을 때까지는 행동하도록 강요해서는 안 된다. 충격적 사건의 생존자들은 자신들이 당면한 문제를 극복할 수 있다는 이해와 변화가 발생할 수 있다는 희망, 긍정적 미래지향을 필요로 한다. 그러므로 클라이언트에게 무조건적 지원, 긍정적 고려, 관심, 순수성, 사상 및 감정의 반영, 적극적 경청 등의 의사소통기술을 활용하여 클라이언트가 자신감을 회복할 수 있게 하고 신뢰를 형성해야 한다. 사회복지사는 몸짓이나 얼굴 표정에도 주의를 기울여야 한다. 충격적 사건의 생존자들은 자신들을 놀라게 하거나 위협할 수 있는 몸짓과 물리적 공간에 매우 민감할 수 있기 때문이다. 관계형성은 신체적 상해와 파괴가 분명한 재난이나 충격적 사건의 생존자들과 일할 때 특히 중요하다.

3단계는 주요 문제의 확인이다. 사회복지사는 현재 드러난 문제를 확인한 후 확인된 문제 중에 개입의 우선순위를 정해야 한다. 촉발된 사건들에 대해 환기하도록 클라이언트를 돕는 것은 클라이언트가 문제를 식별하게 할 수 있다. 클라이언트는 충격적인 상황의 특정 요소들에 대해 이야기하고 싶어 할 수 있다. 이 과정은 클라이언트가 사건의 결과와 맥락을 이해할 수 있도록 하며 클라이언트의 감정적 환기를 용이하게 할 수 있다. 다른 위기에 있는 클라이언트들은 거부적인 상태에 놓이거나 그들의 감정과 요구를 말로 표현하지 못하는 상태에 놓이게 될 수도 있다. 그래서 정보가 부수적인 원천이나 중요한 타인들로부터 획득되어야 할 필요가 있을 수도 있다. 문제의 식별과 평가 동안 체계적 분석틀을 사용하는 것이 필요하다. 위기상황은 실행의 모든 수준에 영향을 미칠 수 있기 때문이다. 가족구성원들과 중요한 타인들은 개입 계획이나 클라이언트의 안전을 확실히 하기 위해 중요할 수 있다. 사회복지사는 클라이언트가 이 단계 동안 억압되지 않도록 하고 개입은 가장 즉각적이고 중요한 문제들에 맞추어져야 한다. 이 단계에서 첫 번째 우선순위는 감정적이고 육체적인 편안함과 안전함의 기본적 요구를 만족시키는 것이다. 이것이 안정된 후 다른 문제들이 언급될 수 있을 것이다.

4단계는 감정 다루기이다. 클라이언트가 자신의 감정을 표출할 수 있게 도움으로써 클라이언트가 자신의 감정을 정화할 수 있게 하는 것이다. 사회복지사가 클라이언트의 경험에 대해 감정이입과 이해를 표현하는 것은 매우 중요하다. 클라이언트의 증상과 반응을 정상화하면서 증상이나 반응이 생존을 위한 기능적 전략임을 인식하게 할 수 있기 때문이다. 많은 클라이언트들은 자신의 감정을 환기시키고 표현할 때 고통을 경험한다. 자신의 감정적 반응에 대해 거부적인 입장에 있을 수 있으며 그 감정적 반응들이 누그러질 것이라고 생각하여 감정을 다루는 것을 피하려 할 수도 있다. 그러나 감정의 표현과 환기가 지연될 경우 위기를 해결하는 과정이 클라이언트에게 해로울 수 있음을 기억해야 한다. 클라이언트 중에는 자신이 경험한 상황에 대해 분노를 표현하는 경우도 있는데, 통제할 수 없을 정도로 분노가 상승되지 않는다면 분노를 표현함으로써 건강해질 수 있다. 클라이언트가 분노를 표현할 때 사회복지사는 클라이언트가 평온해지도록 돕거나 감정표출에 수반되는 생리적 반응에 주의를 기울이고 감정을 표출할 공간과 시간을 허락할 필요가 있다. 카타르시스와 환기는 건강한 대처기제이므로 사회복지사는 클라이언트가 이러한 반응과 이슈에 직면하도록 용기를 북돋우고 지원해야 한다. 이 과정에서 사회복지사는 클라이언트를 돕는 자신이 편안한지, 그리고 어떠한 감정적 반응을 경험하는지 인식해야 한다.

5단계는 가능한 대안의 탐색이다. 클라이언트가 위기에 대처하기 위해 필요한 대안과 해결 방안들에 대해 탐색하게 돕는다. 대안에는 클라이언트에게 도움이 될 수 있는 자원이나 사람을 이용하는 것,

대처기술을 발전시키는 것, 긍정적이고 건설적인 사고방식을 발전시키는 것 등이 있다. 이러한 대안은 클라이언트의 근심과 긴장감을 줄일 수 있다. 클라이언트가 비현실적인 예측을 하거나 부적절한 대처기술, 전략을 갖고 있다면 사회복지사는 더욱 적극적이고 직접적이며 대화 지향적이어야 한다. 사회복지사는 공식적, 비공식적 서비스 모두를 잘 알고 있어야 하며, 클라이언트를 위해 긍정적이고 현실적인 대안들을 제시하고자 노력해야 한다.

6단계는 행동계획의 수립이다. 클라이언트가 위기 해결을 위해 해야 할 활동을 구체화하고 과제를 설정하게 돕는다. 개입의 성공은 클라이언트의 참여와 밀접한 관련이 있다. 사회복지사는 클라이언트가 개입을 계획하는 데 단기 및 장기적인 결과를 볼 수 있도록 도와야 한다. 주요 목표는 클라이언트가 적절한 수준의 기능을 회복하고 대처기술과 자원을 유지하도록 돕는 것이다. 클라이언트에게 실행 가능한 치료계획을 세워서 클라이언트가 따라갈 수 있게 하는 것이 성공적일 수 있다. 클라이언트가 행동계획에 소속감을 느끼며 자신의 삶에 자율성과 통제를 증가시킬 수 있게 하고 다른 자원에 의존적이지 않도록 해야 한다. 지속적인 사정은 개입계획이 클라이언트가 제시한 문제를 해결하거나 최소화하는 데 적절하며 효과적인지를 결정하는 데 필수적이다.

7단계는 종결과 사후관리(follow-up)이다. 위기개입을 통해 클라이언트의 문제 해결 능력이 증진되었음을 확인시키고, 종결 후에도 사후관리를 통해 클라이언트가 일상생활에 잘 적응하고 있는지를 점검하는 것이다. 위기의 해결은 단기간 또는 장기간이 소요될 수도 있으며 생존자들은 특정한 사건이나 장소, 날짜로 인해 이전의 충격적 사건에 대한 정서적, 신체적 반응이 촉발될 수 있다. 클라이언트가 예전에 경험한 두려움, 반응, 생각 등을 다시 경험할 수 있으므로 이러한 경우에는 지원이나 도움을 받을 수 있도록 계획을 세워야 한다.

제 4 절 위기개입모델의 유용성과 한계

위기개입모델의 유용성은 다양한 위기 종류와 클라이언트 집단에 효과적이라는 것이다. 그러나 클라이언트 집단 간의 문화, 성별, 연령의 차이에 관해 직접적으로 다루고 있는 연구는 매우 제한적이라는 한계도 있다. 또 다른 유용성은 위기개입의 시간 제한적 본질이다. 현실적이면서도 더 많은 클라이언트들에게 접근 가능하다는 것이다. 그러나 실천가가 개입한 사례의 최종 결과를 확인할 수 없기 때문에 임시방편적 접근으로 보일 수도 있다.

위기개입모델은 장기적 개입모델의 대안으로 인정받아왔으나 실제의 효과성에 대한 연구는 미약하다. 주로 범죄, 자살, 정신과 응급상황, 아동학대와 관련된 위기개입에 대한 연구가 초보적인 수준에서 진행되어왔을 뿐이다. 위기는 위기 발생 후 4-6주가 지나면 자체 해결되는 경향이 있고 클라이언트 대부분이 일회성 상담에 그치는 경우가 많아 후속 연구가 쉽지 않으므로 평가가 더욱 어렵다.

참고문헌

김경호. (2005). 『사회복지실천기술론』. 서울: 청목출판사.

장수미 · 이선민 · 문용준. (2006). 성폭력이 의심되는 여아의 위기개입: James & Gilliland 의 위기개입 6단계 모델 적용. 『정신보건과 사회사업』, 22, 287-303.

정운석 · 김영희. (2003). 재가정신장애인 가족에 대한 위기개입 사례. 『정신보건과 사회사업』, 16, 264-283.

한국정신보건사회사업학회 편. (2001). 『정신보건 전문요원 수련교재』. 경기: 양서원.

James, R., & Gilliland, B. (2001). *Crisis intervention strategies*, 한인영 · 김연미 · 장수미 · 최정숙 · 박형원 · 이소래 역, 2001, 『위기개입』. 나눔의 집.

Knox, K., & Roberts, A. R. (2001). The crisis intervention model. In P. Lehmann & N. Coady (Eds.), *Theoretical perspectives for direct social work practice: A generalist-eclectic approach*(pp. 183-202). New York: Springer Publishing Company, Inc..

제 11 장

과제중심모델

제 1 절 과제중심모델의 역사적 발달

과제중심모델은 1960년대의 단기치료에 대한 관심의 고조, 집중적이고 구조화된 개입형태에 대한 기대, 전통적인 장기 개입유형의 효과성 입증의 실패 등 기존의 사회복지실천의 문제점과 대안에 대한 요구로 인해 발전하게 되었다. 단기 치료가 장기 치료만큼 효과적이라는 연구 결과들이 뒷받침된 가운데 집중적이고 구조화된 개입에 대한 관심이 높아짐에 따라 1970년대 Reid와 Epstein에 의해 개발되었다. 과제중심모델의 개발에는 개인의 문제를 문제해결과정으로 보는 Perlman의 견해, 클라이언트의 과업을 서비스 초점으로 하는 Studt의 견해, 위기개입의 이론과 기법 등이 많은 영향을 미쳤다. 과제중심모델은 핵심적, 구체적 문제에 초점을 두며 사회복지사의 능동적 개입이 요구되는 간결하고 계획된 개입이다. 심리적인 장애에 대해서는 정신분석이론과 인지이론, 과제수행에 관해서는 강화와 모델링 기법 중심의 사회학습이론, 의사소통이론과 소규모의 사회체계 내에서의 개인의 상호작용을 고려하는 소집단이론 등을 기초로 여러 이론을 선택적으로 활용하는 통합주의를 지향한다.

제 2 절 과제중심모델의 개관

1. 과제중심모델의 특징

과제중심모델은 단기 치료의 효과성, 유용성을 입증한 경험적 연구들을 토대로 강화, 모델링, 의사소통이론 등의 근거를 제시한 행동 과학의 영향을 받아 과제 수행을 돕기 위해 다양한 행동요법들을 활용한다. 과제중심모델은 클라이언트와 클라이언트의 주변 환경이 문제 해결을 위한 노력에 함께 관여하면 변화가 가능하다고 본다. 그러므로 클라이언트가 문제로 여기는 것을 명확화하고 클라이언트와 클라이언트의 주변 환경이 문제 해결을 할 수 있도록 교육, 지도하는 것에 주력한다.

과제중심모델은 기본적 가정에서 클라이언트 중심적인 사회복지 실천의 기본원리에 충실하며 문제해결과 단기 개입을 선호하여 경험적 실천모델로서 중요한 위치를 차지하고 있다. 클라이언트의 문제를 정의하는 데서부터 과제수행까지 클라이언트의 참여를 적극 유도함으로써 클라이언트의 자존감을 높이고 문제해결 기술과 능력을 강화하고자 한다. 시간 제한적이고 문제 지향적이며 과제 중심적인 단기치료모델이므로 계획적이고 의도적인 과정을 통해 클라이언트의 문제를 구체적인 과제를 통해 해결해간다. '클라이언트의 자기결정'을 기본 전제로 하여 클라이언트가 제시한 문제에서 시작하여 문제해결을 위한 과제를 선택하고 사회복지사와 클라이언트의 계약에 따라 치료가 진행된다.

과제중심모델은 사회복지사가 효과적으로 개입할 수 있는 5가지

요소로 다음을 제안한다. 단기개입, 구조화된 접근, 클라이언트의 자기결정권에 대한 존중, 클라이언트의 환경에 대한 개입, 개입의 책임성에 대한 강조이다.

첫째, 단기개입이다. 단기개입은 일반적으로 4-5개월 동안 약 16회에서 20회의 면접을 넘지 않는 개입을 말하며 과제중심모델은 약 2-3개월 동안 8회에서 12회 전후 개입한다. 대부분의 클라이언트는 8회 이내에 개입 효과를 본다는 연구결과를 근거로 클라이언트의 과거보다는 현재에 초점을 맞추고, 과거의 경험과 결핍이 현재의 생활에 미치는 영향을 최소화하는 데 초점을 맞춘다. 단, 클라이언트가 과거의 상처로 인해 현재를 개선하는 노력을 할 수 없을 때에는 과제중심모델보다는 장기개입이 더 적절하다.

둘째, 구조화된 접근이다. 시작, 표적문제의 규정, 계약, 실행, 종결 등 5단계로 이루어진 구조화된 접근으로 각 단계마다 사회복지사와 클라이언트의 역할을 구체적으로 명시한다. 대부분의 경우 개입이 구조화된 순서대로 이루어지지만 단계가 겹치거나 필요에 따라 이전 단계로 돌아가는 등 개입의 틀을 매우 유연하게 변형하여 적용할 수 있다.

셋째, 클라이언트의 자기결정권에 대한 존중이다. 표적문제를 설정하는 과정에서 클라이언트의 견해를 우선적으로 반영하고, 클라이언트와 사회복지사가 함께 개입방식을 계약한다. 클라이언트는 과제를 설정하고 실행 및 평가하는 문제해결 과정에서도 주체자로 역할을 하며, 클라이언트의 자기결정권이 최대한 고려된다.

넷째, 클라이언트의 환경에 대한 개입의 강조이다. 클라이언트의 문제를 사정할 때 표적문제의 사회적 맥락을 충분히 검토하고 클라이언트와 사회복지사 외에도 문제를 해결하는 데 도움이 되는 참여자를 개입과정에 적극 관여시킨다. 환경에 대한 개입은 사회복지사가 수행하는 과제의 내용에서 명확히 드러난다. 사회복지사는 다른 기관이나 클라이언트의 사회환경, 가족, 친구, 이웃, 또는 공식기관들과 협의 또는 교섭하는 과제를 주로 수행한다. 클라이언트의 문제를 자원이나 기술 부족과 관련된 것으로 이해하므로 문제와 관련이 있는 환경과 자원을 탐색하고 활성화하는 방안을 강조한다.

다섯째, 개입의 책임성에 대한 강조이다. 전체 사회복지실천과정을 클라이언트와 사회복지사가 평가함으로써 개입의 책임성을 강조한다. 사회복지사는 개입의 과정을 객관적으로 기록하고 진행상황을 면접마다 점검하고 모니터한다. 과제수행을 모니터하기 위해 행동주의 기법들, 구조화된 표기법, 차트, 그래프, 간결한 서술 등을 사용하며 일반적으로 단일사례평가에 의해 개입과정을 평가한다.

2. 과제중심모델의 주요개념

과제중심모델의 주요개념은 기간, 문제, 과제이다. 구체적인 내용은 다음과 같다.

첫째, 과제중심모델은 다른 모델에 비해 짧은 기간 동안 개입하는 특성이 있다. 주 1-2회를 기준으로 총 6-12회 정도로 개입시간과 기간을 구조화하는 것이 일반적이다. 개입기간이 아무리 길어도 4개월 이내에는 종료되는 계획적 개입과정이며 대개 3개월 내외에는 개입이 종료된다.

둘째, 과제중심모델에서 문제는 초기 면접 시 사회복지사에 의해 구체화되고 클라이언트와 사회복지사 간의 동의로 규정된다. 이 모델에서 다루는 문제의 유형은 대인관계의 갈등, 조직체에서의 문제, 역할 수행 상의 문제, 이사나 이혼 등 변화에 따른 문제, 자원 부족의 문제 등이다. 클라이언트가 호소하는 문제가 여러 가지인 경우, 사회복지사는 클라이언트가 인정하는 문제를 일차적인 문제로 선정하는 것이 바람직하다. 단, 문제는 클라이언트가 노력하면 해결될 수 있는 것이면서, 또한 구체적이고 특정한 문제여서 구체화될 수 있어야 한다. 문제 선정을 위해 사회복지사는 초기 면접 1-2회 때 클라이언트와 문제에 초점을 두고 문제에 대한 정보를 얻어야 한다. 이 과정에서 문제를 명확한 행동 용어로 정의하고, 클라이언트가 강조하는 정도에 따라 우선순위를 매긴 후 클라이언트의 동의 하에 1-2개의 표적 문제를 결정하는 것이 바람직하다. 2개 이상의 표적 문제를 선정하는 경우 단기간의 개입으로는 문제 해결이 어렵기 때문이다. 표적 문제가 선정되면 사회복지사와 클라이언트는 문제의 직접적인 원인을 밝힌 후 공동 협력 하에 행동 계획을 수립한다.

셋째, 과제는 클라이언트의 문제 해결 및 목표 성취의 수단이다. 그러므로 클라이언트가 과제를 정하고 직접 과제를 달성할 수 있게 하는 것이 중요하다. 과제는 문제보다 더 구체화해야 완수할 가능성이 높아진다. 과제를 형성할 때 유의할 점은 다음과 같다. 먼저, 클라이언트가 문제 해결을 위해 노력할 준비가 되어 있는지를 고려해야 한다. 즉, 클라이언트가 어느 정도로 문제 해결을 바라고 있는지, 문제 해결을 위해 무엇을 해 보려 하고 있는지를 파악해야 한다. 다음으로, 클라이언트가 수행하려는 과제가 실행 가능한지를 고려해야 한다. 즉, 클라이언트의 지적, 정서적, 신체적 능력에 적절한 과제인지를 검토한다. 마지막으로, 과제가 클라이언트에게 긍정적이고 바람직한 결과를 초래할 수 있는 것인지를 고려해야 한다.

제 3 절 과제중심모델의 실천과정과 실천기술

과제중심모델의 실천과정은 사회복지사가 클라이언트의 활동을 유도하고 클라이언트의 행동과 과제 수행 노력에 대해 평가하는 것을 중심으로 진행된다. 과제중심모델의 개입과정은 초기단계(접수 및 사정), 중간단계(과제계획 및 과제수행), 마지막단계(평가 및 종결)로 구분될 수 있다.

초기단계는 1-2회 면접에 해당된다. 접수 및 계약이 주요 내용이며 사회복지사가 클라이언트의 문제를 규명하는 것이 중요하다. 문제의 본질, 문제의 원인, 클라이언트를 파악하기 위한 기초적인 조사를 한 후 계약을 한다. 계약 내용에는 문제의 우선순위, 개입의 지속 기간, 면접의 구조, 사회복지사와 클라이언트의 역할 등이 구체화되어야 한다. 구체적인 과정은 다음과 같다. 첫째, 접수 및 사정이다. 사회복지사는 빠른 시간 내에 클라이언트와 초기접촉을 갖는다. 클라이언트가 자발적으로 사회복지기관을 찾아온 경우에는 문제 규정단계로 바로 넘어간다. 클라이언트가 다른 기관으로부터 의뢰된 경우에는 의뢰기관에서 제시하는 클라이언트의 문제와 개입의 목표가 클라이언트가 제시하는 문제, 목표와 일치하는지 알아본다. 클라이언트와 의뢰기관이 서로 일치하지 않는 경우에는 사회복지사가 양자의 의견을 조정하거나 협상해야 하며 법정 명령으로 위임된 목표가 있는 경우에는 클라이언트가 이를 분명히 이해하고 있는지 확인한다. 클라이언트가 도움을 받을 준비가 되어 있다면 바로 클라이언트에 대한 문제 규명으로 들어갈 수 있다. 사회복지사는 사례관리, 사례관리자의 역할과 클라이언트의 역할 및 면접 회수나 기간에 대한 설명을 해야 한다. 둘째, 문제에 대한 규정이다. 개입의 초점이 되는 문제를 구체적으로 규정하는 것이 중요하다. 변화해야 할 구체적인 상황과 행동들을 상술하고 명명해야 한다. 표적문제의 빈도, 장소, 참여자들, 선행 사건들, 초래되는 결과들, 중요성을 사정해야 한다. 표적문제를 구체적으로 규정해야 무엇이 변화해야 하는지, 변화를 가져오기 위해 어떤 과제를 수행해야 하는지가 명확해지기 때문이다. 문제의 범위가 너무 넓거나 일반적일 때와 문제의 초점이 잘 맞추어지지 않을 때 과제중심모델은 덜 효과적이다. 클라이언트가 지적하는 욕구를 중심으로 클라이언트와 사회복지사가 함께 문제를 구체적으로 규명하는 것이 중요하다. 문제는 클라이언트가 지적하거나 클라이언트와 사회복지사가 대화하는 중에 또는 사회복지사가 클라이언트의 문제를 사정하는 가운데 발견되기도 한다. 클라이언트와 사회복지사의 의견이 다르면 클라이언트가 중요하다고 생각하는 문제나 요구에 우선 초점을 두어야 한다. 클라이언트는 자신이 표적문제를 선정했을 때 더 적극적으로 문제해결을 위해 노력한다. 사회복지사는 클라이언트의 조건이나 가능한 사회자원 등에 관한 모든 지식을 동원하여 표적문제를 규명할 수 있어야 한다. 아울러, 표적문제의 사회적 배경, 즉 문제를 촉발하고 유지하는 사회적 상황들(직장, 학교, 경제적 지위, 가족조직, 동료집단조직, 주거, 문화, 인종 등), 그리고 인지적, 정서적 상황(클라이언트의 특성, 기능, 방식, 개인적 자원 등)에 대해서도 사정해야 한다. 셋째, 표적문제의 우선순위를 선택한다. 표적문제가 결정되면 그중 해결되어야 할 문제에 대한 우선순위를 결정한다. 이 과정에서 클라이언트의 의견이 존중되어야 한다. 클라이언트가 우선순위를 선정하는 데 문제가 있으면 사회복지사는 우선순위에 따른 자신의 전문적인 견해를 이야기할 수 있다. 표적문제는 구체적으로 규명되어야 하며 변화되어야 할 조건으로 명료화되어야 한다. 따라서 하나의 문제는 여러 개의 표적문제로 구체화될 수 있다. 예를 들면, 부부 사이의 갈등은 배우자가 이야기할 때 듣지 않는 것, 이야기하기 전에 화부터 내는 것, 밥 먹을 때 잔소리하는 것 등으로 나눌 수 있다. 넷째, 목표를 설정한다. 표적문제와 관련하여 클라이언트의 목표를 설정하되 제한된 시간에 성취 가능한 것으로 한다. 목표는 구체적이고 행동적인 것으로 표시되는 것이 바람직하며 성취한 후에 성취여부를 측정할 수 있어야 한다. 목표 설정 시 클라이언트의 조건, 자원, 필요한 모든 가능한 여건을 고려해야 한다. 다섯째, 계약의 체결이다. 표적문제가 결정되면 사회복지사는 클라이언트와 계약을 한다. 계약은 구두로 할 수 있고 문서로 할 수도 있다. 계약 내용에는 문제의 우선순위, 개입의 지속기간, 면접의 구조, 사회복지사와 클라이언트의 역할 등이 구체화되어야 한다. 문서로 작성하여 사회복지사와 클라이언트가 서명을 한 후에 한 부씩 보관을 하는 것이 바람직하다. 일반적으로 면접은 4개월 내에 12회 이내로 하며 시간을 제한함으로써 문제를 빨리 해결할 수 있다.

중간단계는 과제계획 및 과제수행이 주요 내용이다. 과제중심모델에서 매우 중요한 과정이다. 표적 문제를 구체화한 후 목표와 과제를 설정하고, 클라이언트가 수행한 과제를 평가하는 것이 핵심 내용이다. 클라이언트가 과제를 완수했는지 여부를 평가하고, 과제를 완수하지 못한 경우에는 원인을 탐색하여 과제를 수정하고 새 과제를 부과해야 한다. 구체적인 과정은 다음과 같다. 첫째, 과제의 계획이다. 클라이언트와 함께 수행 가능한 과제를 형성하도록 한다. 클라이언트가 과제를 계획하는 데 적극적으로 참여하도록 함으로써 클라이언트의 과업수행에 대한 동기를 높일 수 있다. 사회복지사나 다른 가족원이 과제를 제시할 수도 있다. 단 과제수행을 누가 할 것인가에 대한 역할구분을 분명히 해야 한다. 둘째, 장애의 점검이다. 과제를 수행하기 전에 과제수행 시 장애가 되는 것을 조사하여 장애를 제거하거나 극복하는 방법을 검토한다. 궁극적으로 장애가 제거될 수 없거나 극복할 수 없으면 다른 가능한 과제를 선정하도록 한다. 과제를 수행하는 데 장애가 되는 것은 클라이언트의 느낌이나 감정, 잘못된 신념, 클라이언트가 소유하고 있지 않은 기술, 조절되지 않는 분노, 신체적인 기능, 사회의 제도나 환경 등이다. 셋째, 과제의 구체화이다. 과제가 선정되면 과제는 클라이언트가 다음에 사회복지사를 만날 때까지 해결할 수 있는 것으로 세부화한다. 클라이언트가 과제를 수행할 수 있는 능력이 있으면 적어도 한 가지 이상의 과제를 수행하도록 한다. 과제수행은 성취 가능한 것이어야 하며 과제수행이 클라이언트 자신의 욕구를 해결하는 데 도움이 된다고 생각하는 것이어야 한다. 다음 면접까지 수행해야 하는 과제는 5개 이내로 하는 것이 실현가능성이 있고 바람직하다. 과제는 다음 면접 때까지 수행해야 하는 면접 시간 외의 과제와 역할극이나 감정의 표현연습, 불안 감소훈련 등 면접 시에 습득하는 면접 시간 내의 과제가 있다. 넷째, 과제수행의 점검이다. 각 면접시간 전에 표적문제와 과제에 대한 검토가 있어야 한다. 만약 클라이언트를 만나기까지 2주 이상의 간격이 있다면 중간에 전화로 과제수행에 대한 검토를 함으로써 클라이언트가 계속적으로 과제를 수행하도록 격려한다. 사회복지사는 잘 수행된 과제는 칭찬해주고 완수된 과제의 만족도를 기록한다. 또한 과제가 수행됨으로써 문제가 얼마만큼 변화되었는가를 검토한다. 과제수행을 계속적으로 점검함으로써 효과성을 높이고 과제수행 시의 장애물을 제거하려고 해야 한다. 과제수행의 장애물로는 사회적 환경(자원 부족, 스트레스, 차별, 구조적인 문제 등), 대인관계(결손과 갈등, 협력 부족 등), 심리적 상태(두려움, 의심, 지식 부족) 등의 요인을 점검해야 한다. 과제 부과가 시작되면 매 면접의 초반부에서 문제와 과제에 대한 검토를 시작하고 각 면접에서 클라이언트에게 남아있는 면접의 수를 상기시킨다.

마지막단계는 평가 및 종결로 마지막 면접에 해당한다. 종결 단계에서 사회복지사는 클라이언트가 앞으로 혼자 수행할 수 있는 다른 과제를 계획할 수 있게 도와야 한다. 종결이 다가오면 사회복지사는 클라이언트에게 계약상의 종결 날짜가 다가오고 있음을 인식시켜 클라이언트가 종결에 대비할 수 있게 도와야 한다. 만약 클라이언트가 문제 해결의 의지를 갖고 개입 기간을 연장하는 것을 원할 때는 기간을 연장하거나 계약을 다시 체결할 수도 있다. 구체적인 과정은 다음과 같다. 첫째, 평가이다. 사회복지사는 면접 시마다 현재 면접 회수가 몇 번째이며 종결 시까지 몇 회가 남았는가를 알려주고 개입계획에 따라 종결을 하는 것이 중요하다. 종결 시에는 표적문제로 선정한 문제들과 목표에 대하여 검토하고 완수된 목표를 점검하며 문제 상황 전체에 대하여 검토를 한다. 사회복지사는 완수된 목표를 강조하고 목표성취 과정에서 새로이 습득된 클라이언트의 문제해결 기술을 점검하며 새롭게 확인된 능력을 칭찬함으로써 클라이언트가 문제해결기술을 계속 활용하도록 한다. 둘째, 종결 및 재계약이다.

종결 시에는 해결되지 않은 문제들을 어떻게 할 것인가에 대한 논의가 있어야 한다. 또한 종결 후에 위에서 확인된 문제해결기술들을 어떻게 활용하여 해결되지 않은 문제들을 해결할 수 있을 것인가에 대한 논의가 있어야 한다. 만약 계속적으로 도움이 필요하다고 생각되는 경우에는 계약을 연장하거나 사후지도를 할 수도 있다.

과제중심모델에서는 클라이언트가 표적 문제를 해결하고자 과제를 수행하는 것이 그 중심 내용이다. 이 과정에서 사회복지사는 클라이언트가 문제 해결에 적극적일 수 있도록 자극을 주고 격려를 제공한다. 클라이언트는 스스로 과제를 수행하고 문제를 해결하는 경험을 함으로써 유사한 문제가 발생하는 경우 자신의 문제 해결 경험을 문제 상황에 적용할 수 있게 된다. 그러므로 과제중심모델은 클라이언트에게 건설적인 문제 해결 경험을 제공한다. 주요 개입 기법들은 탐색, 구조화, 클라이언트의 인식 증진, 격려, 지시 등이다. 첫째, 탐색은 클라이언트의 문제를 찾아내 문제를 명확화한 후 문제해결을 도울 수 있는 적절한 과제를 구체화하는 것이다. 둘째, 구조화는 과제와 개입 기간을 구체적으로 조직화하는 것이다. 셋째, 클라이언트의 인식 증진을 위해 사회복지사는 해석, 명확화, 직면 등의 기법을 활용한다. 넷째, 격려는 클라이언트가 수행한 과제에 대해 긍정적 반응을 표현하는 것이다. 다섯째, 지시는 클라이언트의 과제 달성을 촉진시킬 수 있는 조언 등을 제공하는 것이다.

제 4 절 과제중심모델의 유용성과 한계

단기심리치료모델은 공포증 등의 정신장애를 가진 클라이언트에게도 적용 가능한 것으로 알려져 있지만, 과제중심모델은 정신장애보다는 조직체 내 적응 상의 어려움이나 자원 부족 등에 관련된 문제를 다루는 데 더 효과적인 것으로 평가된다. 즉, 과제중심모델은 과제 수행이 가능한 클라이언트나 주변 환경에 적용 가능하다. 과제 수행에 비협조적인 클라이언트나 가족 환경에 적용할 경우 개입의 성공률이 매우 낮기 때문이다. 특별히 다음의 특성을 나타내는 사례에는 적절하지 않은 것으로 보인다. 첫째, 클라이언트가 인지적 장애가 있거나 자신의 문제를 명확히 규정하지 못하는 경우이다. 중증의 과다행동장애가 있는 아동이나 청소년인 경우 자신의 문제에 대한 충분한 자각이 없는 상태에서 자기결정권이 충분히 반영되지 못할 수 있다. 둘째, 클라이언트가 비자발적으로 도움을 요청하거나 개입 자체를 거부하는 경우이다. 교정기관이나 상담기관에 입소해 있거나 의뢰된 클라이언트들은 자신의 의사와는 상관없이 정기적으로 상담을 받아야 한다. 이처럼 클라이언트의 동기와 자발성이 지나치게 부족한 경우 클라이언트와 사회복지사의 과제수행을 중심으로 이루어지는 과제중심 개입의 진행이 현실적으로 어려울 수 있다.

과제중심모델의 경우 보완해야 할 부분이 지적되기도 한다. 먼저, 개입 기간을 3개월 내외의 단기간 개입으로 규정하기보다 문제의 유형에 따라 적절한 개입 기간과 적절한 과제 형태를 구조화할 필요성이 제기된다. 다음으로, 단기간 개입으로도 장기 치료만큼 개입의 효과가 있는 것으로 연구 조사되었다고 하지만, 과제중심모델을 적용한 사례에 대한 장기적 사후 조사는 거의 없는 것으로 알려져 있어 이 부분 또한 보완이 필요하다고 하겠다. 마지막으로, 과제중심모델에서는 과제를 수행하는 중간 단계에 대부분의 시간을 할애하도록 제안하지만 대부분의 사회복지사들은 문제를 사정하는 초기 단계에서 상당한 시간을 보내며 사정단계에서 표적문제가 잘못 설정되는 경우도 있다. 따라서 개입 초기에 지도감독 또는 사례협의를 통해 사회복지사가 클라이언트의 문제를 분명하게 파악하고 사정할 수 있도록 지원하는 것이 매우 중요하다고 하겠다.

참고문헌

김경호. (2005). 『사회복지실천기술론』. 서울: 청목출판사.

김혜란. (1996). 과제중심 모델의 적용에 관한 연구: 위탁보호 사례를 중심으로. 『한국사회복지학』, 30, 25-47.

김혜란, 홍선미, 공계순. (2007). 『사회복지실천기술론』. 서울: 나남.

엄명용・김성천・오혜경・윤혜미. (2001). 『사회복지실천의 이해』. 서울: 학지사.

신원우. (2001). 노숙자 음주문제 해결을 위한 과제중심모델(task-centered model)의 적용가능성에 관한 연구. 『한국사회과학』, 23(1), 149-178. 서울대학교 사회과학연구원.

프란시스 터너 편. (2004). 『사회복지실천이론의 이해와 적용』. 서울: 나남. 연세사회복지실천연구회 역.

허남순. (1998). 과제중심모델의 적용에 관한 연구: 재가노인을 위한 사례관리. 『한국사회복지학』, 35, 399-426.

Tolson, E. R. (2001). The task0centered model. In P. Lehmann & N. Coady (Eds.), *Theoretical perspectives for direct social work practice: A generalist-eclectic approach*(pp. 203-220). New York: Springer Publishing Company, Inc..

제 12 장

교류분석이론

제 1 절 교류분석이론의 역사적 발달

교류분석(Transactional Analysis)은 인간관계가 존재하는 모든 장면에서 일어나는 다양한 교류를 분석하고 적용할 수 있는 이론체계이자 기법이다. 1957년 미국의 정신과의사 Eric Berne이 창시한 집단상담 심리치료의 한 방법으로 의료분야에 주로 적용되어 왔다. Jung이나 Adler처럼 정신분석이론을 사용하는 정신과의사였던 Berne은 정신분석에서 직관(intuition)의 본질, 기능 등에 대해 깊은 관심을 갖고 관찰과 연구를 계속하여 많은 논문을 발표했다. 그러나 Berne의 심리치료이론이나 방법은 그 당시의 정신과 의사들로부터 배척을 받기도 했다. 그럼에도 불구하고 Berne은 오랜 기간이 소요되는 정신분석에 반기를 들고 빠른 치료를 위해 인간의 사고, 감정, 행동(성격체계)을 지금-여기(here and now)라는 차원에서 포착하고 기호나 도식을 사용하여 표시하게 했다. 이 과정을 통해 자신의 모습을 객관적으로 직면시켜 클라이언트가 자기이해나 변화에 능동적으로 참여하게 했다.

정신의학자인 Berne은 미국 내 육군병원에서 군의로 근무하면서 많은 병사들의 정신장애 진료와 진단 방법에 관심을 기울이게 되었는데, 병사들의 비언어적인 의사소통을 관찰한 것이 교류분석이론의 이론적인 토대가 되었다. Berne은 Freud의 사고기제와 인간의 내면적인 경험이나 의식을 연구대상에서 배제하고, 연구의 초점을 외부로부터 관찰 가능한 행동에 두었다. 그리하여 클라이언트들의 말과 행동, 움직임에서 상이한 유형이 있음을 관찰한 후 한 개인 내에 각기 다른 몇 개의 자아상태가 역학관계에 의해서 개인의 행동유형과 전체 성격을 결정짓는다고 보았다.

이후에 교류분석(Transactional Analysis)은 Perls의 게슈탈트 심리학 등 정서적 행동변화의 이론과 기법 등과 행동주의이론을 도입하여 TA 통합이론으로 완성되면서 지속적으로 발전해왔다. 평이성을 특징으로 일반화되고 인간관계가 존재하는 모든 영역으로 파급되기 시작하면서 세계 60여 개국에 '교류분석협회'가 활성화되었고 그 중심에는 '국제교류분석협회(ITAA)'가 있다.

제 2 절 교류분석이론의 개관

1. 교류분석이론의 특징

교류분석은 인간 행동에 대한 이해체계로 자기이해, 타인이해의 단계를 거쳐 자타의 관계 속에서 자기 성장 및 대인관계의 개선방법을 제시해 줌으로써 궁극적으로 자아실현의 단계에 도달하는 데 도움을 주도록 고안된 이론체계이다. Berne은 부모(Parent), 성인(Adult), 어린이(Child)의 개념으로 구성된 세 개의 자아상태를 개발하여 심리치료에 사용했고, 이러한 세 개의 자아상태로 이루어진 성격 사이에서 이루어지는 교류에 관한 이론을 발전시켜 심리치료 도구로 사용했기 때문에 의식(consciousness) 영역에서 심리치료가 이루어진다고 할 수 있다. 그러나 무의식(unconsciousness)의 중요성을 부인하지는 않는다. 교류분석의 핵심을 이루는 각본이론(script theory)과 그 각본을 형성하는 여러 가지 하위이론들은 모두 무의식에서 이루어지는 심리적 실제이다. 다만 교류분석에서는 무의식이라는 용어를 사용하는 대신 '의식 밖(outside of awareness)'이라는 용어를 사용한다. 무의식이라는 용어를 사용하지 않는 이유는 교류분석이 자아심리학(Ego Psychology)의 영향을 강하게 받았고 Burne이 사회정신의학(Social Psychiatry)을 강력히 주창했기 때문이라고 볼 수 있다. 치료과정에서도 '무의식' 대신 '의식'을 강조함으로써 환자들이 모든 책임을 정신분석가에게 떠맡기는 경향을 막고 능동적인 참여를 유도한다. 교류분석에서 사용하는 자아상태는 그 속에 무의식의 요소가 광의로 포함되어 있으며 이러한 의식 밖의 자료를 의식의 세계로 끌어들여 심리치료의 자료로 삼는다.

교류분석의 목적은 인간을 이해하는 것이다. 자기를 대상으로 자기 자신을 배우는 자기이해와 타인의 성장과정, 타인의 자아상태 이해, 에고그램(Ego-gram) 활용, 대화패턴분석, 스트로크(stroke) 주고받기 등을 통해 타인을 이해하고 신뢰하는 과정을 거쳐 자타의 관계를 이해하고 수용하는 것이다. 바람직한 대인관계가 가능한 환경을 조성하기 위해 인간 상호 간에 역학적 관계를 이해하고 구체적인 생활에 적용시키는 것이 교류분석의 취지라고 할 수 있다.

교류분석이론의 철학적 전제는 다음과 같다. 첫째, '인간은 OK이다'가 가장 근본적인 교류분석의 철학적 전제이다. '인간은 긍정적인 존재'라는 것이다. 인간으로서 존엄성, 가치를 동등하게 갖고 있으며 '나로서의 나'와 '당신으로서의 당신'을 소중하게 받아들인다는 의미이다. 이 전제는 인간의 행동을 향해 말하는 것보다는 인간 존재, 그 자체를 의미한다. 클라이언트와 사회복지사는 모두 동등하며 긍정적인 존재이므로 치료적 관계에 대해서도 근본적으로 긍정적인 태도를 제시한다. 둘째, 모든 인간은 사고의 능력을 지니고 있다. 즉, 클라이언트는 자신이 무엇을 원하고 어떻게 그것을 성취할 수 있는지 알 수 있는 사고능력과 책임이 있다는 것이다. 모든 인간은 자신이 결정한 결과를 받아들이며 살아가므로 클라이언트가 사회복지사에게 의존하려는 경향이나 사회복지사가 성급히 클라이언트를 구제하려는 경향을 경계한다. 셋째, 인간은 자기의 운명을 결정하며, 이러한 초기의 결정들은 변화될 수 있다. 즉, 인간은 초기 아동기의 결정이 현재의 삶에 적합하지 않을 때 과거의 삶의 각본에서 벗어나 새로운 삶을 계획하는 재결정을 할 수 있다. 다시 말해, 인간은 과거 아동기의 생각, 느낌, 행동에서 벗어날 수 있으며 새로운 삶을 시작할 수 있다.

교류분석은 '지금-여기(here and now)'라는 대원칙으로 사람은 누구나 이 순간에 살고 있고 존재하므로 '현재'를 중요하게 생각한다. 모든 인간은 자신의 생각, 감정, 행동, 태도 등에 책임을 져야 하며 또한 책임을 질 수 있는 독립적인 존재이다. 인간은 감정, 사고, 행동의 세 차원으로 이루어지는 자신만의 성격을 조화롭게 통합할 수 있는 존재로 본래 긍정적이며 자신의 삶을 변용하고 개척할 수 있는 재결정의 능력을 가지고 있다는 기본 철학을 바탕으로 한다. 교류분석의 궁극적인 취지는 개인이 지금까지 살아온 행동패턴, 사고방식, 느낌, 태도 등의 감정상태를 검토, 평가하고 앞으로 나가야 할 바람직한 방향으로 변화하도록 자기 변용을 꾀하는 것이자 인간 사이의 역동을 이해하고 이에 상응하는 구체적인 적용으로 실효를 거두게 하는 것이다. 즉, 최종목적은 자기를 아는 것, 타인을 아는 것, 자기와 타인과의 관계를 이해하는 것이다. 자기 이해가 이루어지면 자신의 성격적인 불균형에 대해 현실적응에 필요한 수정이 가능해지고, 타인과 대인관계의 이해가 촉진되면 그 기초 위에 인간상호간의 관계가 개선되어 인간관계는 더욱 원활해질 수 있다.

2. 교류분석이론의 주요개념

Berne은 자아상태를 교류분석이론의 가장 핵심적인 개념으로 제시했다. 부모(Parent), 성인(Adult), 어린이(Child)라는 세 개의 자아상태로 인간의 성격이론을 정립했고, '인간의 체험과 감정이 일관성 있고 이에 상응하는 전형적 행동들이 일관성 있게 나타나는 양태'를 자아상태라고 했다. 개인이 행동하고 사고하고 느끼는 것이 어렸을 때와 같다면 '어린이 자아상태'라고 하고, 행동, 사고, 느낌이 부모를 모방한 것이라면 '부모 자아상태'라고 하며, 행동, 사고, 느낌이 '지금-여기(here and now)'에서 일어나는 사실에 반응하는 자아상태를 '성인 자아상태'라고 한다. Berne은 세 개의 자아상태를 중심으로 의사교류를 분석함으로써 인간 성격의 역동성과 문제점을 알려고 했다.

세부분(PAC)으로 구성된 Berne의 성격이론은 Freud의 세 개의 정신기관(psychic agency)인 superego, ego, id와 유사한 모형이다. 부모 자아(P)는 초자아(superego)와 유사하고 성인 자아(A)는 자아(ego)와 비슷하며 어린이 자아(C)는 이드(id)와 비슷하다. Berne의 PAC는 Freud의 superego, ego, id를 평범한 것으로 전락시킨 것에 지나지 않는다는 비판도 있다. 그러나 PAC의 자아상태는 모두 관찰이 가능한 행동적 실마리를 근거로 정의된 것이다. 또한 Freud의 개념은 순전히 이론적 개념이지만, Berne은 무의식을 부인한 것은 아니지만 의식의 영역, 자아(ego)를 성격이론과 심리치료의 핵심으로 삼았다. 즉, 교류분석이론은 의식활동의 중요성을 강조하고 있다.

1) 구조적 자아상태

개인의 인격을 구성하는 자아상태는 크게 구조적 자아상태와 기능적 자아상태로 구분된다. 구조적 자아상태는 인간의 감정, 사고, 행동과 관련된 일련의 연합된 활동을 말한다. 현실적인 자아는 생후 양육자, 교육자, 사회정세, 역사, 문화적 배경 등 외부의 영향을 받아서 형성된다. 현실적인 자아는 서로 밀접한 관련을 지니면서 서로 구별할 수 있는 세 가지 자아상태가 존재한다. 자아상태란 종합적인 반응양식이며 행동이 수반된다. 인간이 지닌 세 가지 자아상태는 P(Parent, 부모)의 자아상태, A(Adult, 성인)의 자아상태, C(Child, 어린이)의 자아상태이다. 교류분석에서는 이러한 자기의 모습을 알기 위해 우선 자기의 PAC의 모습을 세밀하게 관찰한다.

P(Parent, 부모의 자아상태)는 부모의 모습으로 양심이라고 불리는 부분이다. 양심은 유아기에 부모와의 교류를 통해서 조건 부여된 금지, 자기처벌, 죄악감, 자기비판 등의 작용뿐 아니라 자기 이외의 사람들이나 모든 존재에 대한 동정이나 공감, 이상의 추구 등이 본질이다. 즉, P는 어렸을 때 잘 잘못을 따지지 않고 강제적으로 외적인 기억이 뇌 속에 기록으로 축적된 것이다. 생후 5년 사이, 사회적으로 눈뜨기 이전이며 가정을 떠나 학교에 가게 되는 시기까지이다. 가장 많은 기록은 자기 자신의 부모, 또는 부모 역할을 하는 사람의 행동, 태도, 의견이다. 유아가 본 부모의 행동과 부모의 모든 것이 P에 기록된다. P는 개인 특유의 것이며 개인의 인생 특유의 초기경험의 기록이다. 성인이 되어서는 타인에 대한 편견, 비판, 권위, 강압, 독단적인 면과 양육적, 보호적인 행동으로 나타난다. P의 다른 특징은 모순적 사실이 그대로 기록되어 있다는 것이다. 부모가 '거짓말하지 말라'면서 거짓말을 하는 것처럼 부모가 말하는 것과 실천하는 것이 다른 경우이다. P는 배워서 알게 된 것이므로 어린 시절에 부모나 양육자가 느끼거나 생각하는 내용이 도입된 것이다. 대부분 부모나 양육자들의 행동이나 언어행동을 통해 학습된 태도와 행동들이 포함된다. 부모 자아상태에 기록된 경험들은 후에 개인의 생활양식에 합리적, 비합리적 기초자료로 영향을 미치며 이후에 발생

하는 행동에 강박관념, 궤변, 편견을 가져오는 원천으로 작용하기도 한다. P가 긍정적으로 나타날 때 규정, 전통, 규율을 지키고 이상 추구적이며 선악을 판단한다. 그리고 양육적이고 상대방 입장에 서며 인정이 풍부하다. 그러나 P가 부정적으로 나타날 때 권위적, 강압적, 독단적이며, 맹목적인 애정을 보이거나 오지랖이 넓다.

A(Adult, 성인의 자아상태)는 객관적, 합리적이고 바람직한 자아상태로 현실이나 정보의 객관적인 수집에 관심을 기울인다. 조직적이고 응용력이 있으며 현실을 논리적인 사고로 분석함으로써 감정에 치우치거나 냉정을 잃는 법이 극히 드물다. 공사구분이 분명하고 관계중심보다는 업무중심의 분명한 의사결정을 내리며 의사결정 시 계획적, 객관적, 정확한 판단력을 근거로 행동을 취한다. 극도의 성인 자아상태는 무감정적, 기계적이며 상대방에게 차갑고 냉정한 느낌을 주기도 한다. 성인 자아상태는 사실에 기초한 자료를 수집하고 정리 종합하며 최종적인 행동으로 옮길 수 있는지를 추정한다. 이성, 적응성, 합리성, 냉정함과 깊은 관계가 있다. 주체성을 발휘하여 끈기 있게 살아 나가려 부지런히 일하며 창조적인 활동을 관장한다. 미국에서 시작된 교류분석은 A를 가치 있는 것으로 평가하고 A에 의한 인격의 종합을 추구한다.

C(Child, 어린이의 자아상태)는 인간의 유아적, 감정적인 부분이다. C는 유아에게 본능적으로 발생하는 모든 충동적인 것을 내용으로 하며, 현실 인지의 힘이 왜곡되어 있는 경우가 많다. 인생 초기의 경험이나 그 경험에 대한 정서적 반응으로 부모와 관련된 외적 사건에 대해 개인이 선천적으로 갖고 태어난 그대로의 기질을 통해 보고, 듣고, 느끼고, 받아들이는 복합적인 감정들을 포함한다. C에는 천성적인 본능이나 충동, 인생 초기의 체험이나 이에 적응하기 위한 반응양식 등이 포함된다. 천성적으로 갖추어진 예술적인 소질이나 직관력 등도 C에 속한다. 전체적으로 C의 특색은 자타미분화의 상태에 있다는 것이다. 미분화는 의존성을 반영하며, 부모 자아상태와

일체가 됨으로써 안전을 보장받으려는 모습이 나타난 것이다. C의 사고방식은 자기중심적이며 타인에 대한 진정한 의미의 동정을 느끼지 않으므로 모든 행동의 동기는 이타적으로 보이지만 사실은 이기적이다. C가 긍정적일 때 어린이와 같은 천진난만함, 풍부한 감정, 직관력이 있으며, C가 부정적일 때 자기본위로 멋대로 하거나 자폐적, 비관적일 수 있다.

일반적으로 세 가지 자아상태 중 가장 먼저 발달하는 것이 본능을 중심으로 하는 어린이 자아상태이며 이후 부모의 행동 습관을 모방함으로써 부모 자아상태가 발달한다. 성인 자아상태는 자신을 이해하고 자신을 성장, 촉진시키며 활성화하는 과정을 통해 자타의 조화로운 관계 속에서 판단력과 조절력이 생기면서 나타난다. Berne은 이러한 구조적 자아상태를 성격구조와 관련지어 'PAC성격구조이론'이라고 했다.

2) 기능적 자아상태

교류분석의 기능적 자아상태는 Dusay(1977)에 의해 발전된 것으로 Berne의 구조적 자아상태를 각각 분리하여 특이한 행동의 원천과 성격에 관련된 에너지의 양을 나타낸 것이다. 기능적 자아상태는 구조적 자아상태인 PAC를 기초로 하여 비판적 부모형(CP: Critical Parent), 양육적 부모형(NP: Nurturing Parent), 성인형(A: Adult), 자유로운 어린이형(FC: Free Child), 적응적 어린이형(AC: Adapted Child) 등의 5가지 측면을 제시한다. 각 유형별 자아상태마다 긍정적인 측면과 부정적인 측면의 성향을 나타낸다. 각 유형별 자아상태에 따른 긍정적 측면과 부정적 측면의 성향은 다음과 같다.

양육적 부모형은 양심의 의식적인 부분과 무의식적인 부분 사이에 타협이 성립되어 있으며 부성적인 것과 모성적인 것 사이에 알맞은 조화를 이룬다. 본능에 관해 수치심이나 죄악감을 느끼지만 자신이 자란 생활환경의 영향(예를 들면, 부모의 훈계)으로 인해 지나치게 구속받는 것이며, 실제로는 자유로워져도 되는 것이라고 생각한다. 긍정적 측면은 따뜻하고 온정적 지지, 배려, 염려나 이해, 수용이지만, 부정적인 측면은 지나친 관심, 배려, 과잉간섭, 과잉언어 등으로 상대방을 무력하게 취급하는 것이다.

비판적 부모형은 양심의 의식적인 부분과 무의식적인 부분 사이의 커다란 괴리로 부성적인 것과 모성적인 것 사이의 부조화를 말한다. 극단적인 도덕주의나 융통성 없는 결백성 등이 그 예이다. 긍정적인 측면은 규칙적 질서존중, 권위적, 일관적, 전통적, 규범적인 것이지만, 부정적 측면은 남을 경멸, 비하, 통제, 비판하거나 편견이 심하다는 것이다.

성인형은 인격의 종합으로 최신의 정보를 수집함으로써 자신의 생각, 감정, 행동을 적절히 변용시키려는 유연한 태도를 갖는다. 긍정적 측면은 사실, 정보에 입각한 지각과 객관적, 현실적, 논리적, 진취적, 진보적이라는 것이며, 부정적인 측면은 냉담하고 무감각적, 기계적, 타산적이며 인정이 없고 소극적 후퇴적일 수 있다는 것이다.

자유로운 어린이형은 가정교육에 의한 부모의 영향이 최소한도이며, 천성적이고 자연스러운 형태로 행동하는 것이다. 본능적, 자기중심적, 공격적이면서도 호기심이나 공포에 차 있다. 법률이나 도덕 등 외계의 현실을 생각하지 않고 즉석에서 쾌감을 구하며 불쾌함이나 고통을 피한다. 자유로운 어린이형이 너무 강하면 본능적인 감정에 제동을 걸 수가 없어서 부모나 상사에게 폭언을 퍼붓는 태도를 취하기도 한다. 여러 가지 감탄사, 느낀 그대로의 감정이나 욕구를 솔직하게 표현하는 것, 방종 등이 그 예이다. 긍정적 측면은 자발성, 자유로움, 직관, 창조성, 적극성, 호기심이고, 부정적 측면은 자기중심성, 충동성, 자유방임, 향락지향성이다.

적응적인 어린이형은 어린시절 성장과정에서 부모의 영향을 강하게 받아서 형성된 부분이다. 부모의 애정을 잃지 않기 위해 그 기대에 부응하려고 사용한 갖가지 적응의 양식이 포함된다. 긍정적 측면은 조심스러움, 순응, 감정 억제, 순종, 타협 등이고, 부정적인 측면은 소극성, 폐쇄성, 의존성, 타율성, 눈치, 반항 등이다. 합리적으로 잘 순응한 경우 대인관계에서 적절한 대응의 방법으로 성인 자아상태로 발전해간다. 한편으로는 진짜 감정을 억압해서 착한 아이가 되거나 현실을 도피해서 자폐적인 상태가 되기도 한다. 자주성이 없는 소극적인 태도로 남이 하라는 대로만 하거나 쉽게 동의 또는 타협하는 것, 자기학대, 열등감, 아부, 남의 비위를 맞추며 참는 태도 등이 그 예이다.

3) 자아의 구조분석

균형 있는 사회적응이 가능하려면 자아상태 PAC의 활동이 조화를 이루고 양심의 자기통제(self-control)가 가능해야 한다. 교류분석은 자신의 모습을 명백히 하는 것에서 시작한다. PAC의 자아상태를 토대로 자신의 사고, 감정, 행동을 분석하는 것이 자아의 구조분석이다. 목적은 자신의 성별, 연령, 생활상황 등과 관련해서 성격 경향이나 행동양식을 객관적으로 관찰하고 본래의 자신에 바탕을 둔 생활방식에 접근하는 데 있다. 자신의 PAC를 이해하기 위해 다음과 같은 질문에 답해야 한다.

첫째, 여러 가지 생활정보, 연령 등에서 PAC의 주도성은 어떻게 바뀌어가며 현재의 자기는 어떤 자아상태가 주도성을 장악하고 있는가? PAC 상호간의 강약관계는 자신의 연령이나 본래의 성격경향에 따라 다양할 수 있다. 먼저, 나이에 적합한 PAC의 작용은 다음과 같다. 소년기는 C가 강하고 A는 미성숙하며 P가 완전하게 발달하지 않은 상태이고, 청년기는 C의 기본적 충동이 갑자기 작용하여 본능과 이상의 갈등으로 고뇌하는 상태이다. 노년기는 의리나 인정의 P는 왕성하지만 현실음미의 A 또는 행동, 체력, 쾌락의 C가 쇠퇴한 상태이고, 노인후기는 C는 왕성하지만 사회적 활동의 정지와 함께 P와 A가 급격히 쇠퇴한 상태라고 할 수 있다. 다음으로 자신에게 고유한 PAC의 유형은 다음과 같다. 예술적 C형은 C의 정서나 P의 창조성에 비해 A의 현실음미의 힘이 약한 예술가형이다. 감정적인 사고를 하는 직관력이나 미의 표현력에 탁월한 소질을 가지고 있는 사람을 말한다. 사색적 P형은 천성적으로 사색에 소질이 있는 사람이며 사물의 이치를 깊이 생각하여 전진하는 유형이다. 경험보다는 순수한 사고를 좋아하며 종교, 철학분야 등 학문 발전에 뛰어난 공헌을 할 수 있다. 분석적 A형은 외계의 현실적이며 구체적인 사상을 분석하여 구성요소, 법칙 등을 찾아내는 능력이 뛰어난 사람이다. 현실적 A형은 C나 P가 결여되었으나 현실적인 타산만이 지배적인 유형이다.

둘째, 자신의 고유한 행동양식은 어떤 것인가? 불완전한 성격일수록 사소한 일에도 부적절한 과잉 반응을 보여 적응하지 못하는 경우가 많다. 교류분석에서 보는 문제성격유형은 다음과 같다. C억압형(A우월형)은 자유로운 감정의 표출, 노는 즐거움, 인생을 즐겁게 살아가는 능력 등이 결여되어 일에만 에너지를 소비하는 유형이다. A불안정형(P우월형)은 사물을 현실적으로 비판하고 처리하는 능력이 부족하여 C의 욕구와 P의 의리나 인정 사이에서 헤어나지 못하는 유형이다. P미숙형(C우월형)은 젊은 세대에 많다. 지식은 많이 발달하고 행동은 충동적이며 무책임한 유형이다.

셋째, 자신이 마음속으로 되기를 바라는 성격유형은 어떤 것인가? 본래의 자기와 현실의 자기 모습의 행동양식은 어떠한 차이가 있는가? 사람은 가면의 자기(체험하는 자아)와 본래의 자아와의 차이를 명확하게 인지하지 못하는 경향이 있다. 자아기능 중 자신이 체험하는 자아와 본래의 자아의 차이를 발견하여 수정할 수 있게 하는 것이 구조분석의 궁극적 목적이다. 개인은 대개 일상생활에서 PAC의 자아상태 중 어느 것이 강하게 작용하는 행동을 하지만, 자아상태 PAC 중의 어느 하나로 편향된 경우도 있다. 교류분석에서 배제(exclusion)는 하나나 둘의 자아상태가 개인의 전체적 기능에서 제외되어 있는 상태를 말한다. 오염(contamination)은 A의 자아상태의 정신에너지에 다른 자아상태의 하나나 둘이 유입되어 자신의 행동이나 감정에 혼란이 생기는 상황을 말한다.

제 3 절 교류분석이론의 실천과정

1. 사회복지사와 클라이언트의 관계

교류분석에서 클라이언트를 보는 관점은 반결정론적(anti-deterministic)이며 구체적으로는 다음과 같이 요약할 수 있다. 첫째, 클라이언트는 자율적인 존재이다. 현실세계에 대한 인식, 게임을 하지 않고도 정서를 표현할 수 있는 자발성, 다른 사람과 사랑을 나누고 친밀성을 가질 수 있는 존재이다. 둘째, 클라이언트는 자유로운 존재이다. 무언가에 의해 결정되지 않는 존재로 사회적 영향에서 완전히 벗어날 수 없지만 완전히 사회나 어린시절의 경험에 의해 결정되는 것도 아니다. 많은 자유를 가진 존재이며, 자유롭지 못하다면 자율적일 수도 없다. 셋째, 클라이언트는 선택하고 결정할 수 있는 존재이다. 자율적이고 자유롭다는 것은 여러 대안 중에서 선택하고 결정할 수 있다는 것을 의미한다. 만약 자신의 결정이나 선택이 적절하지 않다고 여기면 다른 대안을 선택하여 새로운 결정을 할 수 있는 존재이다. 넷째, 클라이언트는 책임질 수 있는 존재이다. 결정할 수 있고 자율적일 수 있다는 것은 자기 자신을 책임질 수 있는 존재라는 의미를 내포한다. 이처럼 교류분석에서는 클라이언트의 자율성, 자유, 선택과 의사결정의 능력, 책임감 등을 강조한다.

교류분석에서 개입의 기본원칙은 '계약적 방법(contractual method)'과 '개방적 의사소통(open communication)'이다. 긍정적 존재로서 사고능력, 재결정의 능력을 지닌 클라이언트는 자신이 원하는 삶의 형태에 이르기 위해 사회복지사의 도움을 받으며 최선을 다하겠다는 계약을 체결해야 변화가 가능하다. 아울러, 개입과정 중에 무엇이 일어나고 있는지 사회복지사와 클라이언트 간에 개방적인 의사소통이 있을 때 효율적인 개입이 가능하다.

교류분석이론은 이상적으로는 집단에 적용하는 것이 적절하다. Berne은 집단 차원의 실천이 개인에 대한 실천보다 개인에게 빠르게 많은 정보를 준다고 보았다. 재결정치료는 집단 맥락에서 집단구성원이 초기 기억을 재생하고 집단에서 타인들과 상호 작용함으로써 삶에서 생길 수 있는 각본을 경험할 수 있도록 하는 것이다. 교류분석 집단 내의 상호작용을 통해 집단구성원은 자신의 과거의 결정에 도전하고 다시 검토하고 새로운 결정을 실험해보는 많은 기회를 갖게 된다. 집단구성원들이 자신의 가족, 친구, 지역사회로부터 취할 수 있는 생활경험들을 집단이 제공해준다는 것이다.

교류분석이론에 근거한 개인상담과 집단상담에서 사회복지사의 역할은 다음과 같다. 첫째, 사회복지사는 클라이언트에게 상처를 주어서는 안 된다. 클라이언트의 상처에 해석을 가할 때는 꼭 필요한 것에만 부드럽게 해야 한다. 둘째, 인간에게는 회복을 향한 능력이 선천적으로 주어져 있다. 회복은 클라이언트의 잠재력을 조장함으로써 가능하다. 셋째, 개입은 클라이언트가 개입의 계기나 기회를 갖도록 도움을 주는 것이다. 교류분석의 초점은 인지적인 측면이다. 사회복지사는 교사로서 구조적 분석, 각본분석, 게임분석과 같은 개념을 설명해야 한다. 교류분석은 클라이언트와 사회복지사의 동등한 관계, 집단지도자와 집단구성원들 사이의 평등성을 강조한다.

재결정치료에서 사회복지사는 집단구성원들이 만성적인 나쁜 감정을 지원해 주는 게임을 하는지와 생활각본과 초기결정을 지지하기 위해 이러한 감정을 어떻게 유지하는지를 스스로 발견할 수 있도록 분위기를 조성한다. 사회복지사의 또 다른 기능은 집단구성원들이 효과적인 삶의 방식을 발견하고 실험할 수 있도록 도전하게 하는 것이다. 그리고 효과적인 변화를 위해 집단구성원들이 필요로 하는 수단을 획득하도록 돕는다. 사회복지사는 집단구성원들 사이의 상호작용을 촉진시키기보다 집단 내의 개인적인 상담 작업을 조장한다. 일차적 변화의 원동력은 클라이언트의 능동적인 역할이므로 사회복지사는 집단에서 중심적인 위치를 차지하며 번갈아가며 각 클라이언트와 상담한다.

2. 실천과정

1) 계약(치료적 관계의 구조)

교류분석의 실천과정은 치료적 계약을 이해하고 설계하는 클라이언트의 능력과 자발성에 기초한다. 계약(치료적 관계의 구조)은 클라이언트가 획득하고자 하는 목적을 구체적으로 진술한 것을 포함하며 독특하고 측정 가능한 것이어야 한다. 계약은 클라이언트가 어떠한 변화를 언제, 어떻게 원하는지를 명백하게 정의하기 위해 책임성을 요구한다. 그러므로 클라이언트는 처음부터 실천과정이 책임을 나누는 것이며 사회복지사가 지시하는 것을 수동적으로 기다릴 수 없다는 사실을 배워야 한다. 계약은 실천 활동의 출발점을 확립하는 것이다. 잘 서술된 계약은 클라이언트가 개입에서 원하는 것을 얻을 수 있는지를 명백하게 만들어줄 수 있다. 계약은 클라이언트가 무엇을 얻고자 왔고 그것을 언제, 어떻게 얻을 수 있는지를 알 수 있게 하는 유용한 해답일 수 있다. 교류분석의 과정은 일차적으로 계약에 의해 정의된 변화에 초점을 두며 이 계약은 요구되는 목표와 과정에 대해 사회복지사와 클라이언트가 성인 대 성인으로서 동의하는 것을 말한다. 계약은 사람들이 스스로 변화하도록 돕기 위한 실제적인 도구를 의미하며, 계약 시 클라이언트는 변화를 원하는 영역을 좀더 깊이 있게 간파함으로써 변화의 주체가 될 수 있다. 장기간 계약은 한계가 있으므로 각 단계마다 발전되는 것이 유용하다.

2) 집단에 대한 재결정적 접근

재결정적 접근에서 개입의 핵심은 클라이언트가 어린이 자아상태에 있는 동안 재결정을 할 수 있도록 돕는 것이다. 과거의 상황이 현재 일어나고 있는 것처럼 초기장면들을 재경험하게 함으로써 행해질 수 있다. 이것은 단순히 과거 사건에 대해 이야기하게 하는 것이 아니라 집단구성원들이 어린이 자아상태에 몰입해 들어가고 새로운 결단, 즉 재결정을 내리도록 돕는 과정이어야 한다. 집단과정은 집단의 초기단계, 작업단계, 종결단계로 나눌 수 있다.

집단 초기단계의 첫 번째 단계는 건전한 계약을 설정하는 것이다. 집단구성원을 위한 결과는 집단지도자가 집단구성원과 함께 만들 수 있는 관계의 특성과 집단지도자의 능력에 달려 있다. 그러나 집단 지도자가 클라이언트와 좋은 관계를 만들 능력이 있을지라도 집단구성원이 자신의 가장 중요한 문제가 무엇인지 드러내지 않을 수도 있다. 그러므로 집단지도자는 집단구성원의 가장 중요한 불평거리에 도달하려고 시도해야 한다. 집단에서 신뢰는 자신의 문제에 도달하고자 하는 집단구성원의 자발성과 관계가 있다. 집단의 다음 단계는 집단구성원의 변화를 위한 실제적 계약에 대해 탐색하는 것이다. 이것은 클라이언트가 변화하기 위해 지금 취하는 행동에 초점을 두는 것이다.

집단의 작업단계는 계약이 성립된 후 시작된다. 집단구성원이 자신의 생활각본과 만성적인 부정적 감정에 초점을 맞춘다. 목적은 집단구성원의 만성적인 부정적 감정을 노출시키고 집단구성원이 자신의 만성적인 부정적 감정에 대해 책임을 지게 하는 것이다. 이 단계 동안 게임에 초점을 둔다. 게임은 집단구성원이 어떻게 만성적인 부정적 감정을 유지하며 어떻게 자신의 생활각본에 조화시키는지를 집단구성원이 이해하게 돕기 위해 분석된다. 사회복지사의 중요한 기능은 집단구성원이 자신의 사고, 감정, 행동에 대해 책임감을 갖도록 경계를 늦추기 않는 것이다. 집단구성원은 '할 수 없다'거나 '아마도' 또는 '만약 그것이 없다면', '노력해'와 같은 도피적 언어를 사용할 때 도전받으며 비주장적인 말을 사용할 때도 도전받는다. 또한 집단지도자는 집단구성원이 어떻게 만성적인 부정적 감정을 유지하는지를 알아차릴 수 있도록 집단분위기를 조성한다. 사회복지사는 클라이언트가 선택할 수 있는 대안을 발견하도록 돕는다.

집단의 종결단계에서는 집단구성원의 목소리, 신체, 얼굴표정의 변화가 집단과정에서 명백해진다. 이 단계에서는 집단으로부터 자신의 변화에 대해 강화를 받는 것이 중요하다. 집단과정은 새로운 방식으로 느끼고 행동하기 시작하는 집단구성원에게 지지를 제공해준다. 집단은 집단구성원이 자신의 오래된 이야기를 새로운 이야기로 대체해서 말하도록 격려하며 집단구성원의 새로운 결정을 지지하는 언어적 비언어적 자극을 제공한다. 집단과정의 마지막 단계 동안 집단구성원은 자신의 변화를 집단상황에서 일상생활로 전이하는데 초점을 맞춘다. 집단구성원이 집단을 떠나기 전에 집단구성원이 직면할 수 있는 새로운 문제 상황과 새로운 성공으로부터 야기될 수 있는 불안을 건전하게 다룰 수 있도록 지원체제를 발전시키는 것이 좋다.

제 4 절 교류분석이론의 실천기술

교류분석의 주요접근방법은 스트로크(Stoke)를 통한 자아상태(자아의 구조분석), 금지령과 반금지령, 결정과 재결정, 인생태도(Life Position), 생활각본, 게임(대화분석) 등이다. 구체적인 기술은 다음과 같다.

1. 스트로크(Stroke)를 통한 자아상태

인간은 신뢰감을 발전시키기 위한 신체적, 심리적인 '자극'을 필요로 한다. 부족한 신체적 접촉은 유아 성장과 발달을 저해할 뿐 아니라 극단적인 경우 죽음으로까지 몰고 갈 수 있다. 수용과 인정의 언어적, 비언어적 표시인 심리적 자극은 사람이 자신의 가치를 확인하기 위해 필요하다. 자극은 긍정적이거나 부정적일 수 있다. 표현, 온정, 애정, 감사를 뜻하는 미소나 가벼운 접촉, 몸짓과 같은 긍정적인 자극들은 심리적으로 건강한 발달을 위해 필수적이다. 손상을 초래하는 부정적인 자극들은 건강한 심리적 발달을 저해한다. 부정적인 자극은 역효과에도 불구하고 전혀 자극이 없는 것보다는 나은 것으로 간주된다. 교류분석에서는 클라이언트가 자기 자신을 무시하는 방식에 민감해지고 어떤 자극이 이것을 동기화하는지를 인식하도록 돕는다.

'스트로크(Stroke)'란 상대의 존재나 가치를 인정하기 위해 행하는 접촉, 자극을 의미하는 것으로 건강한 심신발달의 동기로 작용한다. 개인은 의미 있는 타인과의 관계 속에서 자기의 존재를 인정받기 원하는데 이러한 욕구가 바로 스트로크이다. 개인은 긍정적인 스트로크를 원하며 이를 얻지 못했을 경우 부정적인 스트로크라도 얻으려고 한다. 스트로크 교류에서 일어나는 긍정적, 부정적인 것들이 마음속에 축적되어 이후의 행동, 사고, 감정상태에 영향을 미친다. 스트로크에는 긍정적 스트로크, 부정적 스트로크, 조건적 스트로크, 무조건적 스트로크가 있다. 긍정적 스트로크는 쾌감을 느낄 수 있는 애정, 승인, 보수 등이 쾌적한 상태를 의미한다. 부정적 스트로크는 마음이나 신체를 손상시키는 말이나 행동 등이다. 미움, 장애, 방해 등으로 인해 불쾌한 감정을 불러일으키는 것을 말한다. 조건적 스트로크는 전제조건에 의한 결과에 따라 긍정적 또는 부정적 스트로크를 제공하는 것이다. 바람직한 스트로크는 조건이 붙지 않는 무조건적 스트로크로서 상대의 인격, 존재 자체에 대한 승인을 의미한다. 교류분석에서는 긍정적 스트로크를 최대화하고 부정적 스트로크를 최소화해 인간 상호간의 신뢰감을 형성할 수 있게 한다.

2. 금지령과 반금지령

Goulding의 재결정적 접근은 교류분석의 초기결정, 금지령의 개념에 근거한다. 금지령은 어린이 자아상태에서 유추된 부모의 메시지이다. 그러한 메시지들은 실망, 좌절, 불안, 불행의 표현으로 삶을 배워나가는 어린이에게 '안돼(don'ts)'를 확립시킨다. 부모는 자신의 병리로 인해 '안돼', '~해서는 안돼' 등과 같은 금지령을 어린이에게 준다. Goulding에 의하면 어린이는 이러한 부모의 메시지를 수용할지와 대항할지를 스스로 결정하며, 금지령을 수용한다면 어떻게 수용할 것인지를 정확하게 결정해야 한다.

금지령의 반대영역은 부모의 부모 자아상태로부터 유래되는 메시지로 반금지령이다. '돼', '~해야 해', '조심해', '제발' 등과 같은 것이다. 교류분석에서 클라이언트는 자신이 살아오면서 훈련되어온 '해야 해', '해서는 안돼', '돼', '안돼' 등을 탐색한다. 불합리하며 무비판적으로 받아들여진 부모의 메시지에 의한 행동으로부터 자신을 자유롭게 하는 첫 단계는 아동기 때 수용된 금지령과 반금지령을 인식하는 것이다. 클라이언트가 내면화된 금지령과 반금지령을 지각하고 확인하게 되면 이러한 것들을 비판적으로 검토할 수 있게 된다.

3. 결정과 재결정

교류분석은 삶의 과정을 유익하게 변화시키는 새로운 의사결정의 능력과 행동을 통제하는 결정에 대해 인식하는 특별한 능력, 인간의 인지적, 이성적, 행동적 측면을 강조한다. 부모의 금지령과 반금지령에 의해 어떻게 의사결정이 되는지, 어떻게 클라이언트가 초기결정을 재생하고 새로운 결정을 하는지를 조사하고 연구하는 데 초점을 둔다. 즉, 클라이언트가 자신의 결정을 인식하고 자신의 내부에 있는 금지령을 인식하게 하고, 이러한 결정이 적절한지에 대해 검토하도록 돕는다. 클라이언트의 금지령이 어떤 목적과 결정을 위한 것인지와 클라이언트의 발달을 저해하는지에 대해 탐색한다.

교류분석에서는 개인이 받아들이는 금지령이 무엇이든지 그리고 삶의 결정의 결과가 무엇이든지 개인이 재결정을 학습하여 원래의 결정을 수정함으로써 변화할 수 있다고 본다. 새로운 의사결정과 관련된 교류분석은 클라이언트가 현재에는 부적절한 아동기의 초기결정을 안전하게 포기할 수 있도록 요구한다.

4. 인생태도(Life Position)

인생태도는 유아기에 이루어지는 자신과 타인에 대해 가치를 부여하는 기본적인 반응경향, 기본적 자세를 말한다. 인생 초기에 어떤 의미가 있는 자극이나 체험을 하게 되고 이것이 되풀이되면서 강화되면 강한 감정적 태도가 형성되고 이것이 바탕이 되어 현재의 행동을 규정하는 하나의 양식이 형성된다. 인생에 대한 긍정적, 부정적 태도는 6세 이전 유아기에 기본이 형성되는데, 이후에 수정되고 변용되지 않는 한 자신과 타인에 대해 일생동안 취하게 된다. 한번 고정된 인생태도는 인지과정을 통한 변용의 의지가 없는 한 새로운 인생태도로 바꾸기 힘들다. 그러나 인간의 긍정성을 강조하는 교류분석에서는 발달과정에서 초래된 왜곡된 인생태도에서 벗어나 긍정적이고 밝은 인생, 신뢰할 수 있는 인간관계를 창출할 수 있다고 본다.

유아기에 가장 중요한 환경은 어머니이기 때문에 생후 일년 동안 유아가 체험하는 어머니와의 접촉은 중요한 의미를 갖는다. 어머니가 주는 스킨십이 유아가 받는 최초의 자극이며 그 양이나 방식이 근거가 되어 유아의 마음속에서 정동이 생겨난다. 어머니와의 접촉을 통해서 유아는 자타에 대한 기본적 신뢰감이 싹튼다. 교류분석에서는 자신과 타인을 긍정할 줄 아는 인생의 태도를 건설적인 성격의 요인으로 본다. 기본적 인생태도 구조는 자기와 타인을 구분하여 긍정과 부정의 축으로 나누어 제시한다. 교류분석에서는 부모와 자녀 간의 접촉의 정도나 내용에 따라 인생의 기본적인 구성을 다음의 네 가지 인생태도로 분류한다. 자타부정(I'm not ok, You're not ok), 자기부정과 타인긍정(I'm not ok, You're ok), 자기긍정과 타인부정(I'm ok, You're not ok), 자타긍정(I'm ok, You're ok)이라는 인생태도의 특징은 다음과 같다.

자타부정은 인생을 무가치하고 좋은 일이 없다고 느끼는 허무주의적인 태도이다. 감정상태는 염세, 체념의 경향이 강하다. 극단적, 폐쇄적이며 매사에 침울하고 쉽게 자포자기하는 특징이 있으며 무기력함과 불신에 의한 포기와 자타 파괴의 성향이 있다. 이 태도를 취하는 사람은 타인과의 접촉을 거부하며 교류하려 하지 않고 폐쇄적이다. 이러한 사람은 두 가지의 유형으로 분류된다. 첫째는 원천적으로 애정이나 주목을 감지하는 감각이 결여된 정신분열병적 소인을 가진 유형이다. 둘째는 인생초기에 주어졌던 애정이 상실되어 마음의 상처를 입은 유형이다. 타인을 믿지 않고 자기 자신도 가치가 없다는 인생태도로 극단적인 경우에는 자살이나 살인도 발생할 수 있다.

자기부정과 타인긍정은 열등감, 콤플렉스로 우울한 사람이 취하는 태도로 감정상태는 억울함, 속상함이다. 소극적, 자기비하적이며 매사에 양보하는 이면적 교류의 특징이 있으며 상황에서 도피하는 회피와 자폐를 나타낸다. 이 태도를 취하는 사람은 타인에 비해 자기가 무력하다는 열등감을 갖고 있다. 많은 아동들이 성장초기에 자기 자신에 대해 끌어내는 결론이기도 하다. 신체적인 약소함, 무력함, 지적 미숙함 등 때문에 외부로부터 민감하게 압력을 느끼기 때문이다. 실패가 거듭되면 다른 사람과의 관계에서 자기는 열등하다는 견해를 갖게 되며, 타인으로부터 긍정적 스트로크(stroke)를 얻고 싶은 강한 욕구를 갖는다. 그러므로 부모 자아상태를 가진 결혼상대나 친구, 동업자를 찾는다.

자기긍정과 타인부정은 타인에게서 박해 또는 희생당하고 있다고 느끼는 사람이 취하는 인생태도이다. 감정상태는 짜증, 울화, 오만함이다. 자기중심적이고 당돌하고 거만하고 잘난 척하며, 상대방을 배제하거나 자기중심적으로 끌어들이려는 독선과 배타가 특징이다. 자기절대시나 책임전가 등의 투사에 능하다. 투사가 작동하면 자신이 타인에게 적의를 품고 있는 것을 깨닫지 못하고 타인이 자신을 싫어하고 있다고 느낀다. 본질적으로는 자기부정, 타인긍정의 방향지향을 지니지만 이를 받아들이지 못해 완강하게 자기를 방어하는 것이다.

자타긍정은 교류분석이 목표하는 이상적인 인생태도로 감정상태는 행복감이다. 낙천적, 개방적, 우호적인 특징이 있고 함께 행동해 나가는 협동과 공존의 성향이 있다. 성장과정에서 도달하는 상태가 아니고 평생 동안의 스스로의 인생체험을 통한 끊임없는 자기수련에 의해 획득되는 것이다. 항상 주체적이며 창조적으로 살려고 하며 자신의 존재가 타자와의 관련 없이는 성립될 수 없다는 사실을 깨닫게 되면서 인생의 방향을 설정하게 된다.

인생태도는 각 개인이 경험하게 되는 외부적 상황과 내부적 자아상태의 변화 사이에서 일어나는 긍정적, 부정적 자극에 반응하는 심리적 태도이다. 자신의 삶과 중요하게 관련된 인물들과의 언어적, 비언어적 스트로크(stroke)에 의해 결정된다.

5. 생활각본

생활각본 또는 생활계획은 기본적인 심리적 자세들과 관련이 있다. 생활각본은 금지령, 반금지령 같은 부모의 가르침으로부터 발전된다. 생활각본은 개인이 삶의 어느 곳을 향해 가고 있고, 무엇을 하며 언제 도착하는가를 말해주는 청사진이라 할 수 있다. Berne에 의하면 인간은 부모와 타인과의 초기 상호작용을 통해 지원이나 비난의 자극을 받아들이게 되며 이러한 자극에 기초해서 자신에 대한 기본적인 실존적 결정을 내리게 된다. 그리하여 네 가지 인생태도 중 하나를 결정하게 되는 것이다. 이러한 실존적 결정은 평생 동안 계속 언어적, 비언어적 메시지에 의해 강화되며, 개인이 처한 상황에 대한 해석, 게임, 만성적인 부정적 감정의 결과에 의해 강화된다. 아동기 동안 개인은 타인이 신뢰할 만한 존재인지 아닌지를 결정한다.

교류분석이론의 근간을 이루고 있는 '각본이론(Script Theory)'은 자아상태이론과 함께 매우 중요하다. Berne(1961)에 의하면 각본은 반복강박(repetition compulsion)의 결과로 나타나며, 개인은 불행했던 아동기 사건들을 반복하려는 경향이 있다. 각본분석(Script Analysis)은 개인이 강박에서 자유로워져서 현재의 상황에 맞는 새로운 방식을 찾는 과제를 성취하려는 것이다. Steiner(1974)는 아동이 생존하며 필요한 욕구를 만족시키기 위해서 욕구 만족을 시켜주는 부모나 환경과의 상호관계에서 최선의 전략을 모색하는 결과로 결정하게 된 인생계획, 즉 삶의 청사진을 각본이라고 보았다. 각본은 일생을 통해서 삶의 모든 영역에 커다란 영향을 미치므로, 각본을 분석하고 치료함으로써 역기능적 과거의 각본을 버리고 현실에 맞는 각본을 만들어 과거의 지배에서 벗어날 수 있다. 인간은 어렸을 때 자신의 각본을 쓰고 다음 단계에서 자기가 쓴 각본으로 세상을 보며, 나아가 자신의 각본에 세상을 뜯어 맞추려고 하는데 이것이 성격의 문제이다.

각본분석을 통해 클라이언트는 자신이 생활각본을 획득하는 방법과 기본적인 심리적 생활자세를 이해할 수 있게 된다. 생활각본의 일부분을 연기해보는 과정을 통해 클라이언트는 자신이 아동일 때 비판 없이 받아들였던 금지령, 메시지에 반응하기 위해 했던 결정, 이러한 초기결정을 유지하기 위해 현재 사용하고 있는 게임들, 그리고 만성적인 부정적 감정에 대해 배울 수 있다.

드라마삼각형(Karpman, 1968)도 클라이언트가 자신의 각본과 게임을 확인할 수 있게 해준다. 삼각형은 가해자, 구제자, 희생자로 구성된다. 가해자는 타인을 비평하고 타인을 희생자의 위치에 두기 위해 유혹한다. 구제자는 타인을 돕거나 구제하는 데 의존한다. 만약 타인이 희생자의 역할을 하지 않으면 구제자는 타인을 돌보는 자신의 게임을 할 수 없게 된다. 희생자는 타인이 변화하지 않으면 스스로를 변화시킬 힘을 가지고 있지 않으며, 수동적이고 무기력한 자세를 취한다. 개인이 다양한 상황에서 이러한 세 가지 역할 모두를 번갈아가며 할 수도 있다. 그러나 대부분의 사람은 하나의 자세를 선호한다. 자신의 삶을 분석하는 과정에서 클라이언트는 사회복지사로부터 피드백을 구함으로써 자기해석의 정확성을 점검할 수 있다.

6. 게임(대화분석)

의사소통의 기본단위로 간주되는 교류는 둘이나 그 이상의 사람들 사이의 자극교환으로 구성된다. 대화를 통한 의사소통에 관한 교류분석이론은 각 개인마다 다양한 자아상태, 즉 부모, 성인, 어린이 자아상태를 가지고 있으며, 인간 상호간의 의사소통은 현재 지니고 있는 자아상태와 긴밀한 관계 속에서 이루어진다고 본다. 자신의 대인관계유형을 이해하려면 먼저 자신과 타인의 자아상태를 관찰한 후 타인의 자극에 대해 성인 자아상태인 객관적, 논리적, 합리적인 의사전달방법인 'We-Message법'으로 교류하기 위해 노력해야 한다. 즉, 상징적 의미 전달을 위한 상호작용적 관점에서 '주관적인 나-I'가 아닌 '객관적인 나-Me'로서 사회적 관계 맺기를 해야 한다는 것이다. 의사소통 시 청자와 화자 간의 심신의 질병, 불안, 근심, 걱정, 정서장애 등 부정적 상황이 존재할 때 성인 자아상태를 유지하지 못하게 되는데 이 경우 상호 간에 의사소통의 어려움이나 대인관계의 장애가 유발될 수 있다.

대화분석은 자신이 타인에게 어떠한 대처 방법을 취하고 있으며 타인은 자신과 어떤 연관을 맺고 있는가에 대한 이해를 깊게 한다. 목적은 개인이 자신의 대인관계 현황을 상황에 따라서 의도적으로 통제할 수 있게 하려는 것이다. P와 P 사이의 대화는 부모 또는 양육자의 언행과 같은 비판적, 위압적, 보호적, 양육적이다. 상대의 지시를 바라거나 원조를 청하려고 하는 말이나 태도이다. A와 A 사이의 대화는 사실을 근거로 해서 사물을 비판하고 상대에게 사실이나 정보를 전하려는 것이다. 상대방의 지성과 이성에 대해 작용하려는 말이나 태도로 상대방에게 성인으로서 접촉한다. C와 C 사이의 대화는 유아기와 같은 행동방식으로 자기가 느낀 대로 처신하고 상대의 기분을 상하지 않도록 행동한다. 상대의 감정을 자극하거나 상대방 감정에 호소하는 등 상대방의 감정에 작용할 수 있는 언어나 태도로 접촉하는 것이다.

교류분석에서는 대화를 상보적 교류, 교차적 교류, 이면적 교류의 세 가지 교류로 분류한다. 첫째, 상보적(complementary) 교류는 대화에서 발신자가 구하는 정보를 수신자가 받아 그에 상응하는 수신 메시지를 전달하는 것이다. 즉, 기대했던 반응이다. 두 사람의 자아상태가 서로 상호 관여하는 교류로 발신과 응답의 방향이 서로 병행되고 특별한 변화가 생기지 않는 한 상호 지지의 대화가 지속적으로 이루어진다. '지금이 몇 시입니까?'(A)에 대해 '3시입니다'(A)

로 반응하는 것, '뭐 좀 마시러 가자'(C)에 '좋아, 가자.'(C)로 반응하는 것 등이다. 둘째, 교차적(crossed) 교류는 기대와는 다른 반응이다. 수신자의 반응이 발신자가 기대한 메시지를 저지함으로써 대화가 단절된다. '왜 그 모양이야?'(P → C)에 대해 '누가 할 말인데! 주제를 모르는군!'(P → C)으로 반응하는 것, '일이 어느 정도 진행되었나?'(A → A)에 대해 '큰일났어요. 제발 도와주세요.'(C → P)로 반응하는 것, '얼마나 기다려야 하나요?'(A → A)에 대해 '게임이나 한판하지.'(C → C)로 반응하는 것 등이다. 셋째, 이면적(ulterior) 교류는 본래의 의도가 숨겨진 가면적 교류이다. 발신자와 수신자 사이의 대화 내용이 표면적으로 나타나는 것과 달리 이면에 숨겨놓은 본 의도가 따로 있는 경우이다. 즉, 본래의 욕구, 의도, 사건의 진상을 이면에 숨겨놓고 표면적으로는 다른 형태의 교류가 이루어진다. 표면의 메시지와 이면의 메시지가 다른 교류인 것이다. '할인행사는 오늘이 마지막입니다.'(A → A)라고 말할 때 이면에 숨겨진 메시지는 '지금 이 물건을 사라!'(A → C)이다. '이 과장이 부장으로 승진했대요.'(A → A)에 숨겨진 메시지는 '만년과장인 거 부끄럽지도 않나? 본 좀 받지!'(P → C)이다.

제 5 절 교류분석이론의 유용성과 한계

교류분석이론은 성격이론이자 인간의 성장과 변화를 위한 심리치료체계이다. 인간이 심리적으로 어떻게 구성되어 있는지를 도식으로 보여주며, 인간이 자신의 성격을 행동으로 어떻게 표현하는지 이해할 수 있게 한다. 생활각본(Life Script)은 현재의 개인의 삶의 방식이 아동기에 근거하고 있음을 보여주며 개인이 자기패배나 고통을 자신에게 안겨주는 아동기의 삶의 전략을 어른이 되어서도 계속 사용하게 되는 과정에 대해 설명한다.

교류분석은 성격이론, 의사소통이론, 아동발달이론, 정신병리학, 상담학, 대인관계능력의 향상을 목적으로 한 생활지도에서 산업훈련까지 다양한 분야에서 적용되고 있다. 즉, 정신치료는 물론 자기개발이나 교육훈련, 경영 등에서 발생할 수 있는 장애를 극복하는 데 활용할 수 있다. 교류분석은 개인, 관계, 의사소통 등의 이해를 요하는 어디에나 사용할 수 있어 교육, 상담, 조직 등의 다양한 분야에서 정신과의사, 임상심리사, 사회복지사, 경찰, 보호관찰사, 교육자, 상담자, 성직자 등이 활용하고 있다.

교류분석이론의 유용성은 다음과 같다. 첫째, 클라이언트의 변화를 유도하기 위한 방법으로 '계약'을 강조한다. 계약은 클라이언트가 무엇을 변화시키려는지에 대해 명백하게 결정함으로써 책임감을 확인하는 것이다. 계약은 사회복지사와 클라이언트 사이의 동등한 관계에 기초한다. 상담의 방향에 대한 지침이 될 수 있는 치료적 계약을 강조함으로써 클라이언트와 사회복지사 양자의 자유와 책임을 분명히 한다. 둘째, 교류분석은 여성과 상담할 때 유용하다. 계약의 활용, 사회복지사와 클라이언트 사이의 대등한 관계, 교류분석과정의 지식을 클라이언트에게 제공하는 것, 클라이언트 자신에게 힘을 부여해주는 것 등은 여성의 발언을 높이 평가해 여성에게 더욱 효과적일 수 있다. 셋째, 교류분석 개념은 클라이언트가 자신의 대인행동을 분석하고자 할 때 적용이 가능하며 클라이언트의 의지에 따라 혼자서도 충분히 변화 가능하다. 넷째, 대인관계에서 의사소통의 질을 개선할 수 있는 구체적인 방안을 제시한다. 다섯째, 부모의 금지령과 반금지령, 초기결정 등을 이해함으로써 효율적인 부모가 될 수 있는 길을 제시한다.

교류분석은 유용성에도 불구하고 몇 가지 한계를 지닌다. 첫째, 교류분석은 이론과 절차가 적절한 실험적 타당성을 확보하지 못했다는 점에서 비판의 대상이 된다. 교류분석의 기초를 형성하고 있는 이론적 개념을 지지하기 위해 수행된 경험적 연구가 많지 않다는 것이다. 둘째, 교류분석이 잘못 사용될 가능성이 있다. 실천가에 따라 교류분석의 분석적, 인지적인 요소와 특수한 용어들만 받아들이거나 분석에만 치중할 수 있다는 것이다. 셋째, 교류분석의 주요개념을 포함한 많은 개념들이 인지적이기 때문에 지적 능력이 낮은 클라이언트들에게는 부적절할 수 있다.

참고문헌

김경호. (2005). 『사회복지실천기술론』. 서울: 청목출판사.

박종삼. (1997). 심리유형(MBTI)과 교류분석(TA)의 심리치료적 접목을 위한 이론적 고찰. 『한국심리유형학회지』, 4, 29-51.

이은주. (2007). 교사의 자아상태와 인생태도 간의 상관관계를 통해 살펴본 의사교류 특징. 『스피치와 커뮤니케이션』, 8, 7-38.

이현림 · 김영숙. (1995). 의사거래분석의 재결정적 접근에 관한 고찰. 『교육학논총』, 14, 1-22.

Berne, E. (1961). *Transactional analysis in psychotherapy*. New York: Grove Press.

Goulding, R., & Goulding, M. (1976). Injunctions, decisions, and redecisions. *Transactional Analysis Journal*, 6(1), 41-48.

Karpman, S. (1968). Fairy tales an script drama analysis. *Transactional Analysis Bulletin*, 7(26), 39-43.

Steiner, C. (1974). *Scripts people live*. New York: Grove Weidenfeld.

제 13 장

인간중심이론

제 1 절 인간중심이론의 역사적 발달

인간중심이론은 행동주의 및 정신분석적 접근의 대안적인 치료방법으로 등장한 인본주의 심리학의 대표적인 치료이론이다. 인간중심이론은 인간의 성장과 변화에 대한 접근법으로 1940년대에 Carl Rogers에 의하여 개발된 이래 지금까지 계속 발달하고 있다. 인간중심이론의 주요 목표는 개인이 좀더 자율적, 자발적인 존재가 되어 자신감을 갖도록 돕는 것이다. Rogers의 치료 이론은 1940년대에는 비지시적 치료(non-directive therapy), 1950년대에는 내담자중심치료(client-centered therapy), 1970년대 이후에는 인간중심치료(person-centered therapy)로 발전했다. 구체적인 발전내용은 다음과 같다.

1940년대의 비지시적 치료는 개인 심리치료의 지시적인 접근이나 전통 정신분석적 접근에 대한 반발로 개발되었다. 실천가는 자신을 노출시키기보다는 클라이언트가 자신의 감정을 인식하는 데 목표를 두고 클라이언트의 비언어적, 언어적 표현을 반영해 주고 명료화시키는 데 초점을 두었다. 이 시기에는 통찰이 중요했으며, 수용의 분위기를 창출하고 클라이언트가 자신에 대한 지식을 증가시키도록 돕는 데 초점을 두었다. 실천가는 수동적, 비심판적 경청과 공감을 하고 직면을 사용하지 않으며 클라이언트의 이야기를 반복하거나 명료화하는 데 주력했다.

1950년대에 Rogers는 클라이언트를 중요시하면서 비지시적 치료를 내담자중심치료로 바꾸었다. 이 시기에는 반영적, 정서적 지향이 중요했다. 건설적 성격 변화를 위한 필요충분조건을 개발하고 클라이언트와 의사소통할 때 공감, 무조건적이고 긍정적인 관심과 진심을 강조했다. 실천가의 적극적 경청, 공감, 실천가 자신의 공유, 직면이나 해석을 하지 않는 태도가 중요했다.

1960년대에는 클라이언트가 '진정한 자기가 되는 것'에 초점을 두었다. '자기가 되는' 과정은 경험에 의한 개방, 자신에 대한 신뢰, 내적 평가, 지속적인 성장의지 등에 의해 가능하다. 이 시기는 경험적, 실존적 상담으로 명명되며 참 만남의 지향으로 설명된다. 치료적 관계의 수립, 클라이언트의 경험 반영, 실천가의 경험 표현이 강조되고, 실천가의 역할은 적극적 경청, 정확한 공감, 직면, 진정한 우정의 공유, 적절한 해석 등이었다.

1970년대와 1980년대의 인간중심치료는 교육, 산업, 집단, 긴장이완, 세계평화를 위한 노력 등 광범위한 영역에 적용되기 시작했다. 인간중심치료는 개인 및 집단심리상담은 물론 교육, 가족생활, 리더십과 관리, 조직구성, 건강관리, 문화나 인종간의 활동, 국제관계 등에도 폭넓게 적용되기 시작했다. 1970년대 말에서 1980년대에 걸쳐서는 정치, 특히 세계평화에까지 적용되기에 이르렀다. 지역사회, 직관, 제도와 정치적 체계의 인도주의적 실현 및 촉진이 강조되었다. 실천가의 역할은 조직 등에 인간중심치료의 효과적 요소를 적용하는 것, 인도주의적 가치의 주장, 조용한 혁명 등이었다.

인간중심치료는 인간의 자기실현 경향성을 전제로 한다. 기본 가정은 인간은 본질적으로 신뢰할 만하며 실천가의 직접적인 지시가 없이도 자신과 자신의 문제를 이해할 수 있는 잠재적 능력을 충분히 갖고 있으므로 치료관계에 참여하게 되면 자기 주도적으로 성장할 가능성이 있다는 것이다. 또한 현상학을 바탕으로 하므로 클라이언트의 지각과 주관적 세계를 중요시한다. 개인뿐 아니라 집단상담, 교육, 가족상담, 리더십과 관리, 조직구성, 건강관리, 문화나 인종 간 긴장완화, 세계평화를 위한 노력에도 폭 넓게 적용되고 있다.

제 2 절 인간중심이론의 개관

1. 인간중심이론의 특징

인간중심이론은 실존주의 이론의 많은 개념이나 가치를 공유하고 인본주의심리학에 뿌리를 둔다. 실존주의는 클라이언트의 주관적인 경험을 존중하며 긍정적, 건설적이고 의식적인 선택을 할 수 있는 클라이언트의 능력을 신뢰한다. 클라이언트와 실천가의 관계를 상담, 치료의 핵심으로 강조하며, 클라이언트의 지각에 초점을 두면서 실천가가 클라이언트의 주관적 세계로 들어간다.

인간중심이론에서 보는 심리적인 문제는 자신의 건설적이고 성장 지향적인 내재적 가능성을 실현시키지 못하는 상태를 의미한다. 자신의 경험과 자기개념 사이의 부조화 또는 불일치인 것이다. Rogers는 심리적인 문제가 야기되는 과정을 유기체적 경험과 자기개념 사이의 불일치, 위협 또는 불안의 경험과 이에 대한 방어, 유기체적 경험에 대한 의식 및 이에 따른 자기개념의 붕괴, 괴리된 행동의 출현으로 설명한다.

인간은 타인으로부터 사랑을 받고 자기 스스로 자신을 높이 평가하려는 욕구 때문에 자신의 유기체 내에서 진행되는 여러 가지 의식 가능한 경험들을 있는 그대로 평가하지 않는다. 그 대신 부모들이 사용했던 가치조건, 그리고 나중에는 자신의 것이 된 가치조건에 따라 자신의 유기체 내의 경험들을 평가한다. 그리하여 자기개념과 현실에 대한 개념을 형성하고 그러한 개념들이 형성된 후에는 그러한 개념에 부합되는 경험들이 의식화된다. 그러나 자아개념에 부합되지 않는 경험들은 왜곡되어 지각되거나 부정된다. 자신의 경험과 자기개념 사이의 괴리가 크면 클수록 그만큼 더 자기개념의 유지에 위협을 느끼게 되고 그에 따른 불안을 느끼게 된다. 위협적이고 불안을 야기하는 경험들이 의식상에 표출된다면 불안을 심히 증대시키고 자기개념에 심한 위협이 된다. 따라서 왜곡이나 부정을 통하여 이러한 사태를 방지하려고 하는 것이다. 이와 같은 방어의 노력이 실패할 때 자기개념을 위협하는 경험들을 의식하게 되고 이제까지 유지해온 자기개념의 해체 또는 붕괴를 경험하게 된다. 이처럼 자기개념이 붕괴되는 경우 지금까지 해왔던 방식으로 자기개념과 일치하는 행동을 하기도 하지만 때로는 이와 달리 부정하고 왜곡해왔던 경험을 그대로 표출함으로써 자기개념과 일치하지 않는 행동을 하기도 한다. 결국 인간중심이론에서는 심리적인 문제의 근원을 방어적이고 경직된 자기개념에 두고 있다.

Rogers에 의하면 자기개념의 발달과 더불어 타인으로부터 긍정적인 존중, 즉 사랑을 받고자 하는 욕구가 발달하고 나중에는 스스로 자신을 존중하고자 하는 욕구가 발달한다. 이때 중요한 타인들이 어떠한 가치조건에 따라 어떤 행동은 존중하고 어떤 행동은 존중하지 않는 상황이 거듭된다면 결국에는 자기 스스로 그 중요한 타인들이 하는 것과 마찬가지로 자신의 행동이나 반응을 그러한 가치조건에 따라 평가하게 된다. 이러한 자신의 행동 및 반응에 대한 평가결과는 그대로 자신의 자기개념 형성에 반영된다. 그리하여 지나치게 엄격하고 경직된 가치조건을 가진 부모나 기타 중요한 타인들과의 상호작용을 경험해온 사람은 경직되고 방어적인 자기개념을 형성하게 되며 반대로 무조건적으로 그를 존중하고 사랑하는 사람들과 함께 지내온 수 있었던 사람은 개방적이고 융통성 있는 자기개념을 형성하게 된다.

인간중심이론에서는 인간의 심리적인 문제는 지나치게 경직되고 방어적인 자기개념으로 인해 자신의 다양한 경험들을 왜곡, 부정한 결과라고 본다. 이처럼 자신의 경험들이 왜곡, 부정되는 경우 인간은 그 정도만큼 자신의 내재적 가능성들을 실현할 수 없게 된다. 그리고 자신의 긍정적이고 창조적인 성장의 힘을 위축, 약화시키게 되어 심리적인 문제를 야기할 수 있다.

2. 인간중심이론의 인간관

인간중심이론의 기본 가정은 사람은 본질적으로 신뢰할 수 있고 전문가의 직접적인 개입이 없이도 자신을 이해하고 자신의 문제를 해결할 수 있는 충분한 능력을 가지고 있으며 구체적인 치료적 관계를 통해 자기-지시적 성장을 할 수 있다는 것이다. 특별히 실천가의 태도와 인간적 특성, 클라이언트와 실천가 사이의 관계의 질이 실천의 결과를 결정하는 중요 요인이라고 본다. 인간이 자아실현을 발전시킬 수 있도록 하는 상황은 보편적이기 때문에 훌륭한 상담은 부모, 선생님, 우정과 같은 핵심 요소들에 기반을 둔다. 그러므로 성장 강화에 목표를 둔 인간관계의 경험을 클라이언트에게 제공하는 것이 중요하다. 특히 클라이언트의 말에 귀를 기울이고 클라이언트의 감정을 듣는 것이 핵심적이다.

인간중심이론에 의하면 인간은 자신의 내재적 잠재력을 실현하려는 실현경향성(actualizing tendency)을 가진 존재이다. 자신의 내재적 잠재력을 실현하려는 경향성이 인간의 유일한 욕구이자 동기이다. 그러나 인간의 모든 반응이 자신의 잠재력을 실현시키고 자신과 타인을 유지하고 향상시키는 것은 아니다. 인간은 타인으로부터 사랑과 칭찬을 받으려는 욕구와 자존하려는 욕구를 갖고 있어서, 자신이 자라면서 형성한 자기(self) 또는 자기개념(self-concept)에 자신의 경험을 일치시키려는 경향, 즉 자기개념을 실현하려는 경향성이 있다. 자기개념에 맞추어 경험하고 행동하려는 경향성은 일반적인 실현경향성에서 분화하여 발달한 하위경향성이지만 때로는 실현경향성 못지않게 강력하다. 예를 들면 부정적인 자기개념을 가진 사람은 다른 사람이 자신에게 긍정적인 이야기를 할 때 수치심이나 분노를 느낄 수 있다. 즉, 자신의 유기체적 경험과 자아개념이 불일치하는 것이다. 유기체적 경험은 특정 순간에 유기체 내에서 작용하고 있는 일체의 것을 지칭하며, 자기개념은 자기가 어떠한 존재라는 의식상의 자기상을 뜻한다. 유기체적 경험과 자기개념 사이에 불일치가 생길 때 개인은 유기체 내에서 진행되는 경험들을 부정하거나 왜곡하고 자신의 내재적 가능성을 실현시킬 수 없게 된다. 그리고 심한 경우에는 부적응과 정신병리가 나타날 수 있다. 이는 부모들의 가치기준을 토대로 습득한 가치조건에 의해 자신 및 세계에 대한 개념을 형성하고 유기체적 경험 중에 자기개념에 부합하지 않는 것은 왜곡하거나 부정하고 자기개념에 부합되는 경험들만을 선택적으로 의식화하여 반응하는 것이다. 이때 왜곡 또는 부정되는 경험에 대한 평가는 자기의 유기체적 경험의 여러 측면을 고려한 올바른 평가라고 할 수 없다. 이처럼 유기체적 경험의 여러 측면들이 왜곡, 부정되어 의식화될 수 없으면 자기개념이 조화를 이루면서 확장, 변모되지 못하고 자신의 내재적 가능성이 부정되는 결과가 발생한다. 이것은 자기 자신과 사회의 유지와 향상에 기여할 수 있는 실현경향성의 위축을 의미한다.

한편, 자기개념이 자신의 유기체적 경험의 여러 측면들을 이해, 수용하고 자신의 경험이 자신의 반응에 충실하게 반영되는 경우 완전한 기능을 발휘할 수 있다. Rogers에 의하면 이러한 인간의 특징은 5가지이다. 첫째, 경험에 대한 개방성이다. 방어적이지 않으며 정서적인 깊이가 있다. 둘째, 실존적 삶이다. 실존의 각 순간을 완전히 살며 자발적이고 융통성이 있다. 셋째, 유기체에 대한 신뢰이다. 직관적이며 자신을 신뢰하고 자기 확신적이다. 넷째, 체험적 자유이다. 자유의지에 대한 주체적인 느낌을 말한다. 다섯째, 창의성이다. 새롭고 건설적인 생각이나 물건을 만들어낼 수 있다. 즉, 자신의 내재적 잠재력을 신뢰하고 최대한 발휘함으로써 자기 자신과 사회의 유지와 성장, 발전에 기여한다.

Rogers에 의하면 인간의 행동은 목표 지향적이며, 특정 순간의 반응은 그 순간에 경험되어지는 내재적 욕구들을 만족시키는 방향으로 이루어진다. 그러므로 선택은 무의식적인 힘이나 환경에 의해 결정되어지는 것이 아니라 자의적인 것이며, 인간은 선택과 결정을 통해 끊임없이 자신의 내재적 잠재력을 실현해 나가고 자신과 사회를 유지, 발전, 향상시켜 나간다. 즉, 끊임없이 형성해가는 존재이며 과거나 환경, 개념에 의해 결정되어지거나 묶여져 있는 존재가 아니다. 인간은 누구나 자신의 내재적 잠재력을 실현하려고 한다. 그러나 성장과정에서 인간은 타인과 구별되어 자기라는 존재를 분별하게 되고 부모나 중요한 사람들의 가치규범을 내재화하여 가치조건을 갖게 된 후에는 자신의 경험들을 이 가치조건에 비추어 평가함으로써 자기개념을 형성한다. 자기개념이 형성된 후에는 자기개념에 비추어 자신의 생각, 감정, 행동들을 받아들이기도 하고 방어하기도 한다. 자기개념을 방어하기 위해 왜곡, 부정하는 경험들이 이기적이거나 부정적인 것은 아니다. 경험이 유기체 자체보다 자기개념을 실현하는 데만 기여한다면 자신이나 타인에게 유해한 결과를 가져올 수 있다. 그러나 경험은 자신을 유지, 향상시키려는 내재적 잠재력이 내포되어 있으며 자기 자신의 유지와 향상을 위한 것이다.

인간중심이론은 사회복지사의 태도가 클라이언트의 건설적인 변화를 일으키는 데 매우 중요한 역할을 한다고 본다. 그러므로 촉진적 관계 형성을 중시할 뿐이며, 클라이언트를 위한 특수한 목표를 선택하지 않는다. 클라이언트는 자신의 목표를 정하고 명료화할 수 있는 능력이 있기 때문이다. 실천의 목표는 개인의 독립과 통합이며 클라이언트가 가지고 있는 문제보다는 클라이언트 자체에 초점을 둔다. 성장과정에 있는 클라이언트를 도와 클라이언트 스스로 현재 직면하고 있는 문제와 미래의 문제들을 더 잘 다룰 수 있게 하는 것이다. 사회복지사는 클라이언트에게 무엇을 하도록 강요하지 않으며, 클라이언트의 변화를 촉진하기 위한 도구로 사회복지사 자신을 활용한다. 사회복지사의 기능은 클라이언트가 성장할 수 있도록 도와주는 촉진적이고 치료적인 분위기를 조성하는 것이다. 무조건적 긍정적 존중, 진실성, 공감적 이해를 통해 클라이언트의 지각이 더 높은 수준으로 기능할 수 있게 한다. 클라이언트가 부조화 상태에 처해 있더라도 무한한 성장 가능성을 가진 존엄한 존재임을 믿으며, 클라이언트가 자신을 마음껏 표현할 수 있도록 긍정적이고 안전한 분위기를 제공한다. 클라이언트는 자신의 부정적인 모습까지 완전히 수용된다는 신뢰가 있을 때 안심하고 자신을 드러낼 수 있게 된다.

3. 인간중심이론의 주요개념

인간중심이론에 의하면 인간은 성장 지향적이고 자신에 대해 더 완전히 알게 되며 과거의 상처를 회복하여 신뢰를 더욱 발전시킬 수 있다. 실천가의 일치 또는 진실, 무조건적인 긍정적 존중 및 공감적인 이해 등의 태도가 클라이언트의 방어적 태도와 고정관념을 버리게 하고 가장(pretense)에서 벗어나 클라이언트와 사회복지사의 진정한 만남을 가능하게 한다. 클라이언트의 성장을 촉진하는 특징은 일치(congruence), 수용, 감정이입이다. 구체적인 내용은 다음과 같다.

일치는 인간 사이의 정직함과 솔직함이다. 사회복지사의 일치는 실천적 관계 속에서 어떠한 가식도 없이 사회복지사가 자신의 유기체적 경험을 정확하게 표현하며, 진실하고 전체적으로 통합된 존재가 되는 것이다. 일치는 또한 클라이언트의 요구와 준비에 민감하게 맞추는 방식으로 경험의 측면들을 공유하는 것이다. 일치(congruence)와 진실(genuineness)은 사회복지사가 진실하다는 의미로 사회복지사를 완전히 신뢰할 만하다는 뜻이다. 사회복지사 자신의 이해와 경험을 언어화하고 클라이언트를 공감적으로 이해하며 긍정적인 존중의 태도를 갖는 것이다. 진실은 실천가의 세 가지 특성 중에서 가장 중요하며 사회복지사는 진실을 향해 노력하는 인간의 모델이 되어야 한다. 클라이언트와의 관계에서 사회복지사가 진실되고 일치된 태도를 보일 때 클라이언트의 변화가 가능하다.

수용 또는 무조건적인 긍정적 관심은 클라이언트가 느끼는 감정을 지속하게 하는 실천가의 진정한 의지를 포함한다. 클라이언트를 온정적으로 받아들이고 클라이언트의 자아 경험의 모든 면을 순수하게 수용하는 것이다. 실천가는 조건이나 평가 없이 클라이언트를 보호하면서 클라이언트와 함께 클라이언트에 관한 긍정적인 태도를 형성하기 위해 노력한다. 무조건적인 긍정적 관심은 클라이언트에게 관심을 가지면서 클라이언트를 선하고 이성적이며 자유로운 존재가 될 잠재력을 갖추고 있는 하나의 인격체로 수용하는 것이다. 클라이언트의 감정이나 생각, 행위의 좋고 나쁨을 평가하거나 판단하지 않는다는 점에서 무조건적이다. 클라이언트는 사회복지사가 관심이 부족하거나 자신을 평가하고 있다고 느끼면 점점 방어적으로 될 것이다. 성공적인 실천을 위해서는 완전히 수용적인 분위기에서 클라이언트가 자신을 안심하고 드러낼 수 있게 해야 한다.

감정이입은 클라이언트가 경험하고 있는 감정과 개인적 의미를 정확하게 느끼고 이해한 바를 클라이언트에게 전달하는 것이다. 이때 클라이언트가 인지한 것의 의미뿐 아니라 인지 수준의 바로 아래 있는 것들까지도 분명히 할 수 있다. 좋은 감정이입의 주요요소는 다음과 같다. 첫째, 지력, 통찰, 훈련, 경험의 역할이다. 사회복지사는 클라이언트가 말하는 것에서 암시되는 의미와 감정적 내용을 감각적으로 정확하게 잡아내야 한다. 둘째, 감정이입은 단순히 감정을 이해하는 것이 아니다. 감정이입은 클라이언트가 제공하는 감정적, 해설적 측면의 인식을 전달하는 것이다. 셋째, 감정이입은 클라이언트의 경험에 대한 강한 심리학적 순응이다. 그러나 경계를 잃는 것은 아니다. 이것은 인지의 손실 없이 마치 자신이 상처받거나 기쁨 등을 느끼는 것처럼 클라이언트가 느끼는 기쁨과 상처를 느끼는 것을 의미한다.

제 3 절 인간중심이론의 실천과정

인간중심이론의 실천과정은 클라이언트가 조금씩 진보하고 성장하는 7단계로 볼 수 있다. 1단계는 융통성과 거리가 필요하다. 클라이언트는 자신을 드러내려고 하지 않으며 자신의 실제의 문제를 인식하지 못한다. 사회복지사는 클라이언트를 아무 조건 없이 수용해야 한다. 2단계는 클라이언트가 1단계보다 조금 더 개방하는 단계이다. 클라이언트의 감정이 드러나지만 클라이언트가 자신의 감정을 인식하거나 자신의 것으로 이해하지는 못한다. 3단계에서 클라이언트는 자신과 자신의 현재 경험에 대해 이야기하기 시작한다. 클라이언트는 과거의 감정들을 자유롭게 이야기하지만 현재의 감정은 부정하거나 느끼지 못할 수도 있다. 4단계에서 클라이언트는 과거의 강렬한 감정들을 인식하고 받아들이게 된다. 클라이언트는 자신의 감정을 인식하고 받아들이는 데 공포와 두려움을 느끼기도 한다. 5단계에서는 현재의 감정들이 자유롭게 표현되고 현재에 느끼는 듯이 경험된다. 클라이언트는 스스로 자신의 감정들을 수용하고 자신의 경험을 있는 그대로 인식하게 된다. 경험에 맞는 적절한 감정을 느끼게 되고 자신의 문제를 해결하려는 책임감을 느낀다. 6단계에서는 이전에 금지되었던 감정들을 자유롭게 느끼고 즉각적으로 경험한다. 더 이상 자신의 경험을 객관적인 사물로 받아들이지 않고 주관적으로 그 순간에 존재하게 된다. 7단계는 매우 드문 단계이다. 더 이상 개입이 필요하지 않기 때문이다. 이 시기의 클라이언트는 즉각성과 개방성을 가지고 새로운 감정들을 경험하게 된다. 자신의 감정뿐 아니라 자신의 감정에서 느껴지는 변화도 함께 인식하게 된다.

인간중심이론의 실천단계를 통상적인 4단계로 나눌 때는 관계형성, 자료수집 및 사정, 계획 및 계약, 평가 및 종결로 나누어 볼 수 있다. 구체적인 내용은 다음과 같다.

1단계는 관계형성이다. 초기단계 또는 자아인식단계라고도 할 수 있다. 관계형성을 위해 사회복지사는 정직하면서도 클라이언트를 존중하고 감정이입적으로 말함으로써 클라이언트가 신뢰하도록 해야 하며 특히 클라이언트의 개방성을 촉진시켜야 한다. 사회복지사는 안전하고 신뢰할 수 있는 분위기를 조성하면서 클라이언트가 겪는 고통이 무엇인지, 고통이 어떤 느낌인지, 가장 견디기 힘든 갈등은 어떤 것인지 등을 표현하게 한다. 이 과정을 통해 클라이언트가 현재 처한 상황에서부터 자신을 인식하게 돕는다.

2단계는 자료수집 및 사정단계이다. 자기발견단계 또는 내적 욕구 탐색단계라고도 할 수 있다. 사회복지사는 수집할 자료들을 결정할 수 있어야 한다. 예를 들면, 학대받는 배우자의 경우 안전문제의 탐색, 약물중독, 자살 가능성, 자원 및 지원의 심각한 결여, 잠재적으로 문제가 될 만한 것 등에 대해 논의한다. 클라이언트가 인식한 자신의 내면에 있는 욕구를 탐색함으로써 진정한 자신의 모습을 발견하도록 한다. 긍정적이고 부정적인 복잡한 감정을 솔직하게 표현하게 하고 충분히 자기의 감정을 느끼고 경험할 수 있도록 한다.

3단계는 계획 및 계약이다. 변화단계 또는 자기수용단계이기도 하다. 사회복지사는 클라이언트가 요구하는 것 이상으로 많은 방향을 제시하지는 않는다. 클라이언트가 자신의 경험을 탐색할 충분한 기회를 가진다면 적절한 목표와 계획이 출현할 수도 있을 것이다. 클라이언트는 자신이 겪는 고통이나 자신의 성격과 문제를 둘러싸고 있는 배경을 이해하면서 자기를 받아들이는 수용력이 증가된다. 사회복지사는 클라이언트가 지금-여기에서 느끼는 감정을 충분히 명료화하고 직면할 수 있도록 돕는다.

4단계는 평가 및 종결, 즉 통합 및 조화단계이다. 사회복지사는 클라이언트가 자신의 모습을 있는 그대로 수용하면서 전체로서의 자신을 통합할 수 있도록 돕는다. 극단적인 감정의 균형, 감정과 사고 및 행동의 일치, 몸과 마음의 협력, 개인과 가족 및 환경과의 조화로운 통합의 추구를 목표로 한다. 인간중심이론의 개입기간은 정해져 있지 않으며, 평가의 구성요소는 결과보다는 과정이다. 특정 영역에 특성화된 이론이 아니므로 평가할 내용은 클라이언트 집단에 따라 다양할 수 있다.

제 4 절 인간중심이론의 실천기술

인간중심이론의 핵심기법은 다음과 같다. 첫째, 수용이다. 단순한 수용은 클라이언트를 격려하는 언어적 또는 비언어적 반응을 나타낸다. 둘째, 반영은 클라이언트가 표현하는 감정과 태도를 다른 말로 표현해주는 것이다. 클라이언트는 자신이 말했던 것을 사회복지사를 통해 다시 듣게 되면 자신이 이해받고 있다고 생각하게 된다. 셋째, 명료화는 클라이언트가 말한 것을 새로운 말로 단순화시켜 클라이언트에게 이해시키는 것이다. 혼란스러운 상황을 쉽게 이해할 수 있게 한다. 넷째, 직면은 클라이언트에게서 발견한 모순을 부드럽게 지적하는 시도이다. 직면은 클라이언트가 모순적인 말을 할 때,

클라이언트의 말과 행동이 상반될 때, 클라이언트가 거짓으로 말할 때 시도할 수 있다. 다섯째, 자기노출은 클라이언트가 자신을 잘 이해할 수 있게 사회복지사가 클라이언트와 유사하게 느낀 감정, 경험, 생각을 나누는 기술이다. 사회복지사의 자기노출은 클라이언트의 문제와 직접 관련되어야 하며 관계를 향상시키는 것이어야 한다. 여섯째, 개방형 질문은 클라이언트와 논의하고 있는 감정, 사건, 경험을 깊이 파악하기 위해 사용하는 질문이다. 개방형 질문은 클라이언트가 논의하고 있는 것이 중요하다는 것을 나타내주며 클라이언트의 자기 탐색에 도움을 준다. 일곱째, 침묵은 사회복지사가 클라이언트의 말을 듣고 있으며 좀더 듣기를 원한다는 것을 클라이언트에게 나타내는 것이다. 또한 클라이언트가 생각을 정리하여 표현하도록 기다려 주는 것이다.

인간중심이론에서 중요한 것은 공감이다. 공감은 클라이언트와 실천과정을 함께 하는 사회복지사의 태도이다. 사회복지사가 클라이언트의 감정에 빠져들지 않으면서 클라이언트의 사적 세계를 사회복지사 자신의 것처럼 느끼고 클라이언트의 감정을 자신의 감정인 것처럼 느끼는 것이다. 사회복지사가 결코 클라이언트가 될 수는 없지만 클라이언트가 지각하는 대로 지각하고 느끼는 대로 느끼고 경험하는 대로 경험하면서 클라이언트인 것처럼 이해하도록 노력하는 것이다. 사회복지사는 클라이언트의 주관적인 경험, 특히 지금-여기의 경험을 이해하도록 노력해야 한다. 사회복지사가 자신의 정체감을 잃지 않고, 클라이언트가 현재 보고 느끼는 주관적인 세계를 파악할 때 클라이언트의 건설적인 변화가 가능하다. 사회복지사의 공감의 정도가 클수록 클라이언트가 발전하는 기회는 더욱 확장된다.

효과적인 공감을 위해서는 다음 사항을 고려해야 한다. 첫째, 클라이언트가 이야기하는 구체적인 내용은 물론 몸짓, 손짓, 신체적인 접촉, 시선의 접촉, 그리고 얼굴표정 등과 같은 비언어적인 표현에도 최대한 주의를 기울인다. 언어적인 요소보다는 비언어적인 요소가 더 진실하게 자신을 나타내는 경우가 많기 때문이다. 둘째, 클라이언트가 알아듣기 쉬운 말로 이야기하고, 클라이언트의 느낌을 가장 잘 나타낼 수 있는 단어를 찾아본다. 자신이 클라이언트를 이해하고 있음을 구체적인 단어를 통해 클라이언트에게 전달하는 것이다. 전달할 때는 언어적인 내용과 더불어 비언어적인 요소를 포함시키면 더욱 효과적일 수 있다. 셋째, 클라이언트가 말할 때의 목소리와 비슷한 목소리로 말한다. 넷째, 클라이언트가 말할 때는 물론 행동에 대해서도 즉각적으로 반응한다. 다섯째, 클라이언트가 표현하지 않은 내용, 즉 속마음을 알아주려고 주의를 기울인다. 실제 말로 표현하지 않은 내용이 더 중요할 수 있기 때문에 그 내용을 상대방에게 알려주면 상대방은 자신이 깊이 이해받고 있다는 것을 알게 되어 마음 속 깊은 내용까지도 이야기할 수 있다. 여섯째, 클라이언트의 생각과 느낌을 알기 위해 자신을 클라이언트의 위치에 놓고 생각하고 느껴야 한다.

제 5 절 인간중심이론의 유용성과 한계

인간중심이론은 다양한 학파의 개념들을 자유롭게 조합할 수 있는 절충적 접근이다. Rogers는 인간중심이론을 고정적이거나 완성된 실천적 접근이라기보다 실천의 원리로서 제안했다. 이러한 이유로 인간중심이론은 개인 및 집단치료에서는 물론 가족, 교회, 학교, 산업체, 정부, 나아가 인종간의 갈등을 저하시키는 데에까지 널리 적용되고 있다. 인간중심이론의 유용성은 다음과 같다. 첫째, 클라이언트가 자신의 변화에 대하여 책임을 지게 함으로써 자신의 힘을 더 잘 인식하고 자아를 실현하며 자아를 수용하고 신뢰할 수 있게 했다. 둘째, 클라이언트를 비판하거나 평가하지 않고 클라이언트의 말을 경청하고 공감해줌으로써 클라이언트가 자신을 더 잘 탐색하고 자신의 태도, 신념, 감정을 더욱 잘 이해하도록 했다. 셋째, 실천과정에서 클라이언트를 자신의 문제에 대한 중요한 결정자로 보았다. 넷째, 클라이언트의 특정한 요구에 개별적으로 적용할 수 있다. 다섯째, 교육, 조직행동, 양육, 인간관계 개발 등 다양한 상황에서도 적용할 수 있다.

인간중심이론은 무비판적이며 안전하고 신뢰할 수 있는 분위기 속에서 클라이언트가 자기 자신과 충분히 만나는 경험을 할 수 있게 한다. 자신과 가족의 부끄러운 부분을 다 드러내도 전혀 자신의 인격과 자존감에 손상을 입지 않는다는 것을 경험하게 함으로써 인간은 누구나 결함이 있음에도 불구하고 소중하며 존중받을 가치가 있음을 느끼게 한다. 적극적으로 경청하고 공감하는 사회복지사의 태도는 클라이언트에게 이해받는 느낌과 함께 격려와 지지가 되고 자기를 발견하여 수용하고 통합하는 기회를 제공한다. 그러나 인간중심이론은 실천가의 성숙한 태도를 요구하며 단순히 기법에만 의존하는 것이 아니기 때문에 실천가가 쉽게 접근하기 어려울 수도 있다.

인간중심이론을 비판하는 학자들은 인간중심이론에 적합한 클라이언트는 젊고(Young), 매력적이며(Attractive), 언어적으로 잘 반응하고(Verbal), 지적이며(Intelligent), 민감한(Sensitive) 'YAVIS 증후군'을 가지고 있다고 지적한다. 또한 온화하기만 하고 무미건조한 접근이라는 비판도 한다. 이러한 비판이 아니더라도 인간중심이론이 기법에 의존하기보다 사회복지사의 성숙한 자세를 요구하기 때문에 쉽게 접근하기에는 어려움이 있음을 짐작할 수 있다. 그러나 클라이언트가 안전한 개입장면 내에서 자존감을 회복하고 자신의 삶을 지시하는 능력을 기르게 되면 개입 외의 장면에서도 일반화되어 적용할 수 있을 것이다.

인간중심이론의 한계는 다음과 같다. 첫째, 인간중심상담의 조건을 조성하고 계속 클라이언트에게 초점을 두는 것에 숙달되는 것이 쉽지 않다. 이 때문에 문제중심, 상담중심, 기술중심 접근이 더 매력적이고 실천적인 것으로 보일 수 있다. 둘째, 인간중심상담은 아직 불완전한 이론이다. 정서적이고 지적인 내용을 다루고 있지만 신체적 영역이나 환경적 요인은 포함되지 않고 있다. 셋째, 실천가가 무엇을 이루려고 하는지 이해하지 못하는 경우 클라이언트는 실천가와의 상호작용에서 긍정적 효과를 인식하지 못하기 때문에 도움받기를 거절할 수도 있다. 넷째, 자발적으로 실천과정에 임하려고 하지 않거나 의사소통이 곤란한 클라이언트에게는 효과가 없을 수 있다. 다섯째, 실천과정에서 가치중립적 입장을 취하라고 하지만 실제 인간관계에서 그렇게 하기는 어렵다.

참고문헌

김경호. (2005). 『사회복지실천기술론』. 서울: 청목출판사.

강갑원. (2004). 『알기 쉬운 상담이론과 실제』. 서울: 교육과학사.

윤호균. (1982a). 정신분석, 인간중심의 상담 및 불교의 비교I: 인간 및 심리적 문제에 관한 견해. 『임상심리학보』, 3(1), 35-47.

윤호균. (1982b). 정신분석, 인간중심의 상담 및 불교의 비교II: 심리적 문제의 해결. 『임상심리학보』, 3(1), 49-63.

전영숙 · 제석봉. (2005). 인간중심이론을 적용한 미술치료 사례연구. 『미술치료연구』, 12(1), 235-253.

프란시스 터너 편. (2004). 『사회복지실천이론의 이해와 적용』. 연세사회복지실천연구회 역. 서울: 나남출판.

Corey, G. (2005). *Theory and practice of counseling & psychotherapy*(7th ed.). Thompson Learning Academic Resource Center.

Rothery, M., & Tutty, L. (2001). Client-centered theory. In P. Lehmann & N. Coady (Eds.), *Theoretical perspectives for direct social work practice: A generalist-eclectic approach*(pp. 223-239). New York: Springer Publishing Company, Inc..

제 14 장

실존주의이론

제 1 절 실존주의이론의 역사적 발달

실존주의는 '본질 대 실존'을 논쟁적으로 강조한다. 사물이 아닌 오직 인간에게만 '실존'이라는 말을 쓸 수 있으며, 인간이 실존을 '지니고' 있는 것이 아니라 실존으로 존재하고 있기에, 실존은 인간의 존재 이행 방식으로 이해된다. 실존주의에서는 나의 양심과 책임, 행동, 결단이 문제가 되고, 나의 죄, 영혼의 구제가 중요한 관심의 대상이다. 인간의 삶과 실존주의의 바탕에는 인간의 자기 자각과 자유, 자기 삶의 선택, 그리고 자기 인생에 대한 책임이 있다.

실존주의의 근본 원칙인 '실존은 본질에 선행한다.'는 '도구'를 통해 이해할 수 있다. 도구는 우리가 일상생활에서 사용하기 위해 만든다. 그러므로 도구를 만들기 전에 무엇이 필요한지 생각하고 만든다. 즉, 도구의 형상을 결정하는 본질을 먼저 상정하고 그 본질에 따라서 필요한 도구를 만든다. 그러므로 도구적 존재는 '본질이 존재에 앞선다.'고 할 수 있다. 그러나 인간은 그렇지 않다. 인간은 처음으로 현존하는 존재이고 실존으로 존재한다. 인간은 태어날 때부터 선도 아니고 악도 아니며 학식이 있는 것도 아니고 없는 것도 아니다. 인간은 그 자신이 자신으로부터 행하는 그 자체일 뿐이다. 인간은 자신의 행위를 통해 자신의 본질을 형성하므로 인간은 실존이 본질에 선행한다. 인간은 無에서 끊임없이 스스로 자기 자신을 만들기 때문에 자유로운 존재이다. 즉, 인간은 먼저 이 세상에 실존하고, 행동에 의해서 자기가 스스로를 만들어가는 것이다. 스스로 만들어가는 것은 창조이자 자기를 선택하는 것이다. 인간은 누구에게 도움을 바란 것도 아니고 무엇에 의뢰할 것도 아니고 어느 순간에 있어서나 자기가 혼자서 자기의 존재를 선택해야 한다. 그러므로 인간은 실존의 자유와 책임이 있다.

사르트르의 실존주의의 핵심은 다음과 같다 첫째, 실존은 본질에 선행한다. 둘째, 인간은 자기 자신이 만드는 것이다. 셋째, 인간의 자유와 선택, 책임이 있다. 넷째, 불안과 절망과 고독도 있다. 다섯째, 인간은 선택하고 행동함으로써만 인간이 될 수 있다. 여섯째, 인간은 자기를 선택하는 동시에 남을 선택하는 존재이다. 일곱째, 실존주의는 인간을 자기의 입법자로 인정하기 때문에 휴머니즘이다.

실존주의는 인간 자체, 즉 실존하는 개인, 자아에서 출발한다. 자아는 사르트르가 말한 것처럼 선택하는 주체, 자유로운 주체, 책임지는 주체로서 일생동안 자신의 길을 선택하고 자신의 인생 목표를 정하는 데 자유로우며 자신의 자유로운 선택에 대해 책임지는 인간이다. 선택과 자유로운 삶을 위해 인간은 자신이 누구이고, 무엇을 해야 하며, 어떻게 살아야 하는지 고민해야 한다. 이러한 고민은 개인의 자각에 의해 갑자기 다가온다. 인간이 본질을 추구하고 성취하는 데는 자각이 필요하다. 인간은 죽음과 투쟁 등 한계상황에 직면하고 절망에 이르면서 실존적 계기에 다다른다. 실존적 계기는 개인이 실존을 자각하면서 자기 책임감이 시작되는 시점이다. 이 시점에서 인간은 자신, 자신의 삶을 찾고 무엇을 해야 할지 구체적으로 선택한다. 모든 인간은 실존적 상황을 벗어날 수 없다.

제 2 절 실존주의이론의 개관

실존주의는 위급한 삶의 경우에 처하게 되는 특정한 태도, 기분, 분위기 등을 표현한다. 인간 존재, 인간의 본질적인 것을 높은 차원에서 밝히고 존재의 의미와 높은 가치를 제시하는 것이다. 실존주의의 기본 성격은 첫째, '존재가 본질에 앞선다.'는 입장과 둘째, '주체성이 진리다.'라는 명제이다. 먼저, 인간 개개인은 어느 누구와도 바꿀 수 없는 자기의 존재를 의식하면서 그 존재의 방식을 스스로 선택해갈 수 있다. 즉, 개별적인 인간은 만들어진 것이 아니라 자기 자신을 만들어가는 존재이다. 다음으로, 주체성은 단독 자로서의 주체를 말한다. 주체성은 인간이 육체를 가지고 자기 자신의 존재 방식에 관심을 쏟고 어떻게 살고, 어떻게 행동할 것인가를 진지하게 생각하며 살아가는 것을 말한다. 키에르케고르에 의하면 인간적 실존의 과제는 참된 자기 자신, 본래의 자기 자신이 되는 것이다. 실존의 참된 모습은 부족한 현재의 자기를 넘어서려는 노력이자 더 참된 실존이 되고자 하는 부단한 노력이다.

야스퍼스에 의하면 인간의 특수한 한계상황은 죽음, 고뇌, 싸움, 죄의 네 가지이며, 이러한 한계상황은 실존의 유한성을 깊이 깨닫게 하고 좌절에서 초월로 비약하게 한다. 즉, 한계상황은 실존을 각성시키는 근본 계기이다. 질병이나 고통은 그 자체만으로 독립해서 존재하는 것이 아니라 고통당하고 있는 인간의 실존 안에 내재해 있는 것이다. 그러므로 실천가는 클라이언트의 질병이나 고통의 역사에만 관심을 가질 것이 아니라 클라이언트가 고통 받고 있는 실존과의 만남 속에서 클라이언트의 삶 그 자체에 관심을 가져야 한다. 실천은 클라이언트와의 실존적 만남을 통해 클라이언트가 인간 존재의 실상을 자각하고 변화를 받아들이면서 변화에 적합한 최대의 기능을 개발하고 자유를 누릴 수 있도록 돕는 실존적 성숙의 과정이다.

실존주의이론에서는 질병이나 고통을 모든 것이 일어나고 소멸하는 건강한 존재의 자연 현상으로 파악할 수 있게 인식의 확대를 돕고 궁극적으로는 한계상황을 극복할 수 있게 한다. 인식의 확대는 외부로부터 주어지는 것이 아니라 개인의 내부에서 비롯되는 자의적인 노력에 의해서 가능하다. 그러므로 클라이언트를 예속적인 인간이 아닌 자주적 인간으로 보고 클라이언트 각자가 자신의 자유와 건강에 책임질 수 있도록 인간성 회복을 위해 노력해야 한다. 클라이언트가 자의성을 인식하고 자신의 존재방식을 결정하며 변화를 주도하고자 할 때 스스로 질병과 고통으로부터 견뎌낼 수 있는 내적인 통합력을 지닐 수 있게 된다.

실존주의 사회복지실천은 인간에 대한 이해에 근거해야 한다. 질병이나 고통도 인간의 존재방식이며 인간의 본질을 이해하는 하나의 길이다. 클라이언트의 문제는 외부보다는 클라이언트 자신의 내적인 문제와 직접 연결되어 있기 때문에 사회복지실천은 클라이언트가 질병과 고통의 상태에서 스스로 대응, 조절, 극복, 수용할 수 있도록 클라이언트의 내적 힘을 기를 수 있는 독특한 실존적 방법을 개발해야 한다. 실존주의 사회복지실천에서 강조하는 것은 개인이 질병이나 고통 그 자체로부터 도피하는 것이 아니라 질병이나 고통에 대해 '개인적이 자각이나 대응'을 할 수 있게 하는 것이다. 클라이언트가 자신의 실존에 대한 진실을 깨닫게 될 때 내적인 힘과 자신의 삶에 대한 통제력이 발달할 수 있기 때문이다. 그러므로 실천가는 클라이언트가 질병이나 고통을 어떻게 경험하고 반응하는가에 대한 구체적인 현상을 파악해야 한다. 그런 다음 클라이언트가 참된 자기 자신과 본래적인 자기 자신이 되어가는 존재방식을 선택할 수 있도록 도와야 한다. 물론 이러한 결정의 권한과 책임은 클라이언트에게 있으므로 클라이언트의 선택을 존중해야 한다.

제 3 절 실존주의이론의 실천과정

실존주의 사회복지실천은 구체적인 실천적 접근으로 정의된 모형은 아니며, 실존적 사고나 주제에 초점을 맞춘다. 실존주의 사회복지실천은 삶에서 가치와 의미를 찾는 과정으로 인간이 자신의 의도대로 삶을 설계할 수 있도록 해준다. 실존주의 사회복지실천의 단계는 인식(awareness), 탐색(exploration), 공약(commitment), 기술발전(skill-development), 기술정련(skill-refinement), 방향전환(redirection) 단계로 구성된다(Lantz, 2001).

첫째, 인식단계에서는 클라이언트의 스트레스나 심리적 갈등, 의학적 증상 등이 일상생활에서 갖는 의미와 잠재성을 인식하고 실현하는 데 실패한 결과라는 것을 인식시킨다. 이 단계에서 사회복지사는 관계형성, 사회복지사와 클라이언트 간의 신뢰의 발전, 인식을 돕기 위한 활동 등을 할 수 있다. 인식단계의 마지막에서는 클라이언트가 무의미한 감정을 의식적으로 숙고하고 의미의 공백과 관련된 고통을 직접 경험함으로써 실존적 공백을 삶의 목표와 의미로 채울 수 있게 돕는다.

둘째, 탐색단계에서 사회복지사는 클라이언트가 의미 있는 탐색을 할 수 있도록 돕는다. 사회복지사는 클라이언트가 의미를 수용하도록 강요하지 말고 클라이언트의 억눌리고 거부된 개인적 의미와 가치들을 발견할 수 있도록 도와야 한다. 탐색단계의 마지막에서 클라이언트는 새로운 의미 있는 가능성과 의미 있는 경험을 발견함으로써 흥분과 희망을 느낄 수 있다.

셋째, 공약단계에서 클라이언트는 새로운 잠재성을 경험하고 인식함에 따라 의미실현과정을 유지하도록 요구된다. 이런 결정은 인식과 탐색단계를 거쳐야만 가능하고 공약과 종결에 대한 올바른 결정을 내릴 수 있다.

넷째, 기술발전단계에서는 클라이언트의 의미와 의미 있는 실현을 위한 지속적 탐색이 유용하다는 것을 발견하고 특정한 방법을 식별하고 실천한다. 사회복지사는 클라이언트가 각각의 순간의 의미를 발견할 기회를 제공한다. 기술발전단계는 반복, 실천, 고된 작업의 시간이며 클라이언트가 기대한 성공과 결과를 얻기 위해 지속적으로 노력해야 한다는 사실을 인식하게 되는 단계이다.

다섯째, 기술정련단계에서 클라이언트는 의미를 발견하는 새로운 방법들을 발전시킨다. 사회복지사는 클라이언트의 의미 발견에 도움이 되는 개인적 기술들을 정련시키는 역할을 하며, 더 많은 기회를 제공하기 위해 덜 역동적인 역할을 취해야 한다.

여섯째, 방향전환단계에서 클라이언트는 종결을 준비한다. 이 단계에서 클라이언트는 사회복지사의 도움 없이 의미를 활발히 탐색하고 발견하는 것을 계속할 수 있게 된다. 사회복지사와 클라이언트는 클라이언트의 성장을 축하하고 관계를 종결한다.

제 4 절 실존주의이론의 실천기술

실존주의 사회복지실천은 관계 그 자체, 투명성, 자발성, 노력 등이 중요하다고 강조하며, 사회복지사와 클라이언트 간의 대면치료, 위기에서 발견되는 성장의 가능성, 자유와 책임, 인간의 기본적 욕구에 관심을 기울이는 실천기법을 제공한다. 실천가는 클라이언트가 어떻게 살아야 하는지에 관해 어떠한 규정도 가지지 않으므로 클라이언트를 치료의 대상으로 여기지 않는다. 실천가는 클라이언트를 클라이언트 자신이 선언한 생활방식 또는 세계관을 가진 독특한 존재, 고유한 가치를 지닌 존재로 본다. 실천가는 클라이언트가 자유롭게 심도 깊은 신념체계를 표현할 수 있도록 초연한 태도를 견지

한다.

실존주의 사회복지실천에 의하면, 클라이언트는 자의성이 있으므로 건강 유지 및 증진에 책임이 있음을 인식하고 질병이나 고통 앞에서 수동적, 의존적, 자기 파괴적인 태도를 긍정적으로 변화시킬 수 있다. 클라이언트는 능동적인 의지로 건강 증진의 목표를 향해 스스로 실천해 갈 수 있으며 궁극적으로는 삶의 양식까지도 변화시킬 수 있다. 특별히 클라이언트의 문제가 방향상실, 가치혼돈, 정체성 위기에 관련되었을 경우 적용하기에 가장 적합하다.

실존주의 사회복지실천은 특정한 개입체계를 고수하지 않는다. 각 클라이언트의 독특성에 대한 확신으로 인해 각 실천 상황도 클라이언트에 따라 독특할 것이라는 관점을 취한다. 이러한 점에서 실존주의는 절충주의를 따른다. 클라이언트의 욕구에 잘 맞는 것이라면 어떤 기술이든 채택할 수 있다는 것이다. 실존주의 사회복지실천은 실제적으로는 선택과 특정 행동의 변화를 강조하면서 많은 부분이 인지적 접근을 따른다. 현재 중심적으로 클라이언트가 변화를 위한 결정을 즉시 실행할 수 있도록 특정한 행동과업을 제안하고 행동보다는 이성을 사용하는 경향이 있다. 게슈탈트이론, 사이코드라마, 인간중심이론 등은 지금-여기(here-and-now) 상황에서 행동을 통해 클라이언트의 실존적 자각을 높일 수 있게 한다.

제 5 절 실존주의이론의 유용성과 한계

실존주의 사회복지실천은 이미 존재하는 본질보다는 끊임없이 선택하고 결단하며 책임지는 인간과의 만남과 삶 속에서 이루어져야 한다. 구체적으로는 고통과 절망을 통해 새로운 희망을 볼 수 있어야 하며, 실존적 자각을 통해 자신의 내면을 승화할 수 있는 실천과정이 필요하다. 인간 개인에 대한 책임과 타인에 대한 배려로서의 책임은 실존적 관계를 유지하는 핵심이다. 이것이 실존에 있어 가장 승화된 모습이다. 따라서 책임의식을 실천 상황에서 적극적으로 강조할 필요가 있다.

실존의 한계상황인 질병이나 고통에 처한 클라이언트가 실존의 모습을 직시하고 질병이나 고통을 올바르게 인식하여 실존의 현상을 초연하게 받아들일 때 자신의 삶을 견뎌낼 수 있는 내적인 힘을 발휘할 수 있다. 즉, 클라이언트가 인간의 실존적 한계를 그대로 받아들일 때 질병이나 고통에 새롭게 도전하여 극복할 수 있는 '존재론적 인간'으로서 새로운 삶을 열어나갈 수 있다. 따라서 사회복지실천은 실존적 한계에 처한 인간 존재, 특히 고통 받고 있는 인간과의 만남 속에서 인간 존재에 대한 올바른 인식의 바탕 위에 설정되어야 한다.

실천이론으로서 실존주의이론의 한계는 다음과 같다. 첫째, 실존주의이론은 체계적이고 통제된 연구방법에 의해 측정되고 모든 클라이언트에게 활용할 수 있는 지속적인 실천과정을 가능하게 하는 조직된 이론이 아니라는 점에서 비판을 받는다. 실천을 위한 이론이나 실제에 대한 체계적인 진술이 결여되어 있다는 것이다. 이러한 비판은 다른 한편으로는 절충적인 실천적 접근이 가능하게 하므로 장점이 되기도 한다. 둘째, 실존주의이론의 개념들은 모호하고 포괄적이며 고상하고 이해하기 힘들다는 지적도 받는다. 모호한 개념들로 인해 때때로 혼란을 야기할 수 있으며 실천 과정이나 결과에 대한 연구를 어렵게 한다. 철학적 경험이 미숙한 초보자나 실천가는 실존주의 개념들에 대한 이해 부족으로 실천에 적용할 때 당황할 수도 있을 것이다. 셋째, 실존주의이론은 클라이언트의 세계에 대한 이해를 우선시하고 기법은 이후에 행하는 것으로 본다. 따라서 구체적인 실천기법이 거의 없기 때문에 실천가 스스로 새로운 절차를 만들거나 다른 학파의 실천기법을 빌려와야 하는 문제점이 있다. 이밖에 철학적 통찰이 필요하므로 심한 정신이상을 보이는 클라이언트를 대상으로 할 때는 효과가 없다는 비판을 받기도 한다.

실존주의이론에 의하면 인간은 자기 인식을 할 수 있으며 자기 인식은 인간의 반성 및 결정 능력을 향상시킬 수 있다. 삶의 불확실성과 실존적 불안 속에서 실존주의이론은 인간의 자유와 책임을 중시하고 인간관계를 가장 강조한다. 클라이언트의 성장은 진솔한 만남에 의해 일어난다고 보며 실천의 효과는 실천기법에서 나오는 것이 아니라 클라이언트와 사회복지사 사이의 관계의 질에 의해 좌우된다고 본다. 다른 접근들로부터 실천기법들을 응용할 때 실천가는 인간의 의미에 관한 철학적 준거를 바탕으로 하여 인간 존재의 본질적인 특성에 기초한 실천기법과 절차들을 활용해야 할 것이다.

참고문헌

신창호. (2004). 유학의 실존 양상과 교육적 의미 탐구: 사르트르의 실존 개념과 공자의 인생 비교. 『교육발전연구』, 20(2), 7-21.

조가경. (1985). 『실존철학』. 서울: 박영사.

최연자. (1996). 간호학의 실존철학적 접근: 서양의 실존주의와 동양의 불교사상을 중심으로. 『대한간호학회지』, 26(4), 759-767.

한전숙 · 차인석. (1982). 『현대철학 1』. 서울대학교출판부.

Lantz, J. (2001). Existential theory. In P. Lehmann & N. Coady (Eds.), *Theoretical perspectives for direct social work practice: A generalist-eclectic approach*(pp. 240-254). New York: Springer Publishing Company, Inc..

제 15 장

여성주의이론

제 1 절 여성주의이론의 역사적 발달

여성주의는 사회의 성차별, 성에 따른 불평등에 대한 인식과 시각을 제공해 주는 거시적인 이론적 틀이며, 이러한 차별과 불평등을 폐지하고 남녀평등사회를 지향하는 실천적 의지를 담고 있는 이념이다. 그러므로 성별이데올로기를 지양하고 성별 위계질서에 입각한 사회관계와 이에 따른 사회적 불평등의 문제를 비판한다. 여성주의는 사회적인 문제를 정의내리고 그 원인을 규명할 때 사회적 성(gender)을 우선적으로 고려한다. 여성주의이론에 입각한 사회복지실천은 사회정책이나 사회복지실천이 여성에게 어떻게 영향을 미치는가에 관심을 갖는다. 여성주의이론은 자유주의 여성주의, 급진주의 여성주의, 사회주의 여성주의로 대표된다. 구체적인 내용은 다음과 같다.

자유주의 여성주의는 사회를 자원의 공평한 분배를 위해 경쟁하는 개인들의 집합체로 설명한다. 자유주의의 가치인 국가로부터의 개인의 자유, 개인 영역과 국가 영역 사이의 경계선 등은 자유주의 여성주의의 핵심이다. 여성을 집단으로 구속하는 것은 사회가 여성의 평등권을 침해하는 것으로 보고, 주류사회의 구조 내에 여성들을 통합시키기 위해 노력한다. 자유주의 여성주의의 이론적, 사상적 기반은 자유주의사상이다. 자유주의는 이성이 인간의 본성이며 이성적 존재로서의 만인은 평등하다고 간주한다. 이러한 생각은 봉건적 신분질서를 파괴하는 해방적인 역할을 수행했다. 그러나 모든 인간이 평등하다는 원칙에도 불구하고 여성은 남성과 동등한 대접을 받지 못했다. 따라서 자유주의 여성주의자들은 인간의 평등사상에도 불구하고 남성 중심의 관습과 제도의 불합리성으로 인해 여성의 발전이 저해됐고 결과적으로 남녀 간에도 불평등이 생겨났다고 본다. 여성을 가정에 한정시키고 교육과 사회적 진출을 제한해 왔던 부당한 사회적, 문화적 관습과 제도적 결함으로 인해 여성차별이 비롯되었다는 것이다. 그러므로 사회체제 자체에 도전하기보다는 현존하는 사회제도 내에서 여성 권익을 신장하는 데 주력한다. 구체적으로 교육에서도 여성과 남성이 동등한 환경에서 양육된다거나 여성에게도 남성과 유사한 교육환경이 제공된다면 남성과 여성의 차이는 소멸될 것이라고 주장한다. 이러한 이유로 초기 자유주의 여성주의자들은 사회 변화의 가장 효과적인 방법으로 동등한 교육을 위해 투쟁했다. 노동시장에서도 여성이 남성과 동등한 일을 수행하면서 남성보다 낮은 급여를 받는 불평등을 지적하고, 여성도 남성과 동일하게 노동시장에 진입하고 동등한 급여를 받을 권리가 있음을 주장했다. 동일 노동, 동일 임금이 대표적인 슬로건이었다. 결론적으로 자유주의 여성주의는 억압에 관심을 갖기보다 동등한 권리와 개인의 자유에 관심을 가졌기 때문에 자본주의 사회 내에서도 여성들이 평등을 획득할 수 있으며 자신의 생활을 선택할 수 있는 개인의 자유도 얻을 수 있다고 보았다. 그리하여 기존의 사회체계 안에서 전체 여성이 아니라 사회에서 어느 정도 기반을 잡은 일부 중산층 여성의 권익 신장에 관심을 가졌다. 이러한 이유로 자유주의 여성주의는 공적인 이슈와 사적인 이슈를 분리하여 사적인 영역에서 발생하는 문제에 대해서는 공적인 영역인 법적, 사회적으로 개입할 수 없으므로 이 문제를 개인의 해결에 맡겨두었다. 그러므로 공공의 복지문제를 포함한 사회개혁에 관심을 갖기보다 극히 부분적인 제도 개혁에 관심을 가졌다. 이처럼 자유주의 여성주의는 여성 문제에 대한 철저한 인식이 부족했고 소수의 중산층 여성을 중심으로 개인주의적 접근에 치중한 한계를 나타냈다.

급진주의 여성주의는 자유주의 여성주의에 대한 비판으로 1960년대 후반에 등장했다. 급진주의 여성주의는 남성과 다르게 여성이 고유하게 경험하고 인식하는 측면과 성적 측면에 대한 분석이 필요하다고 보았다. 급진주의 여성주의는 여성 개인들이 경험하는 부당함이나 개인적인 문제라고 여기는 사실들이 권력 불균형에 기반하고 있는 정치적인 이슈라고 주장한다. '개인적인 것은 정치적이다.'라는 구호 아래 여성을 억압하는 가부장제를 문제로 삼는다. 가부장제는 심리적, 생물학적 요인에 기초하고 있으며 여성에 대한 폭력을 강요한다는 것이다. 역사적으로 여성 억압이 억압 중에서 최초의 억압으로 나타난 이래 가장 널리 퍼져있고 가장 뿌리가 깊다는 것을 강조한다. 여성 집단을 지배하고 종속시킴으로써 가장 이득을 보는 것은 남성 집단이라고 보며 남성이 권력을 행사하는 가부장제는 제도적 차원만이 아니라 개인적인 차원에서도 여성 억압의 근본 원인으로 간주된다. 여성 억압의 핵심을 법, 제도, 노동보다는 출산이나 성성(sexuality) 등 여성의 특징에서 찾는다. 즉, 자유주의 여성주의에서 사적인 영역으로 치부되어온 사안들이 문제의 핵심이 된다. '개인적인 것은 정치적인 것이다.'라는 구호는 인간이 품고 있는 가치나 신념, 목표, 생활방식이 정치적인 표현으로 간주될 수 있다는 이해로부터 발전되어 왔다. 이것은 개인의 행위와 사회구조 사이의 상호관련성을 표현하고 있는 것이다. 이러한 사고는 사회제도 내의 변화를 완성하면 개인 생활의 문제도 변화될 수 있음을 의미한다. 제도에 도전하는 것은 개인의 가치에서 우선순위를 새롭게 설정하도록 촉구하며 이러한 변화는 개인의 역기능적인 행동패턴을 수정하도록 하는 원동력이 될 수 있다. 또한 제도적인 구조의 변화는 개인들에게 자신들의 변화를 촉진시킬 수 있는 새로운 기회를 제공한다. 여성에게 이상적인 사회는 여성이 자신의 생물학적 특성에 의해 구속받지 않고 자기결정이 생물학적 특성에 의해 제한받지 않는 것이다. 그러므로 아이를 낳고 양육하는 것은 모든 사람에 의해 수행되어야 하고 남녀 모두 자신의 발달을 제한하는 억압체계를 유지하지 않으며 완전한 성적 자유가 보장되어야 한다고 본다. 급진주의 여성주의는 성애, 출산, 육아 등 다양한 '사적인' 문제를 정치적, 학문적 영역으로 끌어들이고 가부장제라는 용어를 일반화하면서 여성 대중의 광범위한 의식화 작업에 기여했으며 이론적으로도 여성 억압 체계에 대한 분석을 자극하는 역할을 했다. 그러나 가부장제의 보편성과 불가피성을 너무 강조하면서 해결책을 제시하지 못한다는 비판을 받았다. 또한 하층의 여성이 겪고 있는 빈곤의 원인에 대해 설명해주지 못했으며 모든 현상을 남녀대립의 틀로 설명함으로써 문제를 지나치게 단순화하고 모든 남성을 적으로 상정함으로써 대다수 여성의 폭넓은 지지를 받는 데 실패했다는 한계도 지닌다.

사회주의 여성주의는 급진주의 여성주의가 여성들 내부의 계급적 차이에 대한 배려가 없으며 가부장제 개념도 몰역사적으로 적용한다고 비판한다. 그리고 마르크스주의 여성주의도 여성 억압을 부차적인 것으로 여기며 성이라는 분석범주를 무시한다고 비판한다. 가부장제만을 강조하는 급진주의 여성주의나 자본주의체계가 여성 억압을 낳는 근본구조라고 여기는 마르크스주의 여성주의와 달리 사회주의 여성주의는 여성의 문제를 계급이나 성적 측면만이 아닌 자본주의와 가부장제의 영향을 접합시켜서 이해하고자 했다. 그리하여 여성 문제는 자본주의제도와 가부장제도의 결합으로 인해 빚어지며, 성별분업이 가부장제를 발생시키고 재생산해내는 주요 기제라고 본다. 사회주의 여성주의는 계급관계를 중시하면서 계급분석과 성차별 분석의 통합을 주장한다. 즉, 경제적, 물질적인 조건들이 문화, 사회 체계, 의식 자체의 뿌리를 형성하므로 여성 억압은 자본주의의 사회적, 경제적 구조 내에 존재하는 사유재산제도에 있다고 보고 계급의 분석에 집중한다. 노동운동을 자원의 평등한 재분배를 촉진시키기 위한 기초로 사용하면서 임금 노동에서 여성의 역할에 주목하고, 노동구조 안의 불평등 요소에 대해 논한다. 그리고 성(gender)과 계급에 따라 가족, 고용, 사회적 이슈들이 관련성을 갖는다고 본다. 사회주의 여성주의는 정치적, 경제적으로 억압받고 있는 모든 집단의 연합을 요구했다는 점에서 자유주의 여성주의나 급진주의 여성주의보다 성공적이었다. 그러나 여성 억압이 성적 위계와 계급적 착취의 결합으로 빚어진다는 애초의 문제의식을 제대로 해명하지는 못했다. 사회주의 여성주의는 가부장제 분석과 자본주의 분석을 서로 긴밀히 결합하기보다 기계적으로 결합함으로써 두 체계 간의 관계와 내적 역학 등을 명료하게 설명해 내지 못한 한계도 지닌다.

자유주의 여성주의, 급진주의 여성주의, 사회주의 여성주의 이후에 새로이 등장한 여성주의 이론들은 우머니즘과 레즈비언 여성주의이다. 우머니즘(womanism)은 미국 흑인 여성학자들과 이론가들에 의해 발달되었으며 여성이 경험하는 복합적인 억압에 관심을 갖는다. 성이나 인종, 계급 등의 상호관련성에 대한 이해를 중시하고, 여러 측면에 걸친 사회정치학적 분석, 인종적 측면에 대한 강조가 특징이다. 레즈비언 여성주의는 이성애제도에 대해 비판적이고 여성의 여성에 대한 동일시에 지지적인 정치적 관점이다. 이성애를 성적 취향으로 특권을 부여하는 개인적, 정치적 제도로 정의하고, 이성애의 필요성에 의문을 제기한다.

제 2 절 여성주의이론의 개관

1. 여성주의이론의 특징

'인류 역사상 위대한 여성이 5%도 안 된다.'는 예문에 대한 다양한 입장이 있을 수 있다. 첫째, 여성은 이성적 능력이나 지능이 낮기 때문에 위대한 여성이 극소수일 수밖에 없다는 생물학적 입장이 있다. 둘째, 환경이 여성에게 불리하게 작용하기 때문에 위대한 여성이 극소수라는 입장이 있다. 셋째, '위대하다'와 '위대하지 않다'의 기준척도가 무엇이고 누가 이런 기준 척도를 어떻게 사용하여 극소수의 여성만이 위대하다는 것인지 척도 사용자에 따라 달라질 수 있으므로 물음 자체가 근본적으로 다시 이루어져야 한다는 입장이다. 이 가운데 여성주의 사고는 셋째에 해당한다(한국여성개발원, 1994). 여성주의 사고는 문화 속에 내재되어 있는 가치체계에 의문을 갖고 지배적 이데올로기에 따라 창조된 신화, 일상생활양식 등을 여성주의 관점에서 재해석하는 것이다. 즉, 여성이기 때문에 겪게 되는 부당한 경험을 재해석함으로써 여성을 유리한 위치에 설 수 있게 이끈다(고석주, 1993).

여성주의 사회복지실천에서는 여성을 남성과 다르게, 열등하게 보는 고정관념에서 벗어나 여성을 통합된 인간으로 파악하는 인식이 필요하다. 따라서 여성을 위한 실천을 성공적으로 이끌기 위해서는 여성 클라이언트 집단을 전통적인 실천으로는 도움을 줄 수 없는 새로운 집단으로 파악해야 하고 여성의 문제를 해결할 수 있는 새로운 시각의 접근방법이 제시되어야 하며 여성을 돕는 실천가들을 성인지적 관점에서 교육, 훈련해야 한다. 여성주의이론에 입각한 실천은 여성이 주체적이고 자율적인 삶을 살아가도록 돕는 모든 입장의 접근을 적극적으로 활용한다. 여성주의 실천의 목표는 클라이언트가 겪고 있는 고통을 경감시키는 것이며 궁극적인 목표는 사회정치적인 압력을 경감시키는 것이다. 이러한 목표에 도달하기 위해서는 여성주의 실천을 통해 사회복지사 스스로가 사회적인 변화를 위한 노력에 참여해야 하며 클라이언트 또한 그렇게 행동할 수 있도록 용기를 북돋워야 한다.

Corey(2001)에 의하면, 여성주의 실천의 주요 특징은 다음과 같다. 첫째, 여성주의 실천에서는 한 개인을 정치적 또는 사회적 존재로 본다. 개인적인 문제인 것처럼 보이는 것도 깊이 들여다보면 여성의 사회적인 위치에서 기인한 문제가 많다. 그러므로 클라이언트의 증상을 병리가 있는 사회에 대항하는 전략의 하나로 본다. 둘째, 여성주의 실천에서는 클라이언트와 사회복지사 간의 평등한 관계를 강조한다. 이것은 사회복지사와 클라이언트가 평등하다는 믿음에서 출발한다. 실천에서 위계적인 관계를 경험하는 것은 많은 여성이 겪는 문제의 원천인 수동적인 복종을 더욱 강화할 가능성이 높기 때문에 사회복지사는 클라이언트에게 전문가로서의 힘을 남용하지 않도록 노력을 기울여야 한다. 셋째, 실천 장면에서 사회복지사는 클라이언트와 함께 사회에 대한 자신의 믿음과 적절하다고 여기는 가치관을 함께 나눈다. 실천 과정에서 사회복지사가 추구하는 여성주의 관점이나 치료과정에 대해 교육하고 이러한 교육에 힘입어 클라이언트가 스스로 선택을 할 수 있도록 한다. 넷째, 여성주의 실천에서는 여성이 여성임을 긍정적으로 수용하고 여성성을 새롭게 재구성하도록 이끈다. 남성 중심 시각에서 부정적으로 보아왔던 여성성을 여성 중심적인 시각에서 새롭게 가치 부여하는 것을 말한다. 다섯째, 여성주의 실천에서는 클라이언트가 분노를 표현하는 경험을 하고, 이러한 에너지를 환경과 자신을 변화시키는 에너지원으로 활용할 수 있도록 돕는다. 클라이언트의 근본적인 문제를 해결하기 위해서는 정서적인 환기만을 경험하는 것으로는 불충분하다. 성차별적 가족, 학교, 경제, 정치구조 등을 변화시키지 않고서는 클라이언트가 겪는 문제가 제대로 해결되기 어렵기 때문이다.

여성주의이론의 '개인적인 것은 정치적인 것이다(the personal is political).'라는 관점은 사회복지실천의 '환경 속의 개인(person-in-environment)'이라는 패러다임과 일치한다고 볼 수 있다. 여성주의 이론과 사회복지실천에서는 공통적으로 개인과 환경의 상호의존성과 상호연결성을 강조한다. 여성주의는 클라이언트와 실천가 사이에 내재하는 힘의 불균형을 지적하고 클라이언트와 실천가가 평등한 관계를 유지할 것을 강조한다. 사회복지실천 또한 클라이언트의 자기결정권을 강조한다는 점에서 여성주의와 일치한다. 클라이언트가 환경과의 상호작용에서 임파워먼트(empowerment)를 경험할 수 있도록 원조하는 것을 궁극적인 목표로 한다는 점에서도 여성주의와 사회복지실천은 상호 유사점을 찾을 수 있다.

2. 여성주의이론의 주요원칙

여성주의 실천의 기본 전제는 이념적으로는 남녀평등이고, 심리사회적으로는 생물학적 성차가 심리사회적 특성을 결정하지 않는다는 것이다. 따라서 여성주의 실천은 사회복지사와 클라이언트 사이의 평등한 인간관계를 기본으로 하여 의식화를 촉진하는 접근방법을 활용한다. 즉, 여성 클라이언트가 자기 자신의 능력 개발과 기회를 저해하는 사회적 제약을 인식하도록 하여 성차별적 사회구조와 현실적으로 가능한 여성의 개인 능력 간의 차이를 변별하도록 돕는다. 여성 클라이언트의 개인적 능력을 대인관계, 직업관계, 정치적 관계로 확대하여 표현되지 못한 분노를 자각하게 함으로써 자신의 분노를 건설적으로 사용하는 방법을 선택하게 한다. 여성으로서의 역할뿐 아니라 자신을 한 인간으로서 스스로 보살피고 격려함으로써 자신감과 자존감을 고양하고 여성의 능력과 생산성을 증가시키기 위해 자기주장훈련, 주변 환경과의 타협기술 등을 개발하는 것을 목표로 한다.

여성주의 사회복지실천의 지침은 7가지이다(Van Den Berge & Cooper, 1987). 구체적인 내용은 다음과 같다.

첫째, 클라이언트의 문제를 사회정치적인 구조의 틀 안에서 해석한다. 여성주의 실천은 여성과 남성 사이의 불평등한 권력관계에 관심을 갖는다. 따라서 가진 자와 못 가진 자의 관계에 근거한 모든 사회적, 정치적 구조의 변화를 추구한다. 이러한 원칙을 반영한 '개인적인 것은 정치적이다.'라는 개념을 사용함으로써 사회복지사는 클라이언트 자신의 문제가 남녀간의 불평등한 관계에서 기인한 필연적인 결과라는 것을 인식하게 돕는다.

둘째, 전통적인 성역할을 의심 없이 받아들이는 것에 대해 의문을 제기하며 클라이언트 자신의 생활양식을 자유롭게 선택할 수 있도록 지지해 준다. 여성이 전통적으로 학습된 무기력을 이행하도록 사회화되고 있음을 자각할 수 있도록 도와주고, 고유한 성역할 양식을 개발하도록 지지한다.

셋째, 실천은 병리에 중점을 두기보다 클라이언트의 장점을 분명히 하고 확대하는 데 초점을 둔다. 이러한 실천과정은 임파워먼트에 많은 관심을 둔다. 이를 통해서 클라이언트는 자신의 욕구를 충족시킬 수 있도록 환경을 조정할 수 있는 능력을 고양할 수 있다. 이때 클라이언트의 장점이나 갖고 있는 자원에 대해서 강조하는 것이 매우 중요하다.

넷째, 다른 사람과의 관계에 의해서가 아니라 자신만의 독립적인 정체성을 발달시킬 수 있도록 동기 부여를 해준다. 여성은 관계를 유지하는 데 책임을 과중하게 지는 경향이 있으며 때때로 다른 사람들을 돌보기 위해 자신의 이익이나 관심을 억제하는 경향이 있다. 클라이언트는 개인적인 장점을 개발하기 위해 노력하도록 도움을 받는다.

다섯째, 다른 여성과의 관계를 재평가하도록 지지받는다. 여성들 간의 유대관계가 남성과의 관계를 발달시키는 것만큼 중요하기 때문이다. 성역할에 대한 고정관념으로 인해 여성들은 자신들을 과소평가하는 경향이 있으므로 서로를 비하하거나 경쟁의 대상으로 인식하곤 한다. 그러나 여성주의이론에서는 여성들을 매우 가치 있는 존재로 평가한다.

여섯째, 일과 인간관계 사이에 균형을 유지하는 것에 중점을 둔다. 여성과 남성 모두가 경제적인 책임뿐 아니라 아이들의 양육자가 될 수 있도록 용기를 준다.

일곱째, 실천가와 클라이언트 간의 개인적인 권리가 항상 동등하도록 접근한다. 이것은 사회복지사 자신이 클라이언트의 문제에 전문가라고 인식하지 않는 것을 의미한다. 사회복지사는 클라이언트가 자신의 역량을 강화할 수 있도록 도와주는 촉매자로 활동해야 한다. 사회복지사와 클라이언트의 관계에 대한 재개념화는 지배-복종의 관계를 제거하려는 여성주의 관점에 근거한 것이다.

제 3 절 여성주의이론의 실천과정

여성주의이론에 입각한 사회복지실천의 단계는 관계형성, 정보수집과 사정, 계약과 개입, 평가와 종결로 구성할 수 있다(Bricker-Jenkins & Hooyman, 1986; Bricker-Jenkins & Lockett, 1995; Saulnier, 2001).

관계형성은 클라이언트 스스로 자신의 역량을 강화할 수 있게 돕는 것이어야 한다. 클라이언트와 사회복지사 간의 권력의 차이를 최소화하려고 노력하되 동등한 권력을 가지는 것처럼 위장하는 것은 효과적이지 않다. 여성주의는 개인의 관점에 대한 순수한 존중의 뜻을 전달하는 방식으로 클라이언트와 접촉하는 것을 권장한다. 클라이언트의 지식이나 자원, 환경이 사회복지사의 지식이나 기술보다 가치 있다고 본다. 관계형성에서는 다음과 같은 기법이 중요하다. 첫째, 클라이언트가 가진 전문적 지식이나 기술을 확인한다. 둘째, 바람직한 현실을 나타내는 언어들을 사용하여 클라이언트의 상황을 재명명한다. 셋째, 사회복지사와 클라이언트 간의 권력의 차이를 줄이고 민주적이며 평등한 관계를 수립하기 위해 노력한다. 클라이언트를 파트너로 보고 협력적인 관계를 수립하며 관계의 상호성을 주지시킨다. 넷째, 클라이언트가 문제나 사건을 자신의 말로 이야기하게 하여 클라이언트가 전하고자 하는 의미를 확인한다. 다섯째, 구체적인 여성의 경험을 검토하고 여성의 이야기를 신뢰하면서 경험의 고유성을 강조한다.

정보수집과 사정에서는 가족, 친구, 이웃, 다른 잠재적인 지원체계들에 관한 정보를 수집하여 클라이언트의 강점을 찾는 것이 중요하다. 사회경제적 계급, 인종, 문화 등에 관한 정보도 수집하고 사정한다. 실천가는 클라이언트와 유사한 강점이나 어려움을 갖고 있는 인구집단에 관한 정보와 친숙할 수 있어야 한다. 사정은 클라이언트와 함께 하는 과정이므로 클라이언트가 자산, 장애, 관심사, 문제에 대해 사정하게 한다. 클라이언트가 자기 삶에서 전문가이므로 클라이언트로부터 정보를 수집하고 사정하는 것이 중요하다. 정보수집과 사정에서는 다음과 같은 기법이 중요하다. 첫째, 클라이언트가 처한 조건과 환경에 초점을 맞추고, 장애와 기회에 대해 조사하며, 사회복지사와 클라이언트의 관계, 클라이언트와 환경적 맥락과의 관계를 권력의 차원에서 분석한다. 둘째, 클라이언트가 한 말과 클라이언트가 경험한 사건의 의미를 탐구한다. 셋째, 클라이언트의 강점의 개인적 패턴과 문화적 패턴을 확인하고 클라이언트의 건강성을 건강을 추구하는 인간 본래의 노력과 연계하여 조사한다. 넷째, 내면화된 사회적 영향력을 확인하고 모든 것이 연결되어 있음을 주지한다.

다섯째, 클라이언트의 강점과 권력에 대한 인식을 명확히 하기 위해 꿈, 환상, 이야기를 활용한다.

계약과 개입은 사회복지사와 클라이언트가 서로 성취할 목표를 갖는 것을 말한다. 개입에서는 클라이언트가 자신의 기본적인 욕구를 충족하도록 돕고 자기결정권을 행사할 수 있게 해야 한다. 주요 기법은 다음과 같다. 첫째, 합의를 이끌어내는 의사결정에 대해 가르치고 과정을 중시하고 분석한다. 둘째, 여성의 강점과 문화, 다른 여성과의 관계를 강조하고 여성을 긍정하는 독서를 권장하여 여성의 고유성, 새로운 자아상을 발전시키도록 돕는다. 셋째, 개인의 책임과 집단적 행동을 장려하고 가르치며 지지집단이나 행동집단에 참여하는 것을 권장한다. 넷째, 일과 조화를 이루도록 하고 선택의 다양성을 존중한다. 다섯째, 권력과 특권을 분석하고 공유하기 위해 남성에게 도전할 수 있게 도우며, 자기옹호를 가르친다. 여섯째, 억압구조의 변화를 위해 협력과 집단적 행동을 통해 정치적 파워에 접근하고 사람들 사이의 연계를 만드는 집단적 실천을 중시한다.

평가와 종결은 클라이언트가 더 이상 사회복지사를 필요로 하지 않을 때 수행한다. 종결의 시점은 클라이언트의 목표에 따라 결정된다. 개입의 효과를 확증하기 위해서는 목표달성을 위한 진전의 정도, 개입에 대한 만족, 문제의 감소 등을 정규적, 체계적으로 평가해야 한다. 평가에서는 클라이언트 개인의 평가뿐 아니라 성을 중심으로 한 억압의 개선을 위한 사회구조적 차원에서도 평가가 필요하다.

한편, Worell과 Remer(1992)는 경직된 성역할을 재조명하는 과정을 5단계로 제시하고 있다. 첫째, 개인에게 아직도 영향을 미치고 있는 아동기의 메시지를 찾아본다. 둘째, 어떤 방식으로 성역할 행동이 강화되었는지를 살펴본다. 셋째, 사회적으로 어떤 성역할 행동이 자신에게 유리한 것이고 불리한 것인지를 살펴본다. 넷째, 클라이언트가 변화하고자 하는 것이 무엇인지를 검토한다. 다섯째, 융통성 있고 개인에게 힘을 주는 새로운 성역할을 채택하고, 이를 실제

생활에서 행동에 옮길 수 있는 전략을 세운다.

제 4 절 여성주의이론의 실천기술

여성주의 사회복지실천은 사회복지사가 여성주의 관점을 정확하게 이해하고 이에 따른 가치를 정립하는 것이다. 그리고 여러 실천적 접근에 개방적인 자세로 각 클라이언트에게 적합한 실천기법을 개발해야 한다. 여성주의 실천의 목표와 주요 문제에 효과적으로 접근할 수 있는 실천이론과 모델은 게슈탈트이론과 인지행동이론이다(박경, 2003). 게슈탈트이론은 여성들이 정서적 억압이나 자기 돌봄에 취약한 점과 신체화의 문제를 해결하는 데 효과적이고, 인지행동이론은 여성들의 자기 패배적, 왜곡된 사고를 구체적으로 다루어 우울이나 분노 등의 부정적인 정서에서 탈피할 수 있게 도울 수 있다.

게슈탈트이론은 자신이 인정할 수 없는 감정을 인식하게 하고 실제 자신의 모습과 부정하고 있는 자신의 모습을 통합할 수 있게 한다. 그럼으로써 자신의 삶을 표현하고 창조적인 힘을 키우도록 돕는 도구가 될 수 있다. 게슈탈트이론은 개인의 힘과 창조적인 자기를 강조하며 이전에 미처 고려하지 못했던 행동적 대안들을 선택하도록 돕는다. 여성의 성장과 문제해결을 돕는 게슈탈트이론의 구체적인 기법은 다음과 같다.

첫째, 자기 정의(self definition)와 개인적인 힘을 인식하는 기법이다. 사회적인 강제규정은 여성의 삶에서 만족과 행복을 찾는 것을 방해하고, 이로 인해 타인의 규범에 순응하는 방법을 학습하며, 자신의 욕구와 타인의 욕구가 어떻게 다른지를 구분하는 데 어려움을 겪는다. 게슈탈트이론에서는 여성이 의사소통하거나 감정을 표현할 때 자신의 책임을 강조하기 위해 '우리가', '그들이' 대신에 '내가'라는 말로 바꾸어 표현하도록 한다. 또한 '할 수 없다'는 '안 할 것이다'로, '해야만 한다'는 '선택한다'로 바꾸어 내적인 욕구를 인식하고 자신의 삶을 자율적으로 조절할 능력을 갖게 한다.

둘째, 클라이언트의 억압된 분노를 표현하는 기법으로 '빈 의자' 기법을 활용할 수 있다. 게슈탈트이론은 여성들이 자신의 감정을 좀 더 분명하게 인식하고 이를 표현하도록 한다. 빈 의자 기법은 편안하게 자신의 감정과 만나도록 하여 실망이나 분노, 죄책감과 같은 감정들을 표현하게 한다. 또한 비언어적인 방법으로 신체에서 긴장을 느끼는 곳에 집중하여 자신의 몸이 어떻게 하고 있는지 살핌으로서 억압된 감각과 어떻게 관련이 있는지를 배우게 된다. 두 개의 빈 의자를 사용하여 클라이언트가 지금-여기에서 내적인 갈등과 경험을 직면하게 하는 것이 실천가가 공감해주는 것보다 내적인 갈등의 해소에 도움이 된다.

셋째, 게슈탈트이론은 행동의 대안을 확장하는 방법을 적용한다. 여성주의 실천에서는 여성들이 현재에서 더 나은 선택을 할 수 있도록 돕는 데 역점을 두어왔다. 게슈탈트이론에서는 빈 의자 기법과 언어적인 표현기법을 통해 여성들이 민감성과 강인함, 주장성과 수동성 등의 상반되는 면들을 인식하고 이를 수용하며 통합할 수 있게 한다. 이와 함께 이전에는 미처 몰랐던 자신의 감정이나 요구의 내적인 메시지에 귀를 기울여 융통성 있고 독립적으로 행동하게 교육한다.

넷째, 게슈탈트이론은 여성 클라이언트에게서 나타나는 신체화에 효과적인 접근이다. 게슈탈트이론은 정신과 신체 간의 연결을 가정해 왔으며 심리적인 문제가 신체적으로 표현된다고 간주해 왔다. 신체화 증상은 자신에게서 소외된 신체의 부분들이 보내는 존재의 메시지일 수 있는 것이다. 자기 자신의 각 부분을 통합하고 신체로부터 오는 메시지를 알아차리는 것을 강조한다는 점에서 여성의 신체화 증상에 효과적일 수 있다. 클라이언트는 신체 상태를 자각함으로써 이에 대응되는 정서 상태를 자각하게 되는 것이다. 구체적으로 신체 감각 또는 신체 증상에 주의를 집중하여 신체의 감각을 천천히 살펴보고 표현해 보게 한다. 신체에 집중하면서 일어나는 감정이나 욕구가 무엇인지 언어로 표현해보게 하는 것은 억압된 감정이나 욕구를 알아차리는 것보다 신체 현상이나 증상을 자각하는 것이 훨씬 더 쉽다는 점에 착안한 것이다.

그러나 게슈탈트이론은 성역할 분석이 실천과정에 포함되지 않은 한계가 있다. 즉, 여성이 자신이 선택해왔던 행동 이외에 다양하고 새로운 행동적 대안을 실제에 시험해볼 수 있는 기회를 가질 수 있도록 돕기 위해서는 자기 인식을 촉진하는 게슈탈트이론만으로는 부족하다. 게슈탈트이론은 여성들의 수치심, 죄책감, 부적절감을 다루지만, 가족, 제도, 문화적 체계와 같은 사회적인 상황의 영향의 영향을 받는 개인에 대한 이해는 간과하고 있다.

인지행동이론은 개인이 지니고 있는 자기 자신과 자신에게 영향을 미친 환경에 대한 왜곡된 사고를 구체적으로 다루므로 왜곡된 사고와 관련된 여성 우울증에 유효할 것이다. 특별히 성과 관련된 비합리적인 편견과 경직된 생각들에 도전하여 궁극적으로 여성이 자율적이고 자유롭고 평등하며 자기 충족적인 삶의 주체가 되도록 돕는 과정에서 활용될 수 있다. 그러나 인지행동이론만으로는 여성의 우울증을 해결하는 데 한계가 있다. 여성의 우울증은 성역할 사회화의 영향, 성, 문화, 그리고 권력에 대한 분석을 통한 개인의 통찰이 매우 중요하기 때문이다. 즉, 여성이 자신의 문제를 개인화시키고 스스로 비난하는 것이 에너지 낭비인 것을 깨닫도록 도와줄 수는 있지만, 여성이 겪어온 문제를 개인적인 인지적 왜곡에만 초점을 맞추어 여성이 사회화와 사회적인 환경에 의해 어떻게 영향을 받아왔는지를 간과한다면 자기비난이나 자기비하로부터 쉽게 벗어나기 어려울 것이다. 여성우울증을 다룰 때는 클라이언트 자신의 성역할 고정관념에 대해 인식하고, 사회적인 기대와 여성의 우울증 간의 관계에 대해 검토하며, 클라이언트의 성역할 분석을 하고, 신체적, 성적 피해와 관련한 질문을 하는 것이 중요하다.

인지행동이론의 실천기법으로는 여성의 부정적인 자기 개념이 어떻게 형성되었는지를 검토하는 데 초점을 맞추는 것이 있다. 여성들이 자신에 대한 부정적인 신념을 수정하고 여성에 대한 사회적인 편견에 도전하게 하기 위해서는 여성이 자신의 적응에 대해 문제제기를 하도록 돕고 여성이 타인과의 관계 안에서 자신을 규정하고 평가해 왔던 틀을 검증하도록 돕는 것이다. 스트레스의 외부 요인을 인식함으로써 지나치게 자기 스스로를 비난하는 위험요인을 감소시키며 여성들이 과도하게 느끼는 부정적인 사건과 상황을 통제하고 적절한 책임감을 갖게 하는 데 도움이 된다. 인지행동이론만을 활용할 때 여성들의 부정적인 자기 도식을 깨닫는 데는 도움이 될 수 있다. 그러나 부정적인 지각의 원천이 사회화나 사회적인 환경에서 비롯되었다는 점을 알지 못함으로써 과도한 자기 비난으로부터 벗어나기 어려울 수 있다. 인지행동이론만으로는 여성 문제를 충분히 다룰 수 없으므로 여성들이 사회화에 대해 의식하고 과도한 자기 비난으로부터 해방될 수 있게 하는 여성주의이론을 통합해야 한다. 여성의 정신건강 문제를 다룰 때는 개인이 호소하는 문제의 성격에 따라 여성주의이론과 게슈탈트이론, 인지행동이론이 적절히 통합되어야 여성의 문제를 효과적으로 다룰 수 있을 것이다.

제 5 절 여성주의이론의 유용성과 한계

여성주의이론에 입각한 사회복지실천은 클라이언트를 원조하는 것만큼이나 환경적, 구조적 변화의 추구를 중시한다. 최근까지 여성주의 사회복지실천의 주된 관심사는 강간, 가정폭력, 성폭력, 가족 등과 같은 여성 중심의 실천에 있었지만 점차 약물중독, 건강보호, 아동복지, 빈곤 등의 영역으로까지 확대되고 있다. 여성주의이론은 기존의 사고와는 완전히 다른 사고방식으로서 가부장적, 위계적 사회구조나 사고와 조화를 이루지 못한다. 따라서 여성주의 사회복지실천을 수행하는 실천가는 클라이언트의 현실을 고려하지 않은 채 이상주의적 차원에서 클라이언트에게 비현실적인 기대와 부담을 지울 수도 있다. 이러한 현실을 감안할 때 사회적 상황의 한계를 충분히 인식하지 않은 상태에서 여성의 의식고양 또는 독립을 지나치게 강조하는 것은 클라이언트에게 현실적인 위험과 부담을 줄 수 있다. 더욱이 공식적인 사회적 자원 또는 사회안전망이 부실한 사회적 현실을 고려할 때 이상주의에 치우친 여성주의 사회복지실천에는 많은 한계가 있을 수 있음을 주지해야 한다.

여성주의이론의 주요 강점은 성을 중심으로 한 불균형을 설명하는 데 유용하고, 구조적, 대인적 구속과 속박을 제거하려고 노력하는 실천가에게 지침을 제공하며, 여성이 경험하는 많은 억압의 형태를 평가하기 위한 분석적인 렌즈를 제공한다는 것이다. 즉, 여성주의이론으로 인해 여성의 욕구를 충족시킬 수 있는 더 많은 서비스가 가능해졌다. 여성주의이론은 여성들이 유지해온 성역할과 관련된 갈등의 문제를 해결하기 위해 성역할 분석과정을 활용하는 유용한 실천방안이다. 클라이언트가 자신이 환경에 의해 영향을 받은 부분은 무엇이고 자신이 원하는 성역할은 무엇인지를 분명히 인식하게 하고 이를 통합할 수 있게 도와줄 수 있기 때문이다. 다만 우리나라 클라이언트들은 사회복지사나 실천가가 부모나 교사의 역할을 하며 이끌어주거나 지도편달이나 교육을 해주기를 바라는 경향이 있어 실천가와 클라이언트의 평등한 관계를 지향하는 여성주의이론이 얼마나 적절할지는 의문이다.

참고문헌

고석주. (1993). 여성중심상담의 이론. 『한국성폭력상담소 제2기 상담원 교육강의집』(pp. 63-65).

박 경. (2003). 여성정신건강과 여성주의 치료의 방향. 『한국여성학』, 19(3), 215-244.

이기숙·윤경자. (2000). 여성의식 향상을 위한 집단상담 프로그램에 대한 고찰. 『여성연구논집』, 11, 105-135.

이만식. (2001). 사회복지에 있어서 여성주의적 시각의 필요성과 그 실천. 『한국사회복지학회 추계학술대회 자료집』(pp. 355-378).

장연집. (2000). 여성주의 심리치료. 『여성건강』, 1(1), 13-29.

한국여성개발원. (1994). 『성폭력 상담원훈련』. 한국여성개발원.

Bricker-Jenkins, M., & Hooyman, N. (1986). *Not for women only: Social work practice for a feminist future*. Silver Spring, MD: NASW Press.

Bricker-Jenkins, M., & Lockett, P. (1995). *Women: Direct practice. In Encyclopedia of social work*(19th ed.). Washington, DC: NASW.

Corey, G. (2001). *Theory and practice of counseling and psychotherapy*. Pacific Grove, CA: Brooks-Cole/Wadsworth.

Humm, M. (1995). *The dictionary of feminist theory*. New York: Prentice Hall.

Saulnier, C. F. (1996). *Feminist theories and social work: Approaches and applications*. New York: The Haworth Press.

Saulnier, C. F. (2001). Feminist theories. In P. Lehmann & N. Coady (Eds.), *Theoretical perspectives for direct social work practice: A generalist-eclectic approach*(pp. 255-275). New York: Springer Publishing Company, Inc..

Van Den Bergh, N., & Cooper, L. (1986). *Feminist visions for social work*. Silver Spring, MD: NASW Press.

Worell, J., & Remer, P. (1992). *Feminist perspective in therapy: An empowerment model for women*. New York: Wiley.

제 16 장

임파워먼트모델

제 1 절 임파워먼트모델의 역사적 발달

최근의 사회복지실천은 클라이언트의 충족되지 않은 욕구나 병리적인 측면에만 초점을 두기보다 클라이언트의 강점과 잠재력을 강조하는 임파워먼트(empowerment) 중심의 실천을 지향한다. 임파워먼트모델은 1950년대에서 1960년대 Solomon이 펼친 흑인운동에서 유래되었다. 인종차별로 억압과 불리를 경험하는 흑인 지역사회를 대상으로 한 사회복지실천의 지침으로 힘(power)을 부여하고 증진시키는 임파워먼트를 중요시했다. 최근까지 다양한 사회적 약자를 대상으로 한 연구들이 진행되어 왔다. 주로 아동, 청소년, 노인, 약물중독자, 정신장애인, 장애인, 에이즈환자, 동성애자, 노숙자, 흑인여성, 이민여성, 약물중독여성, 이혼여성, 폭력피해여성, 여성범죄자 등 취약 대상에 대한 연구가 집중적으로 이루어져 왔다. 연구결과 임파워먼트는 주로 자존감, 자기효능, 유능, 독립심 등 자신에 대한 이미지를 향상시키거나 강점을 강화하는 데 효과적인 것으로 나타났다. 또한 희망이나 영성 같은 정신적 차원을 풍부하게 하는 것,

스트레스 대처 및 문제해결방법을 습득하게 하는 것, 삶의 만족도 및 환경에 대한 인식을 개선하는 것과 같은 효과도 있었다. 실천과정에서는 서비스 계획 및 개입과정에 클라이언트의 참여 및 결정기제를 마련하고, 실질적인 정보 및 자원에 접근하여 활용하도록 하며, 대인관계 및 사회적 관계망을 형성하게 하는 것이 중요했다.

사회복지실천에서 임파워먼트모델은 새로운 것이 아니다. 사회복지는 역사적으로 소외되고 자신의 권리를 제대로 주장하지 못하는 클라이언트 집단을 돕는 원조전문직으로 발전해 왔으며 클라이언트의 사회적 기능을 향상시키기 위해 클라이언트의 존엄성과 독특성, 능력과 잠재력을 강화시키는 것을 전문직 실천의 중요한 요소로 간주해왔다. 따라서 임파워먼트모델은 클라이언트 집단의 권리와 요구를 중요시하는 최근의 실천적 변화에 부응하여 상대적으로 부각되고 있는 사회복지실천모델이기도 하다.

임파워먼트모델에서는 클라이언트를 사회적인 약자 또는 수동적인 수혜자로 취급하지 않으며 자신의 문제와 복잡한 환경을 극복하고 통제력을 회복할 수 있는 긍정적이고 잠재력 있는 개인으로 인정한다. 또한 클라이언트를 둘러싸고 있는 가족과 주변 사람들, 지역사회는 클라이언트를 소외시키고 격리시키는 원인제공자가 아니라 긍정적 자원이자 문제해결의 협력자로 인식된다. 따라서 임파워먼트는 자신과 주변 환경을 통제하는 능력을 상실한 사람들에게 다양한 방법을 통해서 힘을 부여하는 실천모델이다.

제 2 절 임파워먼트모델의 개관

1. 임파워먼트모델의 특징

임파워먼트모델은 인간과 환경에 대한 고려를 기본으로 한다. 개인 및 집단 활동을 통해 개인의 적응력을 높이거나 환경이나 사회구조를 변화시키는 것을 중시한다. 이를 위해 차별이나 억압을 경험하는 사람들과 함께 활동함으로써 자원과 기회에 평등하게 접근할 수 있게 하는 사회정책과 프로그램을 창출하고자 한다. 임파워먼트모델의 중심가치는 클라이언트의 욕구 충족, 사회정의의 증진, 자원의 평등한 분배, 환경보호에 대한 관심이다. 차별(인종차별, 성차별, 연령차별)의 철폐, 클라이언트의 자기결정의 존중, 클라이언트의 자기실현도 임파워먼트모델의 근간을 이루는 주요 가치이다. 임파워먼트모델의 기본전제는 클라이언트의 강점 사정과 활용, 자기결정의 존중과 개별화, 상호협력과 원조관계 3가지이다. 기본전제의 구체적인 내용은 다음과 같다.

제1전제인 클라이언트의 강점 사정과 활용은 클라이언트가 처해 있는 상황에서 클라이언트의 무능력(powerlessness)의 정도를 알아보고 이를 극복하는 데 필요한 힘(power)을 정확히 사정하는 것이다. 즉, 무능력의 근원은 무엇이며 이로 인해 심리사회적 기능수행에 어떤 부정적인 영향을 미쳤는지 알아본다. 상실된 힘을 회복하는 과정에서는 클라이언트의 장점과 잠재력을 밝혀내고 이를 적극적으로 활용함으로써 자신에 대한 비난과 부정적인 평가에서 벗어나도록 돕는다. 문제해결과정에서는 클라이언트 내면의 동기나 정서적 힘, 그리고 잠재력을 활용할 뿐 아니라 클라이언트에게 도움이 될 수 있는 가족, 친척, 이웃, 관련기관과 같은 공식적, 비공식적 자원을 동원한다. 사정과정에서 사회복지사는 클라이언트를 병리적으로 보지 않으며 클라이언트가 상황적인 압력과 고통으로 인해 현재 무능력을 경험하고 있다고 하더라도 여전히 능력과 가능성, 가치, 희망을 갖고 있는 존재로 인식한다. 개인적, 대인적 수준에서 임파워먼트모델을 적용할 때 강조해야 하는 것이 강점의 사정이다. 강점은 클라이언트가 갖고 있는 능력, 용기, 의지, 역량, 가능성, 가치, 통합성 등을 의미한다. Cowger(1997)에 의하면, 클라이언트의 강점 사정시 고려해야 할 사항들은 다음과 같다. 첫째, 클라이언트가 직면한 문제 상황과 관련하여 클라이언트가 진술하는 주관적인 견해를 경청해야 한다. 즉, 심리 내적, 발달적, 인지적, 정신적, 사회적 역동에 대한 사정을 할 때 클라이언트의 견해와 느낌을 존중하고 공감한다. 둘째, 클라이언트를 믿는다. 셋째, 클라이언트가 원하는 것이 무엇인지 밝혀낸다. 즉, 기관 내 서비스로부터 원하고 기대하는 것은 무엇인가, 문제 상황에서 변화되기를 원하는 것은 무엇인가를 밝혀낸다. 셋째, 사정은 다차원적으로 개인적, 환경적 강점을 찾아내는 것이어야 한다. 강점은 개별화해야 한다. 넷째, 클라이언트가 이해할 수 있는 언어 또는 용어를 사용해야 한다. 다섯째, 사정을 클라이언트와 사회복지사 사이의 협력적인 활동으로 만들어야 한다. 여섯째, 사정 내용에 대해 상호동의를 이끌어내야 한다. 일곱째, 비난과 낙인, 인과론적 생각, 진단을 피해야 한다.

제2전제인 자기결정의 존중과 개별화는 클라이언트와 사회복지사의 관계에서 힘의 불균형을 줄이고 클라이언트의 자발적이고 주도적인 문제정의를 수용하며 클라이언트 스스로 자신의 상황을 이해하고 해결책을 결정하도록 돕는 것이다. Cowger(1994)는 클라이언트가 원조과정에 처음 참여하는 시점에서부터 새로운 문제해결의 방법을 찾고 독립적으로 자신의 삶을 통제하는 전 과정에서 자기결정권이 존중되어야 한다고 주장한다. 클라이언트가 자신의 삶에 대한 통제력을 획득한다는 것은 그 자신과 환경에 대한 선택의 능력, 즉 결정 능력을 회복하고 행사하는 것이다. 따라서 선택의 내용과 방법도 클라이언트의 판단에 따라 개별화되는 것이 당연하다. 이러한 원칙을 적용하기 위해 사회복지사는 클라이언트가 통제력을 회복하여 스스로 변화하도록 도와야 한다.

제3전제는 상호협력과 원조관계이다. 클라이언트와 사회복지사의 관계가 상호협력과 신뢰, 동의, 그리고 힘의 균형을 바탕으로 한다는 것이다. 서로 존중하고 배려하며 진실함을 느낄 수 있어야 하므로 사회복지사는 클라이언트가 결정하는 사항을 존중해야 하며 어떠한 강요나 압력을 행사해서도 안 된다. 개입은 응급상황을 제외하고는 클라이언트가 참여하는 속도에 맞추어 진행되어야 한다. 상호협력 관계에서는 진단(diagnosis)보다는 사정(assessment)에 기초한 개입을 선호하며 문제발생의 요인을 병리나 일탈, 심리적 결함보다는 클라이언트의 통제력을 방해하는 상황의 역동성과 통제력 상실로 인한 부정적인 결과에 중점을 둔다. 사회복지사는 가능케 하는 자, 조직가, 자문가, 그리고 사례관리자의 역할을 수행한다.

임파워먼트모델에서 사회복지사는 클라이언트 스스로 자기 문제를 해결할 주체임을 인식하게 해야 한다. 사회복지사는 클라이언트가 문제를 해결하는 과정에서 동료나 협력자로서 기능하게 된다. 궁극적인 목표는 억압적인 사회제도, 법, 정책의 부정적인 영향을 경감시키는 것이므로 사회복지사와 클라이언트 모두 사회적 행동에 참여하기 위해 노력한다. 임파워먼트모델에서 사회복지실천은 크게 개인적, 대인적 수준의 실천과 기관 수준의 실천, 즉 두 가지 수준에서 이루어진다. 구체적인 내용은 다음과 같다.

첫째, 개인적이고 대인적 수준에서의 실천이다. 클라이언트가 필요한 자원에 접근하는 것을 도우며, 통제력 회복에 대한 자기효능성(self-efficacy)을 증가시키고 타인과의 관계에서 영향력을 행사할 수 있는 문제해결 능력을 높이는 것을 목적으로 한다. 이 수준에서 활용되는 전략에는 자원과 서비스에 대한 정보제공, 법적인 권리주장훈련, 욕구충족에 필요한 지식과 전문성 획득, 환경조정에 필요한 개인적 기술의 습득 등이 포함된다. 또한 주위의 협력적인 사람들과의 연합을 통한 자원 획득 기회를 증가시키는 것, 자원획득에 방해되는 요소들을 효과적으로 관리하는 기술을 교육하는 것, 기관에 대한 의존을 줄이기 위해 지역사회에 있는 다양한 지지체계와 연결하는 것, 클라이언트 자신이 갖고 있는 자원을 직접 활용하도록 격려하는 것 등도 포함한다.

둘째, 사회복지사와 사회복지사가 속해있는 기관 수준에서의 실천이다. 클라이언트의 이익을 대변하기 위해 사회복지사가 기관정책에 영향을 주는 방법을 집단적으로 채택하며 기관에 의해 통제되고 관리되는 서비스 전달이나 자원 활용에 클라이언트의 참여를 극대화하는 데 목적이 있다. 전략에는 임파워먼트에 근거한 실천기술을 기관에서 사용하도록 사회복지사가 전문적인 힘을 발휘하는 것, 임파워먼트의 원칙에 근거한 효과성 측정방법을 사용하도록 기관에 영향력을 행사하는 것, 클라이언트의 서비스 선택의 자유와 자원동원의 기회를 극대화하는 것, 환경변화를 꾀하는 것 등이다. 또한 클라이언트를 변호하기 위해 동료들과 조직적인 힘을 증가시켜 기관의 정책방향에 영향력을 행사하는 것, 클라이언트를 변호하는 집단을 조직화하여 개인적인 접촉보다는 집단적인 힘을 활용해서 기관과 협상하도록 하는 것, 기관의 독점적 프로그램을 변화시키기 위해 새로운 대안적인 프로그램을 개발하게 하는 것 등도 포함된다. 임파워먼트모델은 사회복지사의 전문성 발휘와 클라이언트를 위한 옹호활동을 통해 이루어진다.

2. 임파워먼트모델의 주요개념

임파워먼트(empowerment)는 힘(power)의 개념에서 비롯된다. Van Den Berge와 Cooper(1986)는 힘을 '권리, 자원, 기회에 일정한 통제를 가하는 것'으로 정의하고, 임파워먼트는 '타인에 대하여 통제, 권위, 영향력을 소유할 뿐 아니라 자신의 삶을 통제할 수 있도록 돕는 것'이라고 말한다. Browne(1995)은 임파워먼트 개념에는 개인의 자기주장, 사회적 상향이동, 개인적 발전, 심리적 강인함 등이 포함되어야 한다고 주장한다. 그러므로 임파워먼트는 개인적 이유나 사회구조적 이유, 또는 양자간의 복합적인 이유에서 사람들이 환경과의 상호작용에서 박탈하거나 상실한 권리, 기회, 자원, 통제력 등을 회복시켜주기 위한 노력이다. 임파워먼트의 개념은 개입, 기술, 과정의 측면에서 정의될 수 있다. Solomon(1976)은 클라이언트에 대한 개입(intervention)으로 임파워먼트를 인식했고 Mandell과 Schram은 임파워먼트를 사회복지사의 중요한 기술(skill)로 보았다(Parsons & Cox, 1989). Gutierrez(1990)는 개인적, 대인적, 정치적 측면에서 클라이언트의 힘을 강화하는 과정(process)으로 정의한다. 그러므로 사회복지실천에서 임파워먼트는 요보호계층이나 권리와 혜택을 상실한 무능력을 경험하고 있는 사람을 대상으로 하며, 개인과 집단, 지역사회 수준에서 클라이언트가 자신과 상황에 대한 통제력을 회복하도록 도와주는 개입, 기술, 과정을 포함하는 실천모델이다.

임파워먼트모델에서 임파워먼트의 의미는 권한부여, 능력고취, 역량강화, 세력화 등의 다양한 용어로 번역되어 사용되며, 미시적인 차원에서부터 거시적인 차원까지 의미가 다양하다. 미시적 차원에서는 특별한 구조적 변화가 없더라도 개인의 힘이나 통제력이 증대되었다고 느끼는 사고의 변화에 중점을 두며, 거시적 차원에서는 조직, 제도, 구조의 변화에 초점을 둔다. 즉, 미시적 수준으로 갈수록 역량

강화나 능력고취의 개념으로, 거시적 수준으로 갈수록 권한부여의 개념을 사용하는 경향이 있다. 신자유주의에 근거하여 치료, 상담, 교육의 방법을 사용하는 경우는 능력고취의 개념으로 사용되고, 급진주의 이념에 근거하여 사회적 불평등 제거를 위한 운동과 투쟁으로 접근하는 경우는 세력화의 개념으로 사용되며, 생태체계이론에 근거하여 자조와 개혁을 강조할 경우는 권한부여의 개념으로 사용된다. 임파워먼트 개념의 다양성과 모호성은 사회복지실천모델로서 구체성 및 체계성의 결여와 연결되므로 임파워먼트모델은 사회복지실천모델로 보기에 한계가 있다는 주장도 제기되고 있다.

임파워먼트모델의 실천에서 가장 중요한 요소는 클라이언트의 유능(competence)을 강화하는 것이다. 유능은 주변의 구성원을 돌보는 기능을 수행할 수 있으며 다른 체계와 효율적으로 상호작용하고, 사회적, 물리적인 환경의 자원체계에 기여할 수 있는 능력을 말한다. 유능은 개인적 특성, 대인상호관계, 사회적이고 물리적인 환경에서 비롯되는데 이러한 3차원이 잘 기능할수록 각 개인이 환경에 대처하는 능력이 더욱 향상된다. 임파워먼트모델에서 사회복지사는 개인의 문제를 클라이언트 체계의 결함으로 보기보다 개인적 능력과 환경적 요구 사이에서 발생하는 불일치 또는 불균형에서 찾는다. 그러므로 클라이언트를 도울 수 있는 자원에 대한 정확한 사정과 활용이 필수적이다. 자원과 기회에 대한 접근의 증가, 강점 확장, 능력의 강조 자체가 바로 임파워먼트인 것이다. 임파워먼트는 우리의 삶에서 역동적으로 발생하는 것으로 사회복지사와 클라이언트와의 협력 과정을 통해 이루어진다.

임파워먼트모델에서 중요한 강점(strengths)은 병리와 대별되는 것이다. 강점은 도덕적 용기, 인내, 신체적 힘, 활력 등을 말하며, 정상, 주장, 행동, 통합을 나타낸다. 병리는 비정상, 장애, 질병을 뜻하며, 고통, 인내, 슬픔을 나타낸다. 즉, 강점이란 개인, 집단, 지역사회가 갖고 있는 능력, 용기, 의지, 가능성, 가치, 희망, 통합 등을 의미한다. Saleebey(1996)에 의하면 강점과 병리의 특징은 다음과 같다. 첫째, 병리는 증상을 가진 사례를 대상으로 하는 반면, 강점은 독특성을 가진 인격체를 대상으로 한다. 둘째, 병리는 문제를 중심으로 개입하는 반면, 강점은 가능성을 중심으로 개입한다. 셋째, 병리는 개인의 진술을 진단에 필요한 정보로 보는 반면, 강점은 개인을 이해하는 데 필수적인 정보로 본다. 넷째, 병리는 아동기의 상처를 성인기의 병리를 예측하는 요소로 보는 반면, 강점은 개인을 약하게 할 수도 있고 강하게 할 수도 있는 것으로 본다. 다섯째, 병리는 실천가에 의해 고안된 치료계획을 치료적 요소로 보는 반면, 강점은 개인, 가족, 지역사회의 참여를 치료적 요소로 본다. 여섯째, 병리는 치료자를 전문가라고 보는 반면, 강점은 개인, 가족, 지역사회 모두가 전문가라고 본다. 일곱째, 병리는 선택, 통제, 책임의 가능성을 포함한 개인적 발전이 병리로 인해 제한된다고 보는 반면, 강점은 개인적 발전이 항상 가능하다고 본다. 여덟째, 병리는 변화를 위한 자원은 전문가의 지식과 기술이라고 보는 반면, 강점은 개인, 가족, 지역사회의 장점, 능력, 적응기술이 자원이라고 본다. 아홉째, 병리는 증상의 영향과 부정적인 행동, 정서, 사고, 관계를 줄이는 것을 원조의 목적으로 하는 반면, 강점은 클라이언트의 삶에 관여하여 클라이언트의 가치와 책임을 확고히 하고 관련 체계 내에서 소속감을 발전시키는 것을 원조의 목적으로 한다.

제 3 절 임파워먼트모델의 실천과정

임파워먼트모델에서 사회복지사와 클라이언트는 상호협력과 상호책임을 기반으로 관계를 형성한다. Parsons(1991)에 의하면 임파워먼트모델에서 사회복지실천의 원칙과 방법은 다음과 같다. 첫째, 협력, 신뢰, 권력의 공유가 원조관계의 기본이다. 둘째, 집단행동을 활용한다. 셋째, 문제에 대한 클라이언트의 정의를 수용한다. 넷째, 클라이언트의 강점을 확인한다. 다섯째, 계급과 권력에 관한 클라이언트의 의식을 고양시킨다. 여섯째, 변화과정에 클라이언트를 관여시킨다. 일곱째, 특정한 기술을 가르친다. 여덟째, 상호지지나 자조의 네트워크나 그룹을 활용한다. 아홉째, 임파워먼트 실천과정에서 개인이 가지고 있는 권력을 실감하게 한다. 열째, 클라이언트를 위해 자원을 동원하거나 권리를 옹호해 준다. 임파워먼트모델은 실천과정에서 개인적 측면과 환경적 측면의 결합과 상호작용에 초점을 둔다.

Miley와 Dubois(1995)는 문제해결과정에 강점, 자원, 해결방안을 부각하여 임파워먼트 실천과정을 대화, 발견, 발전의 3단계로 설명한다. 구체적인 내용은 다음과 같다.

1단계인 대화(dialogue)단계는 공유하기(sharing)로 대표된다. 클라이언트가 기존에 갖고 있는 능력이나 자원을 구체화하는 과정이다. 대화단계에서는 사회복지사와 클라이언트 사이에 수용, 존중, 신뢰를 기반으로 협력관계를 구축하고 각자의 역할을 규정한다. 사회복지사는 클라이언트와 대화 중에 클라이언트가 자신이 처한 상황에 대해 인식할 수 있게 도우며 이 과정에서 클라이언트가 자신의 감정을 확인하고 사회복지사와 클라이언트가 무엇을 위해 같이 협력할 것인지를 함께 설정한다. 사회복지사가 클라이언트의 현재 상황, 주요 욕구, 강점을 대화를 통해 알아가는 과정이므로 사회복지사는 클라이언트와 협력적인 파트너십 관계를 형성해야 하며 관계의 목적을 명확화해야 한다. 주요 과업은 상호협력적인 관계를 확립하는 것, 클라이언트와 사회복지사의 인지를 명확화하는 것, 실천의 초기 방향을 정하는 것, 관계를 위한 계약 및 사정에 동의하는 것 등이다.

2단계인 발견(discovery)단계는 찾기(searching)로 대표된다. 클라이언트가 갖고 있으나 갖고 있는지 모르는 자원을 탐색하는 과정이다. 사회복지사와 클라이언트는 상호 협력하여 수집된 정보를 종합하고 조직화하면서 분석하고 변화를 위한 전략을 개발한다. 잠재적 자원을 포함한 자원을 사정하고 문제해결을 위한 자원의 발굴을 모색하는 것이다. 구체적인 목적이 설정되면 행동 계획을 수립한다. 클라이언트가 보유하고 있는 자원에 대한 정확한 사정을 통해 바람직한 결과를 위한 계획을 수립해야 한다. 이 단계에서 강점과 해결방안이 구체화되어야 3단계인 발전단계에서 구체적인 개입활동이 나타날 수 있다. 주요 과업은 클라이언트가 가지고 있는 것을 확인하는 것, 부가적인 정보와 사실에 대한 경험과 사고를 연결하는 것, 감정을 사정하고 확인하며 표현하는 것 등이다. 또한 클라이언트체계나 다른 사람으로부터 대인상호적인 정보를 연결하는 것, 자원체계를 탐색하는 것, 클라이언트체계의 욕구를 결정하는 것, 해결로 이끌어주는 계획을 개발하는 것, 변화를 위한 계약을 하는 것 등도 포함된다.

3단계인 발전(development)단계는 강화하기(strengthening)로 대표된다. 클라이언트체계와 환경체계의 변화를 유도하고 그 변화를 강화, 안정화하는 활동을 수행한다. 자원의 조직과 확대를 통해 목적을 달성하기 위해 노력한다. 구체적으로는 자원의 활성화와 기회의 확장이 중요하며 이 과정에서 클라이언트가 성공에 대해 인식하게 한다. 평가에서는 클라이언트의 권리와 타인의 권리가 공평하게 고려되었는지에 대해 살펴본 후 최종적으로 결과의 통합을 도모한다. 클라이언트가 아직 활용하지 않은 부가적인 자원 및 능력을 사정하고 새로운 자원 및 기회를 개발한다. 주요 과업은 클라이언트의 욕구를 구체화하는 것, 클라이언트의 개인적, 대인 관계적, 조직적, 사회적 자원을 사정하는 것, 새로운 자원과 기회를 만드는 것, 결론을 위한 계약으로 이끌어가는 것 등이다.

제 4 절 임파워먼트모델의 실천기술

임파워먼트모델에서 사정과 개입과정에서 활용 가능한 실천기법은 클라이언트의 힘을 증강시키기 위해 활용된다. Turner(1996)가 제시한 임파워먼트를 위한 사정내용과 기술은 다음과 같다. 첫째, 기본적 정보이다. 연령, 인종, 계급, 사회 경제적 지위, 직업, 생활 상황에 대해 파악한다. 둘째, 생활의 변화이다. 발달, 지위, 역할, 위기에 있는 관계, 개인사 등에 대해 정보를 수집한다. 셋째, 건강과 정신 건강이다. 신체장애, 정신장애, 약물남용, 자아기능 등에 대해 평가한다. 넷째, 대인관계이다. 가족 구성원, 중요한 대인관계, 사회적 지지체계, 의사소통양식, 집단 내의 역할 등에 대해 이해한다. 다섯째, 물리적, 사회 경제적 환경이 클라이언트에게 미친 영향에 대해 파악한다. 여섯째, 클라이언트가 경험하고 있는 억압에 대해 명확화한다. 기본적인 생존영역, 자원이나 기회에 대한 접근, 내면화된 영역 등에 존재하는 억압, 억압의 결과로 경험하는 불평등에 대해 평가한다. 일곱째, 무기력 상태나 권한박탈의 영역이다. 지식, 기능, 태도, 의식, 자원의 측면에서 클라이언트가 경험하는 결핍에 대해 알아본다. 여덟째, 클라이언트와 클라이언트 환경에서 독특한 장점이 되는 것에 대해 파악한다. 아홉째, 사정의 내용을 신중하게 작성한다.

개입과정에서 필요한 실천기술은 개인적 차원에서 사회적 차원까지 다양하며, 상담, 상호지지, 옹호, 사회적 행동 등이다. 첫째, 개인적 차원의 상담에서는 클라이언트가 자신의 욕구가 무엇인지 설명할 수 있게 돕는 것이 중요하다. 둘째, 상호지지는 타인이 클라이언트를 바르게 이해하게 돕고 동시에 클라이언트가 타인을 바르게 이해하게 돕는 것이다. 셋째, 옹호는 클라이언트가 자신의 이익과 권리를 타인에게 주장할 수 있게 돕는 것이다. 넷째, 사회적 행동은 클라이언트가 자신과 유사한 문제를 가진 사람들과 연대하여 사회적 해결을 도모하게 하는 것이다.

클라이언트의 힘을 증진시키는 기법은 다음과 같다(Gutierrez, 1990). 첫째, 문제에 대한 클라이언트의 정의를 수용한다. 이로써 클라이언트는 자신의 문제 상황을 이해하고 원조과정을 통제할 수 있는 권한이 있음을 알게 된다. 둘째, 클라이언트가 억압에 도전하려 할 때 클라이언트의 강점을 인정하고 강화한다. 셋째, 클라이언트가 처한 사회적 상황을 분석하게 돕는다. 권력의 배분에 대한 의식화가 중요하며, 클라이언트가 지닌 잠재적인 권력에 대해 인식하게 도와야 한다. 넷째, 클라이언트의 문제해결능력, 자녀 양육, 구직, 사회기술, 자기주장, 자기 옹호 등의 기술에 대해 교육한다. 다섯째, 사회복지사는 클라이언트를 위해 구체적인 자원이나 정보를 수집하고 동원하며 클라이언트의 권리 옹호에 관여한다.

제 5 절 임파워먼트모델의 유용성과 한계

사회적 약자를 대상으로 하는 임파워먼트모델은 우리 사회에 만연한 편견과 차별을 극복하고 사회적 약자들이 무기력에서 벗어나 자신과 삶에 대한 통제력을 회복하게 도울 수 있다. 임파워먼트모델을 활용함으로써 얻을 수 있는 유용성은 다음과 같다. 첫째, 임파워먼트모델은 인간의 약점이나 역기능보다는 장점이나 순기능을 강조하는 특성이 있다. 따라서 사회복지실천현장에서 이 모델을 적용할 때 사회적 약자들이 갖고 있는 잠재력, 용기, 통제력, 자원, 통합성과 같은 긍정적이고 유용한 요소들을 끌어내 활용할 수 있다. 둘째, 임파워먼트의 의미는 사회복지사가 익숙한 실천이론과 모델들, 그리고 서비스 전달체계에 만연되어 있는 클라이언트의 병리, 취약점에 대한 선입견을 버릴 수 있게 한다. 임파워먼트모델은 클라이언트를 병리적인 인간으로 간주하지 않고 강점과 자원, 잠재력을 가진 힘 있는 존재로 간주함으로써 변화의 가능성을 확대시킨다. 사회적 약자들이 갖고 있는 인지, 감정, 동기, 대인 관계 측면의 장점과 환경적 지지체계를 포함하는 다양한 강점을 사정하고 이를 적극적으로 활용할 수 있는 개입의 틀을 제공한다. 셋째, 임파워먼트모델은 전문적 관계의 개념을 변화시킨다. 전통적 관계에서는 사회복지사가 클라이언트의 우위에서 치료자로서 기능을 했지만 임파워먼트모델에서는 동등한 관계를 강조함으로써 클라이언트가 변화과정의 객체가 아닌 주체로서 기능하는 토대를 제공한다. 사회복지사가 클라이언트와 힘의 균형을 유지하기 위해서는 클라이언트도 일정한 권한과 힘을 갖고 있음을 인정해야 한다.

이러한 유용성에도 불구하고 임파워먼트모델은 다음과 같은 한계가 있다. 첫째, '임파워먼트'의 정의가 명확하지 않다는 것이다. 둘째, 클라이언트의 협조가 부족한 경우 실천의 한계가 있다. 만성적인 문제가 있는 클라이언트의 경우 지속적인 개입을 통해 긍정적인 결과를 이끌어내기가 어렵고 사회복지사와 대등한 힘의 균형을 유지하거나 자기결정과 개별화에 기초한 관계를 유지하기가 힘들다.

임파워먼트모델은 구체적이지 않고 모호하다는 점에서 실천모델로 보기에 한계가 있다는 주장이 있다. 그러나 임파워먼트모델은 사회복지실천의 목적을 임파워먼트로 명시하고 있고 사회복지실천의 이중초점을 통합하고 있다. 또한 사회복지실천의 정치성을 부각시키고 있고 사회복지실천에서 임파워먼트의 전통을 재부각했다는 점에서 중요한 의미를 갖는다고 볼 수 있다.

참고문헌

김인숙 · 우국희. (2002). 사회복지사가 인식하는 임파워먼트의 의미에 관한 질적 연구: 한국에서 임파워먼트 실천은 가능한가?. 『한국사회복지학』, 49, 34-61.

박미은. (1996). 학대받는 아내의 심리사회적 대응과정과 사회사업적 임파워먼트. 『정신보건과 사회사업』, 3, 53-80.

박시종. (2001). 사회복지실천에서 권력주체화 이론의 방법론적 통합 가능성에 관한 연구. 『한국가족복지학』, 7, 89-112.

양옥경 · 최명민. (2005). 사회복지실천모델의 재검토: 전통모델과 임파워먼트모델(Empowerment Model)의 재검토. 『한국사회복지학화 2005년도 추계공동학술대회 자료집』(pp. 111-142).

이혁구. (2000). 권력의 장치로서의 사회복지: 푸코의 권력이론에 입각한 '권한부여' 비판. 『한국사회복지학』, 43, 328-357.

Browne, C. V. (1995). Empowerment in social work practice with older women. *Social Work*, 40(3), 359.

Cowger, C. D. (1994). Assessing client strengths. *Social Work*, 39(3), 262-268.

Gutierrez, L. M. (1990). Working with women of color. *Social Work*, 35, 149-153.

Guetierrez, L. M., DeLois, K. A., & GlanMaye, L. (1995). Understanding empowerment practice: Building on practitioners-based knowledge. *Families in Society*, 76(8), 534-542.

Hasenfeld, Y. (1987). Power in social work practice. *Social Service Review*, 63(3), 469-483.

Longres, J., & McLeod, E. C. (1980). Consciousness raising and social work practice. *Social Casework*, 61, 267-276.

Miley, K. K., O'Melia, M., & Dubois, B. (1995). *Generalist social work practice: An empowering approach*. Boston: Allyn and Bacon.

Parsons, R., & Cox, E. (1989). Family mediation in elder caregiving decisions: An empowerment intervention. *Social Work*, 34, 122-126.

Rose, S. M., & Black, B. L. (1985). *Advocacy and empowerment*. Boston: Routlege & Kegan Paul.

Saleebey, D. (1996). The strengths perspective in social work practice: Extensions and cautions. *Social Work*, 41(3), 296-305.

Solomon, B. B. (1976). *Black empowerment: Social work in oppressed communities*. New York: Columbia University Press.

Van Den Berge, N., & Cooper, L. (1986). *Feminist visions for social work*. Silver Spring, MD: National Association of Social Workers.

제 17 장

강점관점

제 1 절 강점관점의 역사적 발달

강점관점(strengths perspective)은 전통적인 사회복지실천의 문제중심적, 병리적 접근에서 벗어나 클라이언트의 강점과 능력을 원조과정의 핵심으로 채택하는 관점이다. 강점관점을 이론적으로 체계화한 Saleebey(2002)에 의하면, 강점관점은 일종의 관점으로서 이를 실천하기 위해서는 클라이언트와 클라이언트의 환경, 클라이언트가 현재 처한 상황을 다르게 보는 데서 출발해야 하며 문제에 초점을 맞추기보다는 가능성으로 눈을 돌려야 한다. 클라이언트와 클라이언트의 환경의 강점에 대한 강조는 전통적인 사회복지실천이론이 개인과 가족의 병리, 질병, 결핍, 비정상, 문제에 초점을 둔 심리치료이론의 지배적 영향 하에 있어온 것에 대한 반성에서 시작되었다. 전통적인 사회복지실천이론은 개인과 집단, 지역사회가 성장, 발전하고 방향을 전환하거나 삶의 의미를 변화시키도록 돕는 데 큰 도움이 되지 못했다. 실제로 1900년대 초부터 현재까지 대부분의 전통적인 사회복지실천이론과 모델, 교육자료 등이 의료적, 병리적, 가학적 패러다임을 적용해 왔다.

사회복지실천에서 강점관점의 개념을 사용한 것은 사회복지실천의 역사와 더불어 계속되어져 왔지만 체계화된 접근법은 아니었다. 1989년 Weick, Rapp, Sullivan, Kisthardt 등이 강점관점을 새롭게 소개하면서 사회복지실천분야에서 관심이 점차 고조되었고, 생태체계이론의 영향으로 연구가 계속되었다. Saleeybey(2002)에 의하면 강점관점은 특정한 실천모델이나 패러다임이 아니며 전통적인 접근법과 비교할 때 상대적으로 새로운 원칙, 아이디어, 기술 등을 수집해 놓은 것이다.

제 2 절 강점관점의 개관

1. 강점관점의 특징

강점관점에서는 개인의 강점을 독특한 개성, 재능, 자원들과 동일시하기 때문에 개입은 가능성에 초점을 둔다. 개인적 진술은 개인을 알고 이해하는 데 매우 중요한 정보로 활용된다. 어린시절의 정신적 외상은 개인을 강하게도 할 수 있고 약화시킬 수도 있기 때문에 예측할 수 없다고 본다. 중심적인 활동은 개인, 가족, 지역사회가 진정으로 원하는 것에 초점을 둔다. 개인은 자신의 삶과 문제에 대한 전문가이며, 개인적 발전의 가능성은 열려 있고, 실천 활동에 이용할 수 있는 자원은 개인, 가족, 지역사회의 강점, 능력, 적응기술이다. 실천 활동의 초점은 개인의 가치와 책임을 확인하고 개발하며 지역사회의 구성원이 되거나 이미 구성원임을 발견하는 것이다.

강점관점에서 사정의 대상은 진술, 이야기, 대화 중에 발견될 수 있는 강점과 자원이며, 어린시절의 정신적 외상이 성인기의 병리적 조짐이 되기도 하지만 오히려 강하게 할 수도 있는 측면에 관심을 둔다. 목표설정에서는 실천가보다 클라이언트가 원하는 것을 목표로 하며 클라이언트를 자기 삶의 문제에 대한 전문가로 존중하는 것이 실천가의 태도이다. 실천가와 클라이언트는 대화와 이야기 가운데 강점을 탐색하고 발견하는 과정을 활성화하기 위해 평등하고 협동적인 관계이어야 한다.

전통적인 병리적 관점의 특징은 다음과 같다(Saleebey, 1996, 2002). 병리적 관점은 개인과 진단적인 증상을 동일시하기 때문에 문제에 초점을 둔다. 개인적 진술은 전문가의 재해석을 통해 진단에 활용되며 실천가는 개인적인 이야기와 합리화에 관해 회의적이다. 어린시절의 정신적인 외상은 성인기의 병리적인 조짐이 된다고 보고, 실천 활동은 실천가가 만든 실천계획을 중심으로 이루어지며, 실천가는 클라이언트의 삶에 대해 전문가의 위치에 있다. 실천 활동에 이용할 수 있는 자원은 전문가의 지식과 기술이며 원조의 초점은 증상의 영향을 줄이는 데 있다. 개인과 가족의 결핍, 문제, 병리, 질환에 초점을 맞추는 병리적 관점은 실천가가 클라이언트를 바라볼 때 뿐 아니라 클라이언트 자신이 자신을 보거나 다른 집단이 클라이언트를 바라보는 데 영향을 미치게 된다. 궁극적으로는 클라이언트를 비롯한 특정한 사회적 약자집단에게 자원이 배분되는 사회적 방식에도 영향을 미치기 때문에 문제가 된다. 즉, 특정한 개인, 가족, 집단이 비정상적인 문제의 범주로 분류되고 결핍과 병리라는 관점에서 표상됨으로써 개인과 집단에 대한 총체적 이해가 불가능하게 된다.

병리적 관점이 문제의 원인에 초점을 맞추고 문제의 해결을 추구하는 반면, 강점관점은 단일한 문제와 해결책을 추구하기보다 인간과 인간관, 인간을 둘러싼 관계망과 제도에 대한 총체적 이해를 중심으로 상황과 문제에 대한 재해석, 직관, 암묵적 이해 등을 통한 해결을 추구한다. 이러한 과정에서 클라이언트와 사회복지사 사이의 상호협력과 이해, 동반자적 관계가 매우 중요시되며, 클라이언트의 이야기와 진술, 희망과 두려움 등을 협소한 진단적 범주에 가두기보다 클라이언트의 이야기와 진술, 설명을 존중하고 충분히 이해하고자 한다.

2. 강점관점의 기본전제

강점관점은 어떠한 사람도 자신의 문제를 해결할 수 있는 능력을 가지고 있다는 신념을 전제로 한다. 문제와 병리적인 것이 아니라 클라이언트의 강점에 초점을 두고 클라이언트와 실천가의 협력과 협조적인 관계를 강조하며 이러한 방법이 클라이언트에게 힘을 줄 수 있다고 보는 것이다. 강점관점의 주요 가정은 개인은 생존할 수 있으며 매우 힘든 상황도 극복할 수 있는 능력과 강점을 갖고 있다는 신념을 기초로 한다. 그리고 개인은 자신의 강점과 자원에 관해 인식하고 존중받을 때 새로운 것을 시도할 수 있는 동기가 강화되고, 문제 중심적 사고에서 벗어날 수 있으며, 환경에는 문제해결에 도움을 줄 수 있는 자원이 있다.

Saleebey(2002)에 의하면 강점관점의 주요가치가 되는 가정은 다음과 같다. 첫째, 모든 개인, 집단, 가족과 지역사회는 강점을 갖고 있다. 클라이언트가 갖고 있는 강점인 긍정적인 성향과 능력, 재능과 자원, 욕구와 소망 등을 존중해야 한다. 둘째, 클라이언트는 많은 강점들을 가지고 있다. 개인은 신체적, 정서적, 인지적 대인관계, 사회적이고 정신적인 에너지, 자원, 능력 등을 가지고 있다. 외상(trauma)이나 학대, 질병, 다툼은 상처가 되기도 하지만 도전과 기회의 근원이 될 수도 있다. 셋째, 클라이언트의 동기는 강점을 조장할 때 증가한다. 개인과 집단은 자신이 가지고 있는 능력, 지식, 기술 등을 발견했을 때 지속적으로 발전하고 성장하며, 자신이 정의한 강점을 계속적으로 의식하고 일상생활에서 확인할 수 있을 때 동기가 강화된다. 넷째, 실천가는 클라이언트의 협력자이다. 실천가는 클라이언트와 협력함으로써 클라이언트를 더 잘 도울 수 있다. 클라이언트가 자기 문제와 상황에 대한 전문가이기 때문에 클라이언트의 지식을 무시하거나 경시한다면 협력관계의 형성이 어려워질 수 있다. 다섯째, 피해자라는 생각에서 벗어나야 한다. 개인은 피해자라는 의식에서 벗어날 때 새로운 것에 도전할 수 있는 힘이 생긴다. 여섯째, 모든 환경에는 자원이 존재한다. 즉, 환경은 자원이다. 모든 환경은 아무리 열악하더라도 자원과 가능성을 갖고 있다.

3. 강점관점의 주요개념

강점관점은 강점의 영역으로 목적을 성취하는 데 사용할 수 있는 생존기술, 능력, 지식, 자원, 욕구 등을 포함시킨다. Saleebey(2001)에 의하면 강점의 영역은 다양하다. 개인이 가지고 있는 기술(꽃 가꾸기, 유창한 외국어 등), 재능(음식 만들기, 스포츠 등), 자신의 가치와 특성(인내, 관계능력, 유머감각 등), 상호작용기술(위로하고 중재할 수 있는 능력, 긴장을 줄일 수 있는 능력 등), 주변 환경(확대가족, 친밀한 관계에 있는 사람, 이웃 등), 문화적 의식 또는 예식에 관한 지식, 가족과 가족 간의 이야기(가족의 역사, 전승되는 교훈적인 이야기 등), 역경을 통하여 얻은 지식, 직업, 부모역할을 통해 얻은 지식, 영성과 믿음, 희망과 꿈 등 일상생활의 다양한 영역에서 강점을 발견할 수 있다. 강점의 영역에 포함되는 것들은 일상생활을 지속하거나 발전시켜 나가기 위해 필요하며 누구나 할 수 있고 갖고 있는 것들이다. 이러한 것들을 강점으로 인식하고 새로운 의미를 부여하는 것이 중요하다.

Saleebey(1992)는 강점관점의 주요개념으로 임파워먼트(empowerment), 소속감(menbership), 레질리언스(resilience), 치유(healing), 대화와 협동(dialogue and cooperation), 불신의 종식(suspension of disbelief)을 발전시켰다. 이러한 주요개념들은 클라이언트의 강점을 탐색하고 발견하여 활용하는 과정에서 실천가가 취해야 하는 기본자세, 접근의 방향, 변화에 대한 패러다임, 클라이언트와의 협동적인 관계와 절대적인 신뢰 등을 강조한다. 구체적인 내용은 다음과 같다.

첫째, 임파워먼트는 개인, 집단, 가족, 지역사회가 내부 또는 외부에 가지고 있는 자원과 도구 등을 발견하고 확장하도록 돕는 과정을 의미하며, 사람들에게 어떤 힘을 준다는 것이 아니고 개인이나 집단이 가지고 있는 힘을 발견하는 것을 말한다. 클라이언트가 스스로 문제를 해결할 수 있도록 클라이언트가 이미 갖고 있는 힘을 발견하도록 돕는 것이다. 이것은 클라이언트에게 권력이나 힘을 부여하는 것과는 다른 개념으로 클라이언트와 사회복지사가 협력하는 탐색과정을 통해서 힘을 발견해내는 것에 초점을 둔다.

둘째, 개인은 지역사회에서 책임과 가치가 있는 구성원이 되고자 하는 욕구를 가지고 있고 집단이나 조직의 구성원으로 소속되어 권리, 책임, 확신, 안전함 속에서 행복감을 추구한다. 개인이 어떠한 것에도 소속되어 있지 않을 때 소외와 고독에 처하게 된다. Saleebey(2001)는 개인이 가족과 지역사회의 구성원임을 인식하고 소속감을 가질 때 자신의 소중하게 여기고, 존중하며, 책임감을 갖게 된다고 강조했다.

셋째, 레질리언스는 개인이 가지고 있는 아주 심각한 문제와 극한 상황의 역경을 극복하고 이겨낼 수 있는 능력이다. 극한 경험이라고 해도 모든 사람들이 약해지거나 적응을 하지 못하고 정신병적인 상태가 되지는 않는다. 레질리언스는 엄청난 시련을 견뎌낼 수 있는 능력을 의미하며 위기와 도전에 대한 반응이자 성장의 적극적인 과정이라고 할 수 있다.

넷째, 치유는 개인이 혼란, 질병, 분열에 당면할 때 자신을 희생하고 저항하며 신체와 마음이 전체적으로 건강하고 선천적인 재능이 있음을 신뢰하는 것이다. 개인은 유기적, 환경적인 어려움에 당면했을 때 무엇이 자신에게 정당하고 무엇을 해야 하는지를 판단할 수 있는 지혜를 갖고 있다. 이러한 성향과 지혜는 인간 유기체가 스스로 치유할 수 있는 능력이 있다는 것을 의미한다.

다섯째, 대화는 동정, 동일시, 타협, 적응, 다른 사람을 참여시키는 것 등을 포함한다. 협동의 개념은 클라이언트와 협동을 할 때만 실제로 돕는 자, 중재자, 자원을 갖고 있는 자의 역할이 분명해진다는 것에 초점을 둔다.

여섯째, 불신의 종식은 클라이언트의 이야기의 진실성 여부에 초점을 두는 것이 아니라 클라이언트의 내적인 힘이 될 수 있는 강점과 자원을 신뢰하는 데 가치를 두는 것이다. 그러므로 클라이언트가 진실을 말하고 싶지 않은 이유를 존중하고, 클라이언트, 가족, 지역사회가 가지고 있는 강점과 자원을 탐색하고 활용하는 것에 초점을 둔다.

제 3 절 강점관점의 실천과정

강점관점은 클라이언트 내에 있는 잠재력을 발견하는 데 초점을 두고, 자기 유능의 증대, 집단의식의 개발, 자기 비난의 감소, 변화에 대한 개인적 책임감의 강조를 통한 자기결정과 권한부여를 강조한다. 강점관점의 실천과정은 3단계로 나눌 수 있다. 구체적인 내용은 다음과 같다.

1단계는 클라이언트에 대한 사회복지사의 불신을 종식시키는 것이다. 강점관점은 사회복지사의 능력에만 의존하는 것에 반대한다. 클라이언트의 현실을 규정하고 변화시키는 데 클라이언트의 역할을 강조한다. 개인은 자신에게 최상의 선택이 무엇인지 스스로 알고 있다는 신념 하에 클라이언트에 대한 불신을 종식시키는 것이 클라이언트의 개인적 권한을 증대시키는 결과를 가져올 수 있다.

2단계는 클라이언트와 사회복지사 사이의 대화와 협력을 통해 클라이언트의 욕구나 목적 성취를 가장 촉진할 수 있는 자원을 발견하는 것이다. 지속적인 대화는 협력과정을 촉진하기 위해 사용되는 도구이며, 클라이언트 중심으로 클라이언트가 있는 곳에서 시작하는 것이 핵심적이다. 클라이언트 중심의 원칙은 클라이언트의 가치, 욕구, 개별성이 우선되고 클라이언트의 권리가 우선된다는 사회복지전문직의 가치이다. 클라이언트와 사회복지사의 협력과 대화 속에서 관계형성이 되고 이러한 관계형성을 통해 클라이언트는 성공을 경험하기 시작하며 지역사회자원과의 연결을 시도하는 데 확신을 갖게 된다.

3단계는 개인과 지역사회를 함께 연합하는 것이다. 이러한 연합을 통해 클라이언트는 자신의 특성을 뛰어넘는 새롭고 기대하지 못했던 유형이나 자원을 창출하게 된다. 클라이언트와 사회복지사 간의 관계가 상호교류, 공통의 목적 추구라는 기반 위에 형성된다면 연합효과가 발생할 수 있다.

제 4 절 강점관점의 실천기술

강점관점의 실천기술로는 협력적 사정, 욕구의 규명, 프로그램의 계획을 들 수 있다. 구체적인 내용은 다음과 같다.

첫째, 협력적 사정은 클라이언트가 어떠한 도움이 필요한지를 스스로 규정함으로써 클라이언트가 적극적으로 실천과정에 관여하게 하는 것이다. 협력적 사정을 위해서는 관계형성이 중요하며 클라이언트와의 대화는 클라이언트의 잠재력과 성취에 초점을 맞춘다. 협력적 사정을 통해 클라이언트의 강점과 지지체계를 규명하는 것이 중요하다. 클라이언트의 강점을 규명하기 위해서는 특별한 관심사, 가족과 친구, 종교와 가치, 직업과 교육, 전문 서비스에 대한 반응,

정서 및 정신건강, 신체적 조건, 지지요인들의 영역을 조사하는 것이 유용하다. 강점은 긍정적 결과물을 도출할 수 있는 개입을 개발하는 토대를 형성하는 것으로 강점에 초점을 두면 낙인과 같은 고정관념에서 벗어나 클라이언트와 동등한 관계를 형성할 수 있다. 클라이언트의 지지체계를 사정하기 위해서는 클라이언트의 가족, 친구, 비공식적 지지체계와의 상호작용 상태, 지역사회와의 연결 상태 등에 대해 검토해야 한다. 사회복지사는 클라이언트에게 필요한 공식적, 비공식적 체계와 필요한 자원에 대해 사정해야 하며 공식적 체계와 관련해서는 클라이언트의 욕구나 수요와 조화를 이루는 서비스의 존재 여부, 클라이언트가 서비스를 받아들이는 수용성의 정도, 서비스에 대한 접근의 용이성 등을 사정해야 한다.

둘째, 욕구의 규명은 클라이언트의 욕구를 분명히 기록하고 그 욕구를 현실화하기 위한 전략을 기록하는 것이다. 클라이언트의 문제를 재명명하는 것으로부터 시작하며 클라이언트가 자신의 삶 속에서 무엇이 발생하기를 원하는가를 서술한다. 욕구를 규명하고 서술하면 바람직한 결과를 얻기 위해 무엇을 계획해야 하는가를 파악하는 데 도움이 된다.

셋째, 프로그램의 계획은 클라이언트의 동기화된 영역을 다루고 단기 목적을 측정 가능한 용어로 규정함으로써 클라이언트와 사회복지사의 행동을 점검하는 수단으로 활용된다. 프로그램의 계획에서는 클라이언트와 사회복지사 및 지지체계의 역할과 책임, 계획 수행의 전략, 시간계획을 고려해야 한다.

제 5 절 강점관점의 유용성과 한계

다양한 인구집단에 강점관점을 적용하고 효과성을 점검한 많은 연구들이 있다. 연구결과 심각한 정신장애가 있는 클라이언트를 대상으로 하는 사례관리에서 강점관점이 효과가 있음이 입증되었다. 최근에는 강점관점의 관심 영역이 노인, 문제가 있는 청소년, 중독의 문제를 갖고 있는 클라이언트 등으로 더욱 확대되고 있는 추세이며, 사회복지교육현장에서도 적용되고 있다. 그럼에도 불구하고 강점관점은 이론이나 모델이 아닌 추상적인 관점의 제시에 머물기 때문에 실제 사회복지실천현장에서 적용할 수 있는 구체적인 실천과정이나 실천기술을 제시하지 못하는 한계가 있다.

참고문헌

송성자 · 최중신. (2003). 강점관점의 사회복지 실천을 위한 해결지향적 질문기법. 『한국가족복지학』, 12, 100-124.

최희경 · 이인숙. (2005). 비정형가족의 특성과 가족복지에의 함의: 강점관점을 중심으로. 『한국가족복지학』, 15, 245-283.

Blundo, R. (2001). Learning strengths-based practice: Challenging our personal and professional frames. *Families in Society: The Journal of Contemporary Human Services*, 82(3), 296-304.

De Jong, P., & Miller, S. (1995). How to interview for client strengths. *Social Work*, 40(6), 729-736.

Saleebey, D. (1996). The strengths perspective in social work practice: Extensions and cautions. *Social Work*, 41(3), 296-305.

Saleebey, D. (2001). The diagnostic strengths manual?. *Social Work*, 46(2), 183-187.

Saleebey, D. (2002). *The strengths perspective in social work practice*(3rd. ed.). Boston: Allyn and Bacon.

제 18 장

해결중심모델

제 1 절 해결중심모델의 역사적 발달

해결중심모델(Solution-focused model)은 1970년대 초 de Shazer, Berg와 동료들이 발전시킨 실천적 접근법이다. MRI(Mental Research Institute)이론에 뿌리를 두고 있으며 Erickson의 가치, 철학, 기술, 전략 등에서 많은 영향을 받았고 Bateson의 이론적인 개념을 원용하고 있다. 한국에는 1987년에 소개되어 현재 전국적으로 널리 사용되고 있으며, 특별히 알코올중독, 행동장애, 관계상의 문제, 가족문제 등에 다양하게 활용되고 있다.

해결중심모델의 이론적 배경은 사회구성주의이다. 사회구성주의에 의하면 현실은 사회적 환경과 관련되어 있으며 모든 사람에게 똑같이 적용할 수 있는 실천의 본질적 요소는 없다. 절대적인 불변의 진실은 존재하지 않기 때문이다. 사회구성주의는 주관적인 경험을 이해함으로써 사물을 알 수 있다는 패러다임으로 객관적인 현실보다는 개인의 정서적인 구성에 관심을 갖는다. 그리하여 사회조직의 보편성이나 규범에서 벗어나려는 혁신적인 사회복지실천이론과 모델을 제시하는 데 공헌하고 있다. 지금까지의 객관적인 실천가의 개념이 부정되면서 해결중심모델이 대두하게 되었는데 해결중심모델에서는 문제에 초점을 맞추지 않고 실천가는 클라이언트를 둘러싼 문제의 결과, 문제를 둘러싼 해결책에 초점을 맞추어 질문을 한다. 개인이 문제라고 규정하는 것은 개인의 독특한 준거에 의해 정의된 것들로 구성된다. 즉, 준거의 가정이 문제를 규정하는 것이며 해결책이 시도되었다는 것은 이미 문제가 되지 않는다는 것이다. 해결중심모델은 사회구성주의의 입장을 수용하여 삶을 살아가는 정당하고 올바른 방법이 있다고 믿지 않는다. 현실이란 주어지는 것이 아니며 삶의 의미와 삶에 대한 인식은 언어 속에 깊이 새겨져 있고 그 언어는 삶의 표현방식에 반영됨으로써 변화를 위한 매체가 되며 세계관은 언어 속에 반영된다는 것이다. 해결중심모델은 대화 중심적이고 일상적인 언어의 사용을 강조한다. 개인의 생활 속에 있는 세 가지 영역, 즉 경험, 행동, 생활양식 사이의 차이점을 강조하고, 특히 클라이언트의 경험을 확인하는 것이 무엇보다도 중요하다고 보았다. 경험을 확인하는 것은 문제해결에 방해가 되지 않는 대화를 통해 클라이언트의 경험이 유효하고 가치 있다는 것을 인정하는 것이다. 행동은 개인이 행하는 것으로 구성되어 있고, 행동에 대한 대화에 초점을 둔 치료적인 대화를 통해 클라이언트가 정해진 목표를 향해 움직이게 한다.

제 2 절 해결중심모델의 개관

1. 해결중심모델의 기본원리와 철학

해결중심모델은 언어는 현실에서 경험한 것으로 구성된다는 신념에서 발전했다. 사회복지사는 문제를 해결하기보다 클라이언트가 해결점을 찾도록 도와주는 역할을 하며, 억압되었던 실체를 클라이언트가 볼 수 있게 제시한다. 강요되지 않는 상황에서 클라이언트가 문제의 해결책을 강구해나가는 것이 매우 중요하다. 인간을 긍정적으로 바라보는 해결중심모델의 기본원리와 철학은 클라이언트가 이미 문제해결을 위한 자원을 가지고 있으며 문제를 해결할 수 있는 능력을 소유하고 있다는 것을 전제한다.

해결중심모델의 중심철학은 다음과 같다. 첫째, 어떤 것이 기능을 하면 그것은 교정하지 않는다. 즉, 클라이언트가 문제 삼지 않는 것은 건드리지 않는다. 둘째, 일단 효과가 있는 것을 알면 그것을 계속해서 한다. 셋째, 효과가 없다면 다시는 같은 방법을 사용하지 않고 다른 방법을 사용한다.

해결중심모델의 기본원리는 7가지이다. 구체적인 내용은 다음과 같다.

첫째, 병리적인 것 대신에 건강한 것에 초점을 둔다. 클라이언트가 자신의 문제를 다루는 데 있어 성공했던 경험에 일차적인 초점을 두는 것이다. 클라이언트의 강점과 자원, 능력에 초점을 두며 결함이나 장애는 가능한 한 다루지 않는다. 무엇이 잘못되었는지가 아니라 무엇이 잘 되었고 그것을 어떻게 활용하는가에 관심을 갖는다. 증상이나 불평을 일으키는 패턴에는 항상 예외가 있다. 클라이언트에게 건강한 패턴이 이미 존재하고 있으나 클라이언트가 이것을 인식하지 못하고 지내왔다는 전제를 수용한다면 건강한 패턴을 활용하는 것은 문제를 밝혀낸 다음에 해결책을 개발하는 전통적인 과정을 밟지 않고도 가능하다.

둘째, 클라이언트의 강점, 자원, 건강한 특성을 발견하여 치료에 활용한다. 클라이언트가 바라는 결과를 성취하기 위해 클라이언트가 이미 지니고 있는 자원, 기술, 지식, 믿음, 동기, 행동, 증상, 사회관계망, 환경, 개인적 특성 등을 활용하는 것이다. 클라이언트의 잘못이나 과거의 실패를 교정하려고 노력하는 것보다 과거의 성공이나 장점을 찾아내 강화하는 것이 수월하기 때문이다. 실천가는 클라이언트가 자신의 특성에 입각하여 독특한 개별적 취향에 맞는 해결책을 찾을 수 있도록 도와줄 뿐이다. 즉, 실천가가 클라이언트의 준거틀을 수용하고 그 준거틀 내에서 작업하는 것을 의미한다.

셋째, 탈이론적, 탈규범적이며 클라이언트의 견해를 존중한다. 해결중심모델은 탈이론적이고 클라이언트가 결정한 것을 따르기 때문에 문제가 존재하는 이유가 무엇인가를 밝히거나 설명하기 위해 동료들과 논의하거나 클라이언트와 문제를 논의하는 데 시간을 할애하지 않는다. 클라이언트가 도움을 받거나 클라이언트가 동의하지 않는 저항이나 부정을 다루기 위해 특정한 이론적 입장을 수용하도록 클라이언트를 설득하는 데 시간을 소비하지 않는다. 클라이언트가 경험하는 문제에 대해 어떠한 가정도 하지 않고 클라이언트가 호소하는 독특한 불평에 기초하여 개별화된 해결책을 발견하고자 할 뿐이다. 따라서 클라이언트의 견해는 액면 그대로 수용되어 진정한 클라이언트 중심의 실천적 접근이 가능하다.

넷째, 단순하고 가장 솔직한 의미를 추구한다. 복잡한 문제라고 하여 반드시 해결방법이 복잡할 것이라는 가정은 잘못된 것이다. 작은 변화가 또 다른 변화를 가져오며 더 큰 변화를 가져올 수 있다. 그러므로 목표는 클라이언트가 달성할 수 있는 작은 것으로 세우는 것이 중요하다. 개입의 파급효과를 믿기 때문에 개입은 가장 단순한 것에서부터 시작한다. '파급효과(ripple effect)'란 한 영역에서 생기는 작은 변화는 궁극적으로 다른 많은 영역들에서 변화를 야기한다는 것이다. 즉, 일단 변화가 시작되면 클라이언트를 위해 더 나은 변화들이 일어나게 된다. 원하는 개입목적을 달성하기 위해 사용되는 개입방법의 경제성을 추구하므로 복잡한 것에서 단순한 것으로 접근하는 것이 아니라 단순한 것에서부터 복잡한 것으로 접근한다. 개입은 가장 직선적인 가정과 전략을 갖고 진행되며 필요할 때만 복잡한 것을 다룬다.

다섯째, 변화는 불가피한 것으로 간주한다. 개인의 삶 속에서 변화는 끊임없이 일어나고 있기 때문에 개입은 자연스럽게 일어나는 변화를 확인하고 변화를 해결책으로 활용하는 작업이다. 실천가의 역할은 긍정적인 변화가 일어나게 돕고 이를 해결책의 구축으로 이어지게 하는 것이다. 해결중심모델은 변화가 클라이언트 삶의 일부여서 클라이언트는 변화를 막을 수 없다는 가정에 기초하고 있다. 어떠한 문제 상황이라도 문제가 발생하지 않는 때가 있고 클라이언트가 문제를 문제라고 생각하지 않는 경우도 있다. 이것은 매우 힘든 문제의 사례에도 해당된다. 실천가는 문제가 되지 않는 시기를 탐색한다. 문제일 때와 문제가 아닐 때의 차이점을 발견함으로써 문제가 아닌 경우를 증가시키고자 한다.

여섯째, 현재와 미래를 지향한다. 클라이언트가 현재와 미래에 적응하는 것이 과거에 적응했던 것보다 우선적으로 중시된다. 그러나 해결중심모델이 현재에서 과거에 대해 말하는 것이 중요하지 않다고 여긴다는 것은 아니다. 과거에 대한 정보는 클라이언트가 현재 살아가는 방법을 반영해주는 것으로 인식된다. 이러한 이유로 해결중심모델은 과거를 깊이 연구하기보다 클라이언트가 현재와 미래에 적응하는 것을 돕는 데 일차적인 초점을 둔다. 개입과정은 클라이언트가 과거와 문제로부터 멀어지게 하고 미래와 해결책을 지향하도록 한다.

일곱째, 클라이언트의 자율적인 협력을 중요시한다. 해결중심모델에서는 목표성취를 위해 추진하는 과정에 협력하는 것을 중요시하면서 실천가와 클라이언트가 해결방안을 발견하고 구축하는 과정에서 협력할 것을 강조한다. 협력적인 실천적 관계는 클라이언트가 실천가에게 협력할 때뿐 아니라 실천가가 클라이언트에게 협력할 때 이루어진다.

2. 해결중심모델의 목표

해결중심모델의 목표는 클라이언트가 개입 전에 경험했던 것과 다르게 개입 후에 생활의 변화를 가져오는 것이다. 개입은 문제가 되는 사건에 대한 묘사이지 사건 그 자체는 아니다. 그러므로 개입목표를 정하는 것은 불만족스러운 대화에서 해결적인 대화로 이동하는 중요한 과정이 된다. 개입목표는 당면한 문제에 대한 서술이며, 활용할 수 있는 목표는 다음과 같다. 첫째, 큰 것보다 작은 것을 목표로 한다. 개입목표는 작은 것이어서 클라이언트가 실천가의 도움으로 성취할 수 있는 것이어야 한다. 개입목표가 작을 때는 쉽게 성공한다. 둘째, 클라이언트에게 중요한 것을 목표로 한다. 클라이언트의 입장에서 중요하다고 생각하는 것을 중심으로 하되 구체적이고 행동적이어서 목표의 성취에 관하여 직접 관찰이 가능하고 누구나 인정할 수 있는 것을 중심으로 목표를 설정한다. 셋째, 구체적이고 행동적인 것을 목표로 한다. 실천가는 클라이언트가 실제 생활 속에서 관찰이 가능하며 구체적이고 행동적인 것을 목표로 설정하도록 돕는다. 따라서 실천가는 클라이언트 스스로가 변화하기를 원하는 구체적인 행동을 찾아내도록 기적질문을 많이 사용한다. 넷째, 없는 것보다 있는 것에 관심을 둔다. 클라이언트가 하지 말아야 하는 것 대신에 해야 하는 것에 관해 긍정적, 보호적으로 설정한다. 다섯째,

목표를 시작으로 간주한다. 클라이언트는 현재의 단계에서 구체적으로 무엇을 어떻게 시작해야 좋을지 모른다. 따라서 실천가는 변화란 아주 작고 긍정적인 것을 시작으로 하는 것이고 완전한 교정이 아니며 높은 목표를 설정하지 않는 것임을 클라이언트가 인식하게 도와야 한다. 여섯째, 클라이언트의 생활에서 현실적이고 성취 가능한 것을 목표로 한다. 클라이언트의 목표가 비현실적이고 성취가 불가능한 것이라면 실천가는 클라이언트가 실생활에서 실현이 가능한 것을 찾아내도록 돕고 현실적이고 성취가 가능한 것을 목표로 설정하도록 협상하고 조정해야 한다. 일곱째, 목표수행은 힘든 것임을 인식한다. 개입목표를 협상할 때 목표 달성이 힘든 일임을 강조하여 클라이언트와 실천가가 성공적으로 목표에 도달할 수 있도록 노력해야 한다. 실천가는 클라이언트가 목표를 성취했다면 그것을 인정해주고 칭찬해 주어야 한다.

3. 해결중심모델의 개입 지침

해결중심모델의 개입 지침 다음과 같다. 첫째, 클라이언트의 언어로 말한다. 실천가가 클라이언트의 언어뿐 아니라 유사한 언어를 사용함으로써 클라이언트는 자신이 이해받는다고 느낄 것이다. 둘째, 변화를 전제조건으로 하는 질문을 사용한다. 이러한 질문은 클라이언트에게 곧 변화가 일어날 것이라는 가정을 하게 한다. 즉, "만약 변화된다면"이라고 묻는 것이 아니라 "변화될 때"라고 묻는다. 셋째, 다양한 선택의 질문을 사용한다. 클라이언트 자신의 비밀스러운 이야기를 실천가에게 하는 것은 실천가와 클라이언트 사이에 관계가 형성되었다는 것이다. 넷째, 개입의 장벽이 있을 때는 정해진 목표나 건설적인 언어로 대화를 바꾸어 중재한다. 다섯째, 문제를 정상화한다. 문제를 병리로 규정하기보다 일상생활의 현상으로 규정한다. 여섯째, 왜곡된 것을 요약한다. 대화를 요약하여 중재를 하되 해결중심적 지시로 바꾼다. 일곱째, 클라이언트의 관점에 반대하고 저항하기보다 클라이언트의 관점을 받아들이고 활용한다. 현재 클라이언트가 처해 있는 입장에서부터 궁극적인 목표까지를 교량으로 연결하는 것이다. 여덟째, 미래에 초점을 둔다. 독특하고 구체적인 목표를 향해 함께 일한다.

제 3 절 해결중심모델의 실천과정

해결중심모델의 실천과정은 클라이언트와 사회복지사의 관계유형 구분, 긍정적인 시작, 구체적인 목표 설정, 해결책의 구축, 치료 상황에 개입하기, 치료 효과의 유지 및 강화, 종결로 구성된다. 구체적인 과정은 다음과 같다.

해결중심모델은 첫 면담에서 클라이언트를 만날 때 클라이언트의 관계유형을 구분한다. 클라이언트가 실천과정에 참여한 동기와 관련하여 고객형, 불평형, 방문형으로 구분한다. 세 가지 관계유형은 유동적이며, 사회복지사는 변화하는 상황에 따라 다르게 반응해야 한다. 첫째, 고객형 클라이언트는 문제를 해결하기 위해서 어떤 것이든 시도하려는 동기가 있다. 둘째, 불평형 클라이언트는 자신을 위해서가 아니라 타인을 위한 목표를 가지고 있다. 불평형 클라이언트는 자신의 힘든 입장과 역할에 대해 이해받기를 원한다. 셋째, 방문형 클라이언트는 도움을 받아야 한다는 필요성이나 문제해결의 동기가 약한 사람이다. 이러한 세 가지 유형은 사회복지사와 클라이언트 간의 관계, 즉 클라이언트와 사회복지사 사이에 일어나는 상호작용의 본질을 구분한 것이기도 하다. 흔히 이러한 유형 분류가 클라이언트에게만 해당되는 것으로 보아 클라이언트를 방문형, 불평형, 고객형으로 나누는데 이것은 바람직하지 않다. 관계라는 단어가 의미하는 바대로 클라이언트와 사회복지사 간에 맺어지는 관계의 유형을 서술하는 것이지 단순히 클라이언트의 개인적인 특성만을 의미하는 것은 아니라는 것이다. 즉, 개입의 효과는 클라이언트와 사회복지사 양자에 달려 있으며, 클라이언트와 사회복지사가 함께 실천적 관계의 유형을 만든다. 다음은 세 가지 유형별 관계에 대한 구체적인 설명이다.

첫째, 고객형의 관계는 개입의 중간이나 끝부분에서 클라이언트와 사회복지사가 함께 클라이언트가 지녔던 불평이나 개입의 목표를 분명히 밝혀냈을 때 맺어지는 관계이다. 클라이언트는 자신이 해결책의 한 부분임을 알게 되고 문제해결을 위해 기꺼이 무엇인가 하려는 의지를 지니게 된다. 고객형의 관계는 대부분의 사회복지사가 원하는 관계유형이며 이런 관계 안에서 클라이언트는 수용적이며 변화동기가 높다.

둘째, 불평형의 관계는 사회복지사와 클라이언트가 함께 개입의 목표 또는 불평을 찾아내기는 하지만 클라이언트가 해결을 가져오기 위해 필요한 어떠한 것도 구체적으로 밝혀내지 못할 때 발생한다. 불평형의 클라이언트는 자신의 불평이나 개입 목표를 자세하게 기술하는 편이다. 그러나 자신이 해결의 실마리를 쥐고 있다고 보지 않고 자신이 아닌 다른 사람이 변화함으로써만 가능하다고 믿는다. 불평형의 관계에서 사회복지사는 불평이나 개입 목표를 클라이언트와 함께 탐구하기로 합의하고 그렇게 하기 위해 의도적으로 해결책을 가져올 수 있는 새로운 관점을 찾아보도록 유도할 수 있다.

셋째, 방문형의 관계는 개입의 막바지에서도 사회복지사와 클라이언트가 함께 다루어야 할 불평이나 개입 목표를 밝히지 못할 경우에 발생한다. 클라이언트는 도움을 받아야 할 문제가 없다거나 문제는 다른 사람에게 있다는 사실을 시사하기도 한다. 방문형의 관계에서 클라이언트는 변화해야 할 이유를 보려 하지 않거나 도움을 받아야 할 필요도 없다고 여긴다. 사회복지사는 도움을 받아야 할 문제가 없는 것 같다는 데 동의하지만 클라이언트가 다른 것으로 도움을 받아야 할 필요가 있다면 기꺼이 도와주겠다는 입장을 취한다. 방문형의 관계는 음주문제가 있는 클라이언트가 배우자나 부모, 가족, 고용주, 판사 등에 의해 의뢰되었을 때 나타난다. 클라이언트가 문제를 보는 시각과 클라이언트를 의뢰한 사람의 견해에 상당한 차이가 있는 것이 보통이다.

해결중심모델에서 개입의 목표는 클라이언트에게 중요한 것이어야 한다. 개입방법이 클라이언트 중심적이기 때문에 클라이언트 자신이 원하는 것을 달성할 수 있도록 도와야 한다. 목표 자체가 중요할 뿐 아니라 목표 설정의 기준을 적용하는 것도 중요하다. 목표를 설정하는 원칙으로는 긍정적인 표현을 사용하는 것, 지금-여기의 상황을 강조하는 것, 가능한 한 구체적으로 표현하는 것, 클라이언트의 언어로 만드는 것 등이 있다. 해결중심모델에서는 개입을 효율적으로 이끌기 위해서 개입목표의 내용을 구체화하고 분명하게 설정하는 데 많은 주의를 기울인다. 그러므로 첫 면접 시에 분명한 개입목표를 클라이언트와의 협의 하에 분명하게 설정하는 방향으로 이끌어나간다. 개입 목표는 클라이언트의 잘못된 행동이나 관계를 시정하는 것보다 클라이언트가 바라는 행동이나 관계를 더 증가시킬 수 있는 방향으로 설정한다.

해결책을 찾는 접근은 사회복지사와 클라이언트의 대화 속에서 여러 가지로 나타날 수 있다. 목표에 도달하는 방안이 다양하듯 해결책을 구축하는 방법도 다양할 수 있다. 클라이언트의 상황이 다를 지라도 각자의 상황에 맞는 해결책은 있기 마련이다. 해결중심모델은 효과적인 목표를 찾는 방법이 질문기법에 있다고 본다. 적절한 질문을 통해 클라이언트가 새로운 목표를 향해 나아가는 해결책을 구축하게 한다. 사회복지사와 클라이언트는 상호신뢰와 협동을 이루어나가며 대화를 통해서 클라이언트에게 문제가 되는 것, 클라이언트와 사회복지사가 문제를 해결하기 위해 협동할 수 있는 방안을 함께 구상한다.

해결중심모델은 단기간에 클라이언트와의 대화를 통해 해결방안을 강구해야 하므로 실천과정이 다분히 의도적이다. 해결중심모델의 실천과정은 클라이언트와 함께 일하기, 개입목표의 설정을 위한 협상, 해결책으로 클라이언트를 이끌기, 해결 중심적 개입, 목표유지의 5단계모형이다.

1단계는 '클라이언트와 함께 일하기'이다. 사회복지사는 클라이언트와의 관계를 주의 깊게 관찰함으로써 관계유형을 파악하고 이에 맞는 개입전략을 세운다. 클라이언트와 사회복지사의 관계유형은 방문형, 불평형, 고객형의 세 가지이다. 방문형의 경우 친절하게 대하고 클라이언트가 지적하는 문제의 소유자를 어떻게 도와줄 수 있는지에 대한 견해를 찾아내 적절한 방안을 제시한다. 불평형의 경우 고개를 끄덕이며 클라이언트의 말을 들어주고 클라이언트가 쏟아놓는 불평을 막지 않아야 한다. 단, 불평과 관련해서는 어떠한 질문이든 삼가야 한다. 고객형의 경우 클라이언트 자신을 위한 개입목표를 세우고 예외적인 상황을 강화할 수 있는 행동적인 과제를 제시한다.

2단계는 '개입목표의 설정을 위한 협상'이다. 개입목적이 뚜렷하지 않으면 개입이 성공으로 끝나도 효과를 제대로 파악하지 못한다. 개입을 성공적으로 이끄는 비결은 분명한 개입목표의 설정이다. 사회복지사는 구체적이고 분명한 목표설정에 최선을 기울여야 한다.

3단계는 '해결책으로 클라이언트를 이끌기'이다. 해결중심모델에서 개입은 클라이언트에게 해결책을 찾아주기 위한 과정이므로 사회복지사의 질문이 개입효과를 좌우한다. 해결중심모델에서 가장 많이 사용하는 다섯 가지 유용한 질문은 첫 면담 이전의 변화에 관한 질문, 예외질문, 기적질문, 대처질문, 척도질문 등이다.

4단계 '해결중심적 개입'에서 사회복지사는 잠시 개입을 중단하고 일방경(one way mirror)을 통한 관찰실로 나와 전문가팀과 함께 해결중심 전략을 세운다. 전문가팀은 올바른 과제나 메시지를 제시하고, 개입과정 내내 일방경 뒤에서 개입상황에 간접적으로 참여하면서 다양한 해결의 관점을 제공해준다. 전문가팀은 클라이언트의 문제에 대해 더욱 객관적일 수 있고 여러 측면에서 접근하므로 해결되지 않는 어려운 문제들을 줄일 수 있다. 해결중심적 개입은 다음의 세 부분으로 나누어진다. 첫째, '확인시키기'에서는 클라이언트가 지금까지 자신들의 문제를 해결하기 위해서 필사적으로 무엇인가 노력해온 것과 이처럼 어려운 상황에 나름대로 대처해온 노고에 대해 긍정적으로 평가하며 클라이언트를 격려하고 칭찬해준다. 둘째, '연결'에서는 사회복지사가 과제를 부여하는 이유를 자연스럽게 설명해준다. 셋째, '과제 부여'에서는 각 클라이언트에게 맞게 적절한 과제를 선택해야 한다. 효과적으로 과제를 부여하기 위해서는 클라이언트와 사회복지사가 맺는 관계유형에 따라 다른 주제가 주어져야 한다. 방문형의 경우 다음에 다시 올 수 있도록 연결하는 가벼운 과제를 주고, 불평형의 경우 생각하고 관찰할 수 있는 과제를 준다. 고객형의 경우 자신에게 변화를 가져올 수 있는 능동적이고 행동적인 과제를 주어야 효과적이다.

5단계 '목표 유지'에서는 해결중심적 개입을 통해 이루어진 작은 변화를 계속 유지시킬 전략에 초점을 맞춘다. 클라이언트에게 일어난 작은 변화를 계속 유지시키고 다음 단계를 향해 계속 나아가게 하기 위해서는 '무엇이 나아졌는가?', '그것이 더 나은 것인가?'라는 질문을 사용한다. 클라이언트가 뭔가가 나아졌다고 이야기하면 그 나아진 사실을 더 확장시킬 수 있는 질문을 해야 한다. 그런 다음 사회복지사는 '무엇이 더 나아질 수 있겠는가?'에 대한 질문을 한다. 클라이언트는 사회복지사가 해준 말보다 클라이언트 자신이 사회복지사에게 말한 것들을 더 오래 기억한다. 그러므로 변화의 가능성을 클라이언트 스스로 자신의 환경에 맞게 선택하고 이를 개입 장면에서 표현하게 해야 한다. 사회복지사가 일방적으로 클라이언트를 끌고 가서는 안 된다.

개입과정과 개입 후에 얻은 효과를 클라이언트가 유지하게 하기 위해서는 사후관리(follow-up)가 필요하다. 해결중심모델은 재발 방지보다 성공 가능성이 높은 상황에 초점을 맞춘다. 클라이언트가 성공하기 쉬운 상황을 강화시키는 데 주력한다. 개입의 종결은 클라이언트가 해결책을 얻기 위한 궤도에 올랐거나 원하는 것을 얻었다고 생각할 때 이루어진다. 사회복지사는 종결에 앞서 클라이언트와 다음과 같은 방법을 고려할 수 있다. 첫째, 개입종결 후 4-6주 지났을 때 클라이언트가 어떻게 지내는가와 다른 변화가 일어나는가를 점검해보기 위해 다시 면담하는 것이다. 둘째, 이전과 같은 간격으로 면담 약속을 하지만 만약 클라이언트가 면담이 필요 없다고 생각하면 전화로 취소하는 것이다. 셋째, 차후 면담 약속을 하지 않되 클라이언트가 원할 때 언제든지 면담을 위해 방문하거나 전화로 약속할 수 있다는 선택 가능성을 제시하는 것이다.

제 4 절 해결중심모델의 실천기술

해결중심모델은 언어 사용의 단순성과 직접성에서 효과를 찾을 수 있다. 복잡한 문제를 단순하게 통찰하고 문제중심의 사고에서 벗어나 해결책을 구축해 나가는 것이다. 주요 기법은 질문기법, 긍정적인 언어들, 피드백 언어사용 등이다. 해결중심모델의 실천과정은 클라이언트가 문제와 그 해결책에 능동적으로 참여하게 되는 대화의 과정이다. 해결책을 찾고 목표를 설정하는 과정에서 사용되는 질문기법들은 다음과 같다.

첫째, 첫 면담 이전의 변화에 관한 질문은 클라이언트가 면담을 위해 약속을 한 후 실제적인 면담까지의 시간 사이에 문제의 심각성이 완화되거나 변화를 경험하는 경우가 있다는 가정에서 실시하는 질문이다. 면담 이전의 변화를 관심 있게 관찰하고 이것을 근거로 하여 클라이언트의 잠재능력을 발견하고 클라이언트 자신이 의식하고 있지 못하는 해결방안을 찾아내는 데 이용한다. 사회복지사는 어떻게 문제의 심각한 정도가 완화되었는지를 클라이언트가 파악할 수 있도록 질문을 하며 의식적, 무의식적으로 실시한 방법에 관하여 인정하고 칭찬해 준다. 타인의 도움 없이 스스로 노력한 것과 해결능력을 인정한 후 이를 강화하고 확대할 수 있도록 격려한다.

둘째, 예외질문은 우연적인 성공을 의도적으로 실시하고 클라이언트가 가지고 있는 자원을 활용하여 클라이언트의 자존감을 강화하는 것이다. 일상생활에서 성공적으로 잘하고 있으면서도 의식하지 못하거나 가치를 두지 못하는 것이나 우연하게 효과적으로 행동하는 것을 발견하고 의식적, 의도적으로 성공했던 행동을 하도록 강화시키는 것이다. 클라이언트에게 우연히 예외적으로 일어난 성공을 의도적으로 계속 강화하려는 목적이 있다. 문제가 있는 상황에서는 정상적인 것을 예외적인 것으로 보아야 한다는 데 근거한다. 구체적인 질문의 방법은 "문제가 발생하지 않는 때는 언제입니까?", "문제가 발생하지 않았다는 것을 어떻게 압니까?" 등이다.

셋째, 기적질문은 개입과정에서 클라이언트가 기적이 일어난다면 해결이 될 것이라고 하거나 변화가 되면 기적일 것이라고 말하는 것을 기초로 개발된 질문이다. 기적질문은 문제를 제거하거나 감소시키지 않고 문제와 분리하여 해결을 상상하게 하는 것으로 클라이언트가 개입을 통하여 변화하기 원하는 것을 설명하게 하며 문제에 대한 집착으로부터 벗어나게 한다. 클라이언트는 기적에 관한 질문에 응답하는 과정에서 기적을 만드는 사람은 바로 자신임을 알게 되고 작은 일부터 시작해야 한다는 것을 점차로 인식하게 된다. 변화된 생활을 구체적으로 상상해보고 변화가 자신의 실천목표임을 재인식하게 되는 것이다. 기적질문은 문제가 해결된 상태를 상상해 보고 해결하기 원하는 것들을 구체화, 명료화하며 치료목표를 현실적, 구체적으로 설정하기 위한 질문기법이다. "당신이 밤에 잠자는 동안에 기적이 일어나 지금 염려하는 문제가 모두 해결되었다고 상상해봅시다. 아침에 자녀들이 엄마의 어떤 모습이나 행동을 보면 지난밤에 기적이 일어나 엄마가 변했다고 생각하겠습니까?", "당신에게 변화가 일어난 것을 다른 가족들은 무엇을 보고 알 수 있을까요?" 등이 그 예이다.

넷째, 대처질문은 매우 낙담하고 절망한 비관적 상황에 처한 클라이언트에게 새로운 힘을 갖게 하고 클라이언트가 자신의 자원과 강점을 발견하도록 도움을 줄 수 있다. 문제가 오랫동안 지속될 경우 절망하고 좌절하는 클라이언트가 약간의 성취감을 느끼도록 유도하는 질문이다. 클라이언트는 어려운 상황 속에서 간신히 지탱해온 방법, 가까스로 대처해온 방법, 어쩔 수 없이 한 것, 그런대로 지속적으로 유지하고 있는 것, 문제와는 별도로 지속하고 있는 것 등에 관해 이야기하는 과정에서 성공적인 것을 발견하고 자신의 능력을 확인하게 되며 계속할 수 있는 해결방안을 구축할 수 있는 근거를 형성하게 된다. 사회복지사는 칭찬과 격려를 통해 어려운 상황에서 견뎌내고 더 나빠지지 않은 것을 강조하여 위기에서 살아남을 방법을 발견하도록 하고 이를 인식, 강화, 확대한다. 예를 들면, "어떻게 모든 것을 포기하지 않고 지금까지 지탱해왔습니까?", "오늘까지 어떻게 참고 견디어 왔습니까?" 등이다.

다섯째, 척도질문은 변화에 대한 동기를 강화하기 위해 변화 동기의 정도를 수치로 표현하게 하는 질문이다. 이 질문은 문제의 심각한 정도를 사정하고 치료 목표에 대한 성취 정도를 측정하며 사정평가 및 결과 평가를 위해 유용하게 사용될 수 있다. 척도질문은 매우 단순해서 어린이부터 노인에 이르기까지 쉽게 사용할 수 있다. "최악의 상태를 1점으로 하고 모든 문제가 해결된 상태를 10점으로 한다면, 오늘의 상태는 몇 점이라고 할 수 있겠습니까?"가 그 예이다. 척도질문을 사용할 때는 '오늘', '지난 주', '지난 달'과 같이 시간을 제한해 주어야 한다.

해결중심모델에서 사용되는 긍정적인 언어들은 칭찬, 은유의 사용, 유머의 사용 등이다. 첫째, 칭찬은 진술된 목적이나 문제해결과정을 중심으로 사회복지사가 클라이언트에게 제공하는 찬사와 지지의 진술이다. '나쁘다'라는 표현은 사람의 마음을 닫고 방어적으로 만드는 반면, '좋다'는 표현은 사람의 마음을 열게 하고 자유롭게 만드는 경향이 있다. 둘째, 클라이언트의 문제를 해결하는 데 은유를 사용함으로써 효과적인 의사소통이 가능하다. 사회복지사는 은유나 은유적 기술들을 동기유발을 위한 장치 또는 변화를 야기하는 도구로 사용할 수 있다. 은유가 지닌 간접적인 함축성 때문에 두려움과 의심이 많은 클라이언트에게도 개입의 강력한 도구가 될 수 있다. 훌륭한 은유는 클라이언트에게 현재의 방향성이나 인식, 문제해결에 대해 즉각적이면서 이해 가능한 지도를 제공해준다. 셋째, 유머는 관계를 촉진하고 편안하게 만들어주며 긴장을 완화하고 클라이언트의 문제로부터 인격을 분리시켜주는 효과가 있다. 유머는 배타적일 때는 해롭지만 포괄적일 때는 치료에 효과적이다. 이 외에도 격려의 사용, 침묵의 활용, 적절한 과제의 제시 등을 활용할 수 있다.

해결중심모델에서는 클라이언트를 알고 싶어 하는(not-knowing) 자세가 중요하다. 클라이언트 스스로 자신의 인생에 전문가의 위치에 서게 함으로써 클라이언트에게 힘을 부여하고자 한다면 사회복지사는 가능한 한 자신의 준거틀을 버리고 클라이언트의 준거틀을 탐색해야 한다. 클라이언트를 알고 싶어 하는 자세를 취하는 방법을 배워 나가야 한다는 것이다. 클라이언트를 알고 싶어 하는 자세는 사회복지사의 진실한 호기심을 전달하는 태도를 말한다. 사회복지사의 행동과 태도는 클라이언트가 변화되어야 한다고 생각하는 견해나 기대보다는 클라이언트의 행동과 말에 대해 더 많이 알고 싶어 하는 의향을 보이는 것이다. 그러므로 사회복지사는 클라이언트로부터 항상 더 많은 정보를 얻고자 하는 자세를 취하는 것이 중요하다.

클라이언트를 알고 싶어 하는 자세를 취하는 데 도움이 되는 기본적인 의사소통기술은 다음과 같다. 경청, 사회복지사의 비언어적 행동, 클라이언트가 사용하는 핵심용어의 모방, 요약, 개방형 질문, 쉽고 간략한 설명, 침묵, 클라이언트의 비언어적 행동, 사회복지사의 자기노출, 대화의 내용과 과정, 칭찬, 클라이언트의 인식에 대한 확인, 감정이입, 초점을 클라이언트에게 되돌리는 것, 해결중심적 대화이다.

경청이 중요하다. 경청은 사회복지사가 클라이언트의 이야기를 주의 깊게 들음으로써 클라이언트가 중요하게 여기는 사람은 누구이며 자신이 원하는 것이 무엇인지를 알아내는 기술이다. 진정한 경청은 클라이언트의 준거틀에서 중요한 부분에 초점을 맞추게 하고 클라이언트가 이야기하는 것을 평가하고자 하는 경향을 막아준다. 사회복지사의 입장에서 너무 빠른 문제해결에 도달하고자 하는 것을 예방하는 데 도움이 된다.

사회복지사의 비언어적 행동에 주의를 기울여야 한다. 클라이언트는 사회복지사가 자신의 말을 주의 깊게 듣고 존중하는 태도를 취하는지 여부에 대해 매우 민감하다. 클라이언트는 사회복지사가 자신의 말을 진지하게 듣고 있는지를 사회복지사의 언어적 반응뿐 아니라 비언어적 행동을 통해 판단한다.

클라이언트가 사용하는 핵심용어의 모방이 필요하다. 언어는 개인의 준거틀의 중추적인 부분이자 개인이 자신의 준거틀을 전달하기 위해 사용하는 일차적인 수단이다. 따라서 클라이언트가 사용하는 용어에 대한 경청과 탐색은 해결책 구축에 결정적인 역할을 한다. 클라이언트의 용어에 대한 탐색도 클라이언트에 대한 존중을 표현하기 위한 가장 중요한 방법 중의 하나이다. 그런 의미에서 클라이언트가 사용하는 핵심용어를 전문적인 용어로 재명명하는 것은 클라이언트에 대한 실례이고 자신감을 약화시키는 행동일 수 있다.

요약은 모든 클라이언트를 각각 다르게 이해하는 데 필수적인 의사소통기술이다. 요약은 사회복지사가 클라이언트의 생각, 행동, 느낌에 대해 듣고, 있는 그대로 클라이언트에게 되돌려 진술하는 것이다. 사회복지사가 클라이언트의 이야기를 주의 깊게 경청하고 있었다는 것을 재확인시켜주고 사회복지사 또한 요약을 통해 자신이 내담자의 말을 정확하게 듣고 있었다는 것을 확인하게 된다.

개방형 질문은 클라이언트의 인지영역을 확대시켜주고 클라이언트의 태도, 사고, 느낌에 대해 이야기하게 하며 클라이언트의 준거틀을 더 많이 반영한다. 반면, 폐쇄형 질문은 클라이언트의 초점을 좁게 하고 사실에 대한 답만을 요구하는 경향이 있으며 사회복지사의 준거틀을 더 많이 반영한다.

쉽고 간략한 설명은 클라이언트가 말한 정수를 짧고 명확하게 클라이언트에게 피드백하는 기술이다. 쉽고 간략한 설명의 경우도 요약할 때와 마찬가지로 클라이언트의 핵심용어를 사용하는 것이 바람직하다. 클라이언트에게 자신의 이야기를 명료화하거나 확장할 수 있는 기회를 제공할 수 있다.

침묵도 필요하다. 침묵은 클라이언트뿐 아니라 초보 사회복지사를 불편하게 할 수 있다. 클라이언트가 침묵할 때 그 의미는 다양하다. 때로는 클라이언트가 자신의 생각을 정리하고 있을 수도 있고 자신이 설명한 상황에 대해 혼란스럽거나 화가 나 있을 수도 있고 짧은 '휴식'을 취하고 있을 수도 있다. 따라서 사회복지사는 클라이언트의 침묵을 존중하는 것이 중요하다.

클라이언트의 비언어적 행동에 주목해야 한다. 클라이언트도 사회복지사와 마찬가지로 비언어적 행동을 통해 의사소통을 하기 때문에 사회복지사는 미소, 허공을 쳐다보는 것, 깊은 한숨, 팔과 다리를 꼬는 등의 행동과 변화에 주의를 기울여야 한다.

사회복지사의 자기노출은 클라이언트에게 자신의 개인적인 관찰, 경험이나 생각들을 이야기하는 것이다. 해결중심모델에서는 사회복지사가 클라이언트에게 자신의 경험을 이야기하는 것을 권장하지 않는다. 해결의 가능성은 가능한 한 클라이언트의 준거틀과 과거 경험 속에서 찾아내야 하기 때문이다. 그러나 사회복지사의 생각을 클라이언트에게 밝히는 것이 중요할 때도 있다. 클라이언트가 면담을 어떻게 경험하고 있고 자신의 삶에 대해 어떤 인식을 하고 있는지를 명료화하기 위해서 사회복지사도 자기노출을 사용할 수 있다.

사회복지사가 클라이언트를 이해한다는 것은 대화의 내용과 과정을 모두 이해하는 것을 말한다. 대화의 내용은 클라이언트의 고통과 중요한 사건이나 사람에 관한 정보이고, 대화의 과정은 클라이언트가 정보를 표출하는 방법으로 클라이언트가 이야기할 때 보여주는 감정이나 표정 등을 말한다. 대화의 내용과 과정이 일치되지 않는 경우에는 요약이나 자기노출 등의 기술을 통해 지적할 수도 있고 적절한 시기에 언급하기 위해서 기억하고 있을 수도 있을 것이다.

칭찬은 사회복지사가 클라이언트에게 제공하는 찬사와 지지이다. 칭찬은 클라이언트에게 친절하거나 잘해주기 위해 하는 것이 아니라 클라이언트가 말이나 과정을 통해 전달한 것을 근거로 현실에 기초한 것이어야 한다.

클라이언트의 인식에 대한 확인이 중요하다. 인식은 개인 자신 또는 개인의 삶의 일부분에 대한 전반적인 의식을 말한다. 인식은 직관과 사고하고 느낄 수 있는 능력, 감각의 사용에 의해 획득된다. 따라서 인식은 개인의 사고, 감정, 행동과 경험 전체를 포함하는 종합적인 것이다. 사회복지사는 클라이언트가 갖고 있는 문제의 성질, 문제를 해결하기 위해 시도한 노력, 자신들의 삶 속에서 달라지기를 원하는 것, 문제해결을 위해 효과가 있었던 것과 없었던 것 등에 대해 질문할 필요가 있다.

감정이입(empathy)은 클라이언트와 분리된 존재라는 이해를 상실하지 않은 채 클라이언트의 준거틀을 탐색, 감지하는 것을 의미한다. 감정이입은 클라이언트의 이야기를 듣고 감동하고 마음이 움직여지는 상태를 요구한다. 따라서 사회복지사는 클라이언트가 의사소통하는 것을 인지적으로 이해하는 데 그치는 것이 아니라 클라이언트의 이야기를 감정과 사고, 사회복지사의 내면으로 이해하는 것을 의미한다.

초점을 클라이언트에게 되돌리는 것이 필요하다. 클라이언트는 자신의 문제에 대해 무기력하며, 문제해결 가능성의 여부가 타인에 의하여 좌우된다고 이야기할 수 있다. 사회복지사는 클라이언트의 무기력을 임파워먼트로 전환하기 위해 클라이언트가 자신의 상황이나 타인에 대해 갖고 있는 불평으로부터 '이 상황에서 무엇이 달라지기를 원하는지'와 '스스로 해결책에 어떻게 참여할 것인지'로 바꾸어야 한다. 즉, '문제중심적 대화'로부터 '해결중심적 대화'로 전환해야 한다.

'해결중심적 대화'의 확대가 중요하다. 해결중심적 대화는 사회복지사와 클라이언트가 달라지기 원하는 것과 그러한 일이 일어나게 할 가능성에 역점을 두는 것이다. 해결중심적 대화를 확대하기 위해서는 개입 초기에 클라이언트가 원하는 것, 즉 달라지기 바라는 것은 무엇이고 이러한 일이 일어난 때가 있었는지, 그리고 이러한 일이 일어날 가능성에 대해 자세하게 이야기하게 해야 한다. 이 과정에서 클라이언트는 희망을 갖고 문제해결 가능성에 대한 자신감을 갖게 된다.

제 5 절 해결중심모델의 유용성과 한계

해결중심모델은 주변 환경과 사회체계를 강조하고, 클라이언트의 역할을 강조하며, 개인의 강점과 자원을 강조한다. 클라이언트의 문제를 분석하고 문제를 내부에서 찾으려는 시도가 아니라 클라이언트 자신의 능력을 강화시키며 클라이언트가 자신의 현실을 재구성해 나가도록 하는 사회구성주의 패러다임에 근거한다. 클라이언트의 강점을 부각하여 문제를 해결하는 방법은 매우 독창적이며 이전의 모델에 적응하지 못한 클라이언트에게 새로운 해결방안을 제시해줄 수 있다. 또한 실천가보다 클라이언트에 문제해결의 초점을 맞춘 것도 고무적이다.

해결중심모델에서 클라이언트는 자신의 성공담을 계속해서 언급함으로써 자신이 이미 해 왔던 해결책이 성공적이었음을 확인하게 되고 해결방안을 스스로 형성해 나가는 적극적인 참여자가 되어 독립적, 성공적으로 문제를 해결해 가는 경험을 할 수 있다. 실천가의 역할은 클라이언트의 성공 경험, 문제 해결 능력을 인정하고 강화, 확대하여 클라이언트 스스로 문제해결을 위해 작은 변화를 시작하고 계속하도록 돕는 것이다. 즉, 클라이언트가 이미 가지고 있는 잠재력과 자원을 활용하도록 돕는 것이므로 결과적으로 클라이언트가 자신의 문제에 대해 책임을 지게 되는 것이다. 해결중심모델을 사용하는 경우 사회복지사가 느끼는 책임감과 부담감이 상대적으로 적고 클라이언트가 후퇴하거나 악화되어도 노력 부족으로 생각하고 좀더 노력하거나 다른 방법을 시도하도록 돕기 때문에 사회복지사와 클라이언트가 다시 노력할 가능성이 많은 편이다.

해결 지향의 언어를 통하여 클라이언트의 문제를 해결하려는 시도도 매우 독창적인 발견 가운데 하나이다. 그러나 해결중심모델에서 사용되는 언어는 몇 가지 점에서 인간의 회복과 성숙에 한계가 있다. 첫째, 해결중심모델의 핵심적인 언어기법은 질문에 중점을 둔다. 언어의 기능과 역할을 긍정적으로 활용하는 것은 장점이 될 수 있으나 언어사용이 제한된 사람들이나 표현력이 부족한 사람들에게는 적용하기에 한계가 있다. 둘째, 해결중심치료에서 사용되는 언어들은 논리적이며 많은 사고를 요구하며 집중력을 필요로 한다. 따라서 클라이언트의 문제가 사고에 관련되어 있거나 비논리적인 사람들은 언어기법으로 문제를 해결하는 데 어려움이 있다. 셋째, 해결중심모델은 인간에 대해 지나치게 낙관적인 견해를 보인다. 인간이 지닌 잠재력을 과신하며 인간이 지닌 병적인 요소들을 너무 쉽게 바라보기 때문에 근원적인 문제의 뿌리를 제거하는 데 어려움을 있을 수 있다. 넷째, 해결중심모델은 작은 변화를 확대하는 경향이 있다. 작은 변화를 전인적인 변화인 것처럼 확대하기 때문에 진정한 변화를 바라보는 시각이 좁아질 수 있다.

참고문헌

김경호. (2005). 『사회복지실천기술론』. 서울: 청목출판사.

김인수 · 송성자 · 정문자 · 이영분 · 김유숙. (1998). 『무엇이 좋아졌습니까?: 해결 중심 치료의 적용』. 서울: 도서출판 동인.

보건복지부. (2006). 『강점관점 해결중심 사례관리 매뉴얼』. 보건복지부.

송성자. (1994). 『가족관계와 가족치료』. 서울: 홍익제.

송성자. (1997). 한국문화와 가족치료: 해결중심 가족치료 적용. 『한국사회복지학』, 32(8), 160-180.

이현림 · 김말숙. (1997). 해결중심 단기가족치료에 관한 고찰. 『인문연구』, 19(1), 209-228.

장명수. (2004). 해경중심 치료와 목회상담 언어: 해결중심치료에 근거한 케리그마 언어사용의 효율성. 『목회와 상담』, 5, 341-375.

Corcoran, J. (2001). Solution-focused therapy. In P. Lehmann & N. Coady (Eds.), *Theoretical perspectives for direct social work practice: A generalist-eclectic approach*(pp. 326-344). New York: Springer Publishing Company, Inc..

Miller, S. D., & Berg, I. K. (1991). Working with the problem drinker: A solution-focused approach. *Arizona Counseling Journal*, 16, 22-37.

Walter, L., & Peller, J. (1992). *Becoming solution-focused in brief therapy*. New York: Brunner/Mazel.

찾아보기

[ㄱ]

[ㄴ]

[ㄷ]

[지은이 약력]

• 김경호

현 건국대학교 사회복지학과 교수
University of Minnesota, School of Social Work(박사)
이화여자대학교 대학원 사회복지학과(석사)
이화여자대학교 사회사업학과(학사)

〈저서〉
『사회복지실천기술론』(2005, 서울: 청목출판사)
『정신보건사회복지론』(2005, 서울: 청목출판사)

사회복지실천 : 이론과 모델

2026년 2월 20일 중판인쇄
2026년 2월 25일 중판발행

저 자 김 경 호
발행인 유 성 열
발행처 **청목출판사**
서울특별시 영등포구 신길로 40길 20
전화 (02) 849-6157(代)・2820
FAX (02) 849-0817
등록 제318-1994-000090호

파본은 바꾸어 드립니다. 값 18,000원

http : //www.chongmok.co.kr

ISBN 978-89-5565-340-3